님께 드립니다.

년 월 일

요한복음

5장 39절

요한복음
5장 39절

김 재 선 목사

도서출판 듀나미스

✿ 머리말

예수 그리스도만 전하게 하소서

좋은 작품 하나가 만들어지려면 많은 시간과 준비과정, 시행착오를 거쳐 언어지는 결과라는 것을 우리는 익히 알고 있습니다.
이 설교집 한권을 세상에 내놓게 되는 것도 바로 그런 과정을 겪으면서 이루어진 목회의 산물이라고 여겨집니다.

날마다 피를 토하며 폐결핵 말기의 몸으로 신학교에 들어가 하나님의 기적적인 역사로 병고침의 놀라운 경험을 하게 되었고 병고침의 감격에 기뻐 뛰고 있을 때 교회를 개척하라는 주님의 분명한 음성을 듣고 목회자로서 아무 준비도 없었지만 신학교 재학 중 겁도 없이 교회를 개척하였습니다. 교회를 개척하여 말씀이 무엇인지, 설교를 어떻게 해야 하는지도 모른 채 사명감과 뜨거운 열정 하나로 열심히 말씀을 증거하였습니다.

내가 열심히 전하면 교회도 부흥되고 성도들도 변화될 것으로 생각했으나 교회 부흥은 더디기만 하였고 성도들도 변화되지 않았습니다. 그런 성도들을 율법을 통해 책망하거나 야단을 치고 때로는 말씀대로 살면 복을 준다고 어르기도 하였으나 변하기는 커녕 말씀을 들으면 무섭다고 교회를 떠나는 성도마저 생기기도 하였으며 그러다보니 목회에 갈능이 오기 시작하였습니다.
"과연 내가 예수 그리스도를 바로 전하고 있는 것인가? 율법이 아닌 복음인 예수 그리스도 만을 전할 수는 없을까?" 고민에 고민을 거듭했지만 강단에 서면 여지없이 율법으로 성도를 책망하고 있었습니다. 설교를 마치고 나면 예수 그리스도가 제대로 전해지지 않았다는 아쉬움이 계속 저를 힘들게 했습니다.

그런 고민을 해결하기 위해 "주여, 세상 말을 하지 않고 예수 그리스도만을 전하게 해 주소서." 하루에 13시간 이상씩 기도하기 시작하였으며 그렇게 기도한지 만 2년이 되었을 즈음에, "이제 전하라" 는 성령의 음성을 듣고 너무나 기뻐 펄쩍펄쩍 뛰었습니다.

이제 전하기만 하면 예수 그리스도가 술술 전해질 줄 알았는데 전혀 그렇지 못하였고 목회의 상황은 이제 전하라는 음성을 듣기 전과 마찬가지였습니다.

왜 그럴까하고 번민에 빠져 있을 때, 언젠가 읽었던 책에서 이스라엘의 절기는 예수 그리스도를 증거한다고 했던 말이 생각났습니다. 즉시 유월절 양이 되신 예수 그리스도를 시작으로 만 2년을 넘겨 이스라엘의 7대 절기를 통해 나타난 예수 그리스도를 모두 전할 수가 있었습니다. 이스라엘의 7대 절기를 통해 예수 그리스도를 찾고 나니, 주님의 전 생애가 풀어졌습니다. 그 후 인물을 통해 예수 그리스도를 찾았고, 기도하면서 사물과 사건을 통해 찾았고, 각 직분, 즉, 왕, 제사장, 총리, 아버지, 어머니, 아들 등을 통해 찾아진 설교자료가 수천 편에 이르게 되었습니다.

이 책에 실린 설교는 금년 1월부터 CBS TV 〈말씀의 힘〉과 CTS TV 〈생명의 말씀〉을 통해 매주 방영되었던 말씀을 정리한 것입니다. 이 설교들은 내가 찾은 예수 그리스도에 대한 말씀 중 극히 일부이며 누가 들어도 이해할 수 있을 정도의 영적차원을 고려한 기초단계의 말씀들이라고 할 수 있습니다.
사도바울은 살 1:12 "이는 내가 사람에게서 받은 것도 아니요 배운 것도 아니요 오직 예수 그리스도의 계시로 말미암은 것"이라고 했고, 엡 3:3~4 "곧 계시로 내게 비밀을 알게 하신 것은 내가 이미 대강 기록함과 같으니 이것을 읽으면 그리스도의 비밀을 내가 깨달은 것을 너희가 알 수 있으리라"고 했습니다.
이 설교집에 증거된 예수 그리스도는 내가 누구에게 배운 것도 들은 것도 아니며 말씀의 세계를 관통하여 영맥을 따라 성경을 꿰뚫어 볼 수 있는 눈을 허락하신 하나님의 능력이 명백하게 증명된 것임을 책을 읽으시는 모든 분이 확인 하실 수 있을 것입니다.
독자들에게 부탁하고 싶은 말은 설교 한편 한편을 최소한 3번 이상 정독하시기를 권합니다. 그럴 때에 정말 놀라운 생수와 같은 말씀을 깨닫고 감격하며 예수 그리스도를 만나게 될 줄로 믿습니다.
이 설교집을 읽으시고 마음이 감동되는 출판 후원자가 나오게 된다면 지금까지 연구하고 준비하며 아직 공개하지 못한 더 깊은 단계의 설교 자료들을 출간하여 세상에 공개할 뜻이 있음을 말씀드립니다.

이 소중한 설교집이 책으로 나와 많은 사람들이 읽고 말씀의 깊이를 더하게 되어 성경 속에서 예수 그리스도를 발견하고 만날 수 있도록 사명감을 가지고 편집책임을 맡아 수고해 주신 진홍선 목사님과 편집위원으로 같이 땀 흘려주신 김정현 목사님에게 고마움을 전합니다.

또한 이 책의 출판을 위해 성령의 능력교회 성도들이 깊은 관심을 가지고 뜨거운 기도와 아낌없는 협력을 해 주셨고 성령사역연수원에서 훈련받고 있는 여러 목회자와 성도들도 기꺼이 후원에 동참하여 첫 설교집을 출판하는 밑거름이 되어 주셨음을 가슴깊이 감사의 마음으로 새깁니다.

그리고 항상 나의 인생과 목회의 소중한 반려자로서 기도와 헌신으로 내조하고 있는 사랑하는 아내 유미경 사모와 신학대학원 과정을 밟으며 목회자 훈련을 받고 있는 늠름한 아들 명철과 대학원 석사과정에 밤잠을 설치며 연구에 몰두하고 있는 딸 찬양이, 이 모든 가족들의 응원이 더욱 힘있게 이 길을 달려가게 하고 있습니다.

바라기는, 이 설교집을 통해 성경에서 어떻게 예수 그리스도를 증거하고 있는지 그 말씀의 비밀을 깨닫고 보화이신 예수 그리스도를 제대로 발견하여 그 주님을 기쁘게 해드리는 목회자와 성도들이 한국교회에 많이 세워지기를 기대하며 기도합니다.

2013년 10월 5일

주님의 뜨거운 사랑에
가슴이 미어지는 감격을 느끼면서

김 재 선 목사

성령의 능력교회에서 신앙생활을 하고

성령사역연수원에서 훈련받고 있는

저희들의 적은 정성으로

김재선 목사님의 첫 설교집이 출판될 수 있도록

허락하신 하나님께 영광을 돌립니다.

＊ ＊ ＊

〈출판비 후원자〉

강은희 강혜선 강혜숙 강혜경 기은하 김남곤 김명철 김미선
김민기 김성은 김승재 김영순 김예지 김예찬 김월선 김은임
김자애 김종순 김지은 김찬미 김찬양 김향숙 김현국 김현미
김혜영 문관균 문명균 박내선 박미현 박순례 박영옥 박용하
박은도 박정숙 박하림 박하준 박희선 서말녀 서미순 서순자
심옥화 안정선 안혜숙 양승진 양태규 오대영 원은자 유미경
유점예 유찬종 윤연자 윤화란 이명호 이숙경 이승은 이인자
이창석 이행복 임순희 장우상 장철호 장해정 정경자 정삼열
정정례 정주호 정중호 정택수 정회민 조을성 최경선 최경숙
최규일 최규환 최덕규 최보영 최수자 최은자 최지숙 최진식
최희재 한금희 한은이 홍은미 홍은영 황선영

목 차

✿ 김재선 목사 프로필

하나님의 위대한 전사를 세우기 위하여

폐결핵으로 온 몸이 피로 뒤범벅이 되었던 한 인간이 죽음의 문턱에서 기적적으로 하나님을 만났다. 아무런 소망도 없던 그 시절, 죽음의 사선을 넘지 않기 위해 몸부림치던 가녀린 육체가 극적으로 주님을 만나 소생하기 시작했다. 그리고 남들이 말하는 사명이라는 것을 깨달으면서 주님께 제대로 한번 헌신해 보겠다고 부단히 애를 썼다.

날마다 피를 토하는 생사의 길목에서 든 신학교 가방은 너무나 무거웠지만 그 가방은 마지막 남은 생의 소망의 끈이었다. 주님은 그 마지막 소망의 길에서 은혜를 베풀어 꺼져 가던 한 생명을 기적적으로 살려 주셨다.

교회를 개척하여 놀라운 부흥의 열기에 감격하기도 잠깐, 모든 성도가 떠났고 슬픔과 절망에서 목회를 포기하려 교회 간판을 떼려고 옥상을 오르내리기를 수십 번! 그러나 하나님이 두려워서 이것도 실패로 끝났다.

이때부터 하나님의 계획 속에서 혹독하고 잔인하리만큼 무시무시한 훈련이 시작되었다. 끝없이 계속된 강단 철야, 산기도 철야, 20여 년간 지금까지 계속되고 있는 아침 금식, 그리고 1년에 두 달 이상씩을 지리산(세걸산) 8부 능선의 첩첩 산중에서 죽음과 견줄 만한 혹독한 기도 훈련을 받게 하셨다. 그렇게 훈련시키신 하나님께서 한국 교회의 목회자와 평신도를 영적으로 바로 세워 나가는 새로운 사역의 출발을 허락하셨다.

그 후 고속도로에서 고속버스에 의해 차량의 뒤를 들이 받치는 대형 교통사고를 당해 김재선 목사는 흉추 7,8,9,10번 그리고 유미경 사모는 오른팔 요골, 척골의 분쇄 골절과 흉추 10,11,12번이 부서지는 장애를 입고 받게 된 보상금으로 세상 속에 하나님의 위대한 전사를 세우기 위한 산실과도 같은 성령의 능력교회와 성령사역연수원을 광진구 중곡동에 설립하여 뜨거운 열정으로 그 사역을 오늘도 힘차게 감당하고 있다.

1

목수

마태복음 13:53~58

마 13:53 예수께서 이 모든 비유를 마치신 후에 거기를 떠나서
54 고향으로 돌아가사 저희 회당에서 가르치시니 저희가
놀라 가로되 이 사람의 이 지혜와 이런 능력이 어디서 났
느뇨 55 이는 그 목수의 아들이 아니냐 그 모친은 마리아
그 형제들은 야고보 요셉 시몬 유다라 하지 않느냐 56 그
누이들은 다 우리와 함께 있지 아니하냐 그런즉 이 사람의
이 모든 것이 어디서 났느뇨 하고 57 예수를 배척한지라
예수께서 저희에게 말씀하시되 선지자가 자기 고향과 자기
집 외에서는 존경을 받지 않음이 없느니라 하시고 58 저희
의 믿지 않음을 인하여 거기서 많은 능력을 행치 아니하시
니라

Key	왜 예수님은 목수의 아들로 태어났으며 예수님의 아버지인 요셉이 목수인 것은 무엇을 말씀하기 위한 것이었는가?

요 5:39 너희가 성경에서 영생을 얻는 줄 생각하고
성경을 상고하거니와
이 성경이 곧 내게 대하여 증거 하는 것이로다

사랑하는 성도 여러분!
성경은 예수 그리스도를 증거하는 책입니다.

요 5:46 모세를 믿었더면 또 나를 믿었으리니
이는 그가 내게 대하여 기록하였음이라

모세는 창세기 출애굽기 레위기 민수기 신명기를 통해 예수 그리스도에 대하여 정확히 기록했습니다.

눅 24:27 이에 **모세와 및 모든 선지자의 글로 시작하여**
모든 성경에 쓴바 자기에 관한 것을 자세히 설명하시니라

주님은 모세와 선지자들이 자기에 관해 기록한 것을 자세히 설명해 주셨습니다.

눅 24:44 또 이르시되 내가 너희와 함께 있을 때에
너희에게 말한바 곧 **모세의 율법과 선지자의 글과 시편에**
나를 가리켜 기록된 모든 것이 이루어져야 하리라
한 말이 이것이라 하시고

모세의 율법과 선지자의 글과 시편도 예수 그리스도를 말씀하고 있습니다. 그러므로 하나님의 말씀인 성경은 예수 그리스도를 분명히 증거하는 책입니다.

히 1:1 옛적에 선지자들로 **여러 부분과 여러 모양으로**
우리 조상들에게 말씀하신 하나님이
히 1:2 **이 모든 날 마지막에 아들로 우리에게 말씀하셨으니**
이 아들을 만유의 후사로 세우시고
또 저로 말미암아 모든 세계를 지으셨느니라

하나님께서 선지자들을 통해 여러 부분과 여러 모양으로 말씀하신 것은 하나님의 아들인 예수 그리스도를 말씀하기 위한 것이었습니다. 그러므로 우리는 성경을 통해 오직 예수 그리스도만을 알려고 해야 합니다.

고후 3:15 오늘까지 모세의 글을 읽을 때에
수건이 오히려 그 마음을 덮었도다
고후 3:16 그러나 **언제든지 주께로 돌아가면 그 수건이 벗어지리라**

오늘도 예수 그리스도를 만나는 복되고 복된 시간이 될 줄 믿습니다.

마 13:53 예수께서 이 모든 비유를 마치신 후에 거기를 떠나서
마 13:54 **고향으로 돌아 가사 저희 회당에서 가르치시니** 저희가 놀라
가로되 이 사람의 이 지혜와 이런 능력이 어디서 났느뇨
마 13:55 이는 그 목수의 아들이 아니냐 그 모친은 마리아
그 형제들은 야고보 요셉 시몬 유다라 하지 않느냐
마 13:56 그 누이들은 다 우리와 함께 있지 아니하냐
그런즉 이 사람의 이 모든 것이 어디서 났느뇨 하고

주님께서 고향으로 가셔서 회당에서 가르치시자 가르침을 받은 사람들이 깜짝 놀라며 이 사람의 이 모든 지혜와 능력이 어디서 났느냐? 목수의 아들이 언제 공부를 해서 저렇게 말씀을 잘 전하느냐? 그가 어디서 훈련을 받아 저런 능력을 행하느냐? 라고 하였습니다.

마 13:57(상) 예수를 배척한지라 이는 목수인 요셉의 아들이 아니냐

주님의 고향 사람들은 주님이 전하는 말씀을 듣고 깜짝 놀라면서도 예수님께서 목수인 요셉의 아들이라며 깎아 내리고 배척하였습니다.

마 13:57(중) 예수께서 저희에게 말씀하시되 선지자가 자기 고향과
자기 집 외에서는 존경을 받지 않음이 없느니라 하시고
마 13:58 저희의 믿지 않음을 인하여 거기서 많은 능력을 행치
아니 하시니라

그러자 주님은 자신을 배척하는 자들을 향해 선지자가 자기 고향에서는 존경을 받지 못하지만 가는 곳곳마다 존경을 받는다고 말씀하셨습니다.

사랑하는 성도 여러분!
왜 주님의 고향 사람들이 주님을 믿지 않았습니까?
목수의 아들이었기 때문에 믿지 않았습니다.
주님께서 전하는 말씀과 행하는 능력이 엄청난 것임을 인정하면서도 목수의 아들이라고 믿지 않았습니다. 그들은 초림으로 오신 주님의 육신의 아버지인 요셉이 목수였기 때문에 주님께서 전하는 말씀도 능력도 믿지 않고 배척하였던 것입니다.
하나님은 전지하신 분이시기 때문에 주님께서 고향에 가셔서 말씀을 증거하고 능력을 행할 때 목수의 아들이라고 배척할 것도 알고 계셨습니다. 그런데도 하나님께서 초림의 주님을 목수의 아들로 보내실 때는 그만한 이유가 있었던 것입니다. 초림의 주님은 분명히 목수의 아들로 오셨습니다.

요 5:39 너희가 성경에서 영생을 얻는줄 생각하고
성경을 상고하거니와
이 성경이 곧 내게 대하여 증거하는 것이로다

이 성경이 곧 내게 대하여 증거하는 것이라고 하셨으니 오늘은

"목수"를 통해 예수 그리스도를 만나는 복된 시간이 될 줄로 믿습니다.

1. 목수이신 예수 그리스도

막 6:1 예수께서 거기를 떠나사 고향으로 가시니 제자들도 좇으니라
막 6:2 안식일이 되어 회당에서 가르치시니 많은 사람이 듣고 놀라
가로되 이 사람이 어디서 이런 것을 얻었느뇨
이 사람의 받은 지혜와 그 손으로 이루어지는 이런 권능이 어찌됨이뇨

주님께서 고향의 회당에 들어가서 하나님의 말씀을 가르치실 때 많은 사람들이 듣고 깜짝 놀라며 말합니다.
이 사람이 어디서 이런 것을 얻었는가 이 사람의 받은 지혜와 그 손으로 이루어지는 이런 권능이 어찌 됨인가?

막 6:3 이 사람이 마리아의 아들 목수가 아니냐
야고보와 요셉과 유다와 시몬의 형제가 아니냐
그 누이들이 우리와 함께 여기 있지 아니하냐 하고
예수를 배척한지라

사랑하는 성도 여러분!
초림으로 오신 주님이 목수이셨고 주님의 육신의 아버지인 요셉도 목수였습니다. 그러므로 목수의 아들 목수 예수 그리스도입니다.
목수의 아들 목수 예수시니 이것이 복음입니다.

2. 목수인 예수께서 성전을 헐라 사흘 동안에 일으키겠다고 하셨습니다

요 2:19 예수께서 대답하여 가라사대 **너희가 이 성전을 헐라 내가 사흘 동안에 일으키리라**

예수께서 목수이시니 너희가 이 성전을 헐라 내가 사흘 동안에 일으키리라고 말씀하시며 성전을 다시 지을 수 있다고 하신 것입니다.
주님께서 목수가 아니시면 어떻게 자기가 성전을 짓는다고 합니까? 주님께서 목수이시니까 성전을 지을 수 있다는 것입니다. 목수이신 주님께서 성전을 헐면 사흘 만에 다시 세우겠다고 하시자 유대인들이 주님의 말뜻을 알아듣지 못하고 이렇게 동문서답 합니다.

요 2:20 유대인들이 가로되 **이 성전은 사십 육년 동안에 지었거늘 네가 삼 일 동안에 일으키겠느뇨** 하더라

이 성전은 46년 동안에 지었는데 네가 단 3일 동안에 지을 수 있다는 말이냐? 네가 아무리 유능한 목수라도 어떻게 무슨 방법으로 사흘 동안에 지을 수 있겠느냐? 라고 말합니다.

육의 사람은 꼭 이렇게 말합니다. 육의 사람은 이렇게 밖에 생각을 못합니다. 그러므로 들을 귀 있는 우리는 참으로 복된 자들입니다.

요 2:21 그러나 **예수는 성전된 자기 육체를 가리켜 말씀하신 것이라**

주님께서 사흘 동안에 성전을 일으킨다는 것은 건물 성전이 아니라 성전된 자기 육체를 말한 것인데도 유대인들은 주님의 말뜻을 알아듣지 못하고 동문서답했습니다.
주님께서 성전을 헐면 사흘 동안에 일으키시겠다고 하신 것은 눈에 보이는 유형의 성전을 일으키겠다는 것이 아니었고 성전된 자기 육체를 일으키겠다는 것이었습니다.
아멘!

3. 무너진 성전

마 27:35 저희가 예수를 십자가에 못 박은 후에
그 옷을 제비 뽑아 나누고
마 27:36 거기 앉아 지키더라
마 27:37 그 머리 위에 이는 유대인의 왕 예수라 쓴 죄패를 붙였더라

예수를 십자가에 못 박았는데 십자가 위에 빌라도가 '유대인의 왕 예수' 라는 죄 패를 붙였습니다.

마 27:39 지나가는 자들은 자기 머리를 흔들며 예수를 모욕하여
마 27:40 **가로되 성전을 헐고 사흘에 짓는 자여**
네가 만일 하나님의 아들이어든 자기를 구원하고
십자가에서 내려오라 하며

십자가에 못 박힌 예수를 보고 지나가는 자들이 성전을 헐고 사흘에 짓는 목수여, 목수인 네가 하나님의 아들이라면 너희 아버지인 하나님이 목수란 말이냐? 너희 아버지도 목수이고 너도 목수이면서 네가 하나님의 아들이라고 떠들고 있는거냐? 목수인 네가 하나님의 아들이라면 자기를 구원하고 십자가에서 내려오라고 모욕했습니다. 주님은 십자가 위에서 목수의 아들로서 자신도 목수이면서 하나님의 아들이라고 했다고 온갖 조롱과 모욕을 당한 것입니다.

마 27:45 제 육시로부터 온 땅에 어두움이 임하여
제 구시까지 계속하더니
마 27:46 제 구시 즈음에 예수께서 크게 소리 질러 가라사대
엘리 엘리 라마 사박다니 하시니 이는 곧 나의 하나님
나의 하나님 어찌하여 나를 버리셨나이까 하는 뜻이라

주님께서 십자가 위에서 목수의 아들로서 목수이면서 하나님의 아

들이라 했다고 온갖 조롱과 모욕을 당하고 있을 때 제 육시(정오)로부터 온 땅에 어두움이 임하여 제 구시(오후3시)까지 계속하였습니다. 그리고 제 구시 즈음에 "엘리 엘리 라마 사박다니 곧 나의 하나님, 나의 하나님 어찌하여 나를 버리셨나이까" 하고 소리 질렀습니다.

마 27:50 예수께서 다시 크게 소리 지르시고 영혼이 떠나시다

예수께서 크게 소리 지르시고 영혼이 떠났습니다. 주님께서 성전을 헐라 그러면 사흘 만에 일으키리라고 한 성전이 곧 자기의 육체를 말한 것이기 때문에 예수께서 십자가에 못 박혀 죽으신 것은 성전이 무너진 것입니다. 성전이 무너졌습니다. 성전이 완전히 무너졌습니다.

4. 약속대로 사흘 만에 다시 지어진 성전

마 28:1 안식일이 다하여가고 **안식 후 첫날이 되려는 미명에** 막달라 마리아와 다른 마리아가 무덤을 보려고 왔더니
마 28:2 큰 지진이 나며 주의 천사가 하늘로서 내려와 돌을 굴려 내고 그 위에 앉았는데
마 28:3 그 형상이 번개 같고 그 옷은 눈 같이 희거늘
마 28:4 수직하던 자들이 저를 무서워하여 떨며 죽은 사람과 같이 되었더라

주님께서 금요일 오전 9시에 십자가에 못 박혀 오후 3시에 운명하여 오후 6시가 되기 전에 무덤에 장사되었습니다. 예수께서 무덤에 장사된 지 3일이 되는 새벽에 막달라 마리아와 다른 마리아가 예수의 무덤으로 갔습니다.

그때 큰 지진이 나며 주의 천사가 하늘로서 내려와 돌을 굴려 내고 그 위에 앉아 있었습니다. 돌 위에 앉은 천사의 형상이 번개 같고

그 옷은 눈 같이 희었는데 무덤을 지키던 자들이 천사를 보고 무서워하여 떨며 죽은 사람과 같이 되었습니다.
그때 천사가 이렇게 말합니다.

마 28:5 천사가 여자들에게 일러 가로되 너희는 무서워 말라
십자가에 못 박히신 예수를 너희가 찾는 줄을 내가 아노라
마 28:6 그가 여기 계시지 않고
그의 말씀하시던 대로 살아 나셨느니라
와서 그의 누우셨던 곳을 보라

너희는 무서워 말라 너희가 십자가에 못 박히신 예수를 찾는 줄을 내가 아노라 그가 여기 계시지 않고 그의 말씀하시던 대로 살아 나셨느니라 와서 그의 누우셨던 곳을 보라고 합니다.

행 5:30 너희가 나무에 달아 죽인 예수를
우리 조상의 하나님이 살리시고
행 10:40 하나님이 사흘 만에 다시 살리사 나타내시되
행 13:30 하나님이 죽은 자 가운데서 저를 살리신지라

성전된 주님께서 죽었다가 살아나셨기 때문에 무너진 성전이 다시 지어진 것입니다. 무너진 성전이 다시 지어졌습니다.
초림으로 오신 주님의 육신의 아버지인 요셉은 목수였습니다. 초림으로 오신 주님의 육신의 아버지인 요셉이 목수이어야 하늘 아버지께서 성전인 육체가 무너진 예수를 죽은 자 가운데서 다시 살릴 수 있는 것입니다.
그러므로 초림으로 오신 주님의 육신의 아버지 요셉은 하나님 아버지의 모형으로서 집을 짓는 하나님을 말하고 있습니다. 그래서 주님의 육신의 아버지인 요셉이 목수이어야 했던 것입니다.
아멘!

5. 하늘에 우리의 집을 짓는 목수이신 주님

요 14:1 너희는 마음에 근심하지 말라
하나님을 믿으니 또 나를 믿으라
요 14:2 내 아버지 집에 거할 곳이 많도다 그렇지 않으면 너희에게
일렀으리라 **내가 너희를 위하여 처소를 예비하러 가노니**
요 14:3 **가서 너희를 위하여 처소를 예비하면 내가 다시 와서**
너희를 내게로 영접하여 **나 있는 곳에 너희도 있게 하리라**

주님께서 승천하실 것을 제자들에게 말씀하시며 내가 너희와 함께 있지 않는다고 마음에 근심하지 말라 하나님을 믿으니 또 나를 믿으라 내가 너희를 위하여 처소를 예비하러 가노니 가서 너희를 위하여 처소를 예비하면 내가 다시 와서 너희를 내게로 영접하여 나 있는 곳에 너희도 있게 하리라고 하셨습니다.

요 14:28 내가 갔다가 너희에게로 온다 하는 말을 너희가 들었나니
나를 사랑하였더면 나의 아버지께로 감을 기뻐하였으리라
아버지는 나보다 크심이니라

사랑하는 성도 여러분!
초림으로 오신 예수 그리스도는 집 짓는 목수였습니다. 그 주님께서 십자가에 못 박혀 우리의 죄를 대속하시고 부활하셔서 우리가 영원히 거할 처소를 예비하러 하늘로 승천하셨습니다.
그러므로 주님은 땅의 집을 짓는 목수가 아니라 하늘의 영원한 집을 짓는 목수이시므로 땅에 있는 우리의 장막집이 무너지면 집 짓는 목수이신 주님께서 우리를 위해 지으신 하늘에 있는 영원한 집에 가서 살게 됩니다.

고후 5:1 만일 땅에 있는 우리의 장막 집이 무너지면
하나님께서 지으신 집 곧 손으로 지은 것이 아니요

하늘에 있는 **영원한 집이** 우리에게 있는 줄 아나니

땅에 있는 장막집은 우리의 육체를 의미합니다. 그래서 땅에 있는 우리의 장막 집이 무너지면 하나님께서 지으신 집, 곧 손으로 지은 것이 아닌 영원한 집에 가서 살게 됩니다. 주님께서 집 짓는 목수로서 우리의 처소를 예비하러 하늘로 승천하셨기 때문에 하늘에 우리의 영원한 집이 있습니다.

예수 그리스도의 죽음은 성전이 무너진 것이었고 예수 그리스도의 부활은 무너진 성전을 일으킨 것이었습니다.

요 6:39 나를 보내신 이의 뜻을 행하려 함이니라
나를 보내신 이의 뜻은 **내게 주신 자 중에 내가 하나도**
잃어버리지 아니하고 마지막 날에 다시 살리는 이것이니라
요 6:40 내 아버지의 뜻은 아들을 보고 믿는 자마다 영생을 얻는
이것이니 **마지막 날에 내가 이를 다시 살리리라 하시니라**

우리 육체는 장막이고 장막이 무너지는 것은 죽음을 의미합니다. 예수 그리스도는 목수이기 때문에 장막이 무너져 죽은 자들을 살리는 것입니다.

요 5:21 아버지께서 죽은 자들을 일으켜 살리심 같이
아들도 자기의 원하는 자들을 살리느니라

아버지께서 죽은 자들을 일으켜 살리심같이 아들도 자기의 원하는 자들을 살리려면 아버지도 목수이고 아들도 목수이어야 합니다. 그러므로 초림으로 오신 주님의 육신의 아버지인 요셉이 목수였고 육신을 입으시고 초림으로 오신 주님도 목수이셨던 것입니다.

사랑하는 성도 여러분!
주님의 육신의 아버지 요셉이 목수였고 육신을 입으시고 초림으로 오신 주님이 목수이심을 통해 이 성경이 내게 대하여 증거 하신다는 요5:39의 말씀을 확증 받은 줄로 믿습니다.

Point	예수께서 목수 요셉의 아들인 것은 요셉이 하늘 아버지의 모형으로 집을 짓는 하나님을 말하고 있으며 하늘 아버지께서 성전인 육체가 무너진 예수를 죽은 자 가운데서 다시 살릴 수 있음을 증거한 것이다. 또한 초림으로 오신 예수께서 목수이심은 성전인 예수께서 십자가에 못 박혀 죽으심으로 우리의 죄를 대속하시며 사흘 만에 부활하시고 승천하셔서 우리가 영원히 거할 처소를 예비하는 하늘의 영원한 집을 짓는 목수이심을 증거한 것이다.

2

쌍둥이의 세계

창세기 25:21～23

창 25:21 이삭이 그 아내가 잉태하지 못하므로 그를 위하여
여호와께 간구하매 여호와께서 그 간구를 들으셨으므
로 그 아내 리브가가 잉태하였더니 22 아이들이 그의
태 속에서 서로 싸우는지라 그가 가로되 이 같으면 내
가 어찌할꼬 하고 가서 여호와께 묻자온대 23 여호와
께서 그에게 이르시되 두 국민이 네 태중에 있구나 두
민족이 네 복중에서부터 나누이리라 이 족속이 저 족속
보다 강하겠고 큰 자는 어린 자를 섬기리라 하셨더라

Key	쌍둥이 에서와 야곱, 베레스와 세라는 어떻게 예수 그리스도를 증거하고 있는가?

이삭이 아내 리브가가 잉태하지 못하므로 여호와께 간구하자 여호와께서 잉태케 하였는데 리브가의 태속에서 아이들이 서로 싸웠습니다. 태속에서 아이들이 서로 싸우자 리브가가 이들이 태어나서도 이렇게 싸우면 내가 속상해서 어찌할꼬 하고 여호와께 물었습니다. 여호와께서 리브가에게 두 국민이 네 태중에 있구나 두 민족이 네 복중에서부터 나누이리라 이 족속이 저 족속보다 강하겠고 큰 자는 어린 자를 섬기리라고 말씀하셨습니다.

사랑하는 성도 여러분!
우리 주위에 보면 쌍둥이 형제들이 있지요? 쌍둥이는 창25장에서 처음 언급 되었고 우리가 잘 알고 있는 에서와 야곱이 세상의 첫 쌍둥이 형제입니다. 이삭이 기도하여 리브가가 쌍둥이를 잉태하였는데 쌍태의 세계, 곧 쌍둥이의 세계는 분명히 하나님께로부터 나왔습니다. 그러면 하나님께서 어떤 영의 세계를 보여주시기 위해 창25장을 통해 쌍둥이 에서와 야곱을 말씀하셨을까요?

오늘은 "쌍둥이의 세계"를 통해 하나님의 놀라운 구원의 비밀인 예수 그리스도를 만나게 될 줄로 믿습니다.

1. 하나의 태에 있는 쌍둥이

창 25:21 이삭이 그 아내가 잉태하지 못하므로
그를 위하여 여호와께 간구하매
여호와께서 그 간구를 들으셨으므로
그 아내 리브가가 잉태하였더니

리브가가 잉태하지 못하자 이삭이 여호와께 간구할 때 여호와께서 그 간구를 들으셨으므로 이삭의 아내 리브가가 잉태하였지요?

창 25:24 그 해산 기한이 찬즉 **태에 쌍둥이가 있었는데**

원래는 태 하나에 하나만 잉태되는 것인데 하나에 둘이 잉태되었으니 쌍둥이의 세계가 있는 것입니다.

창 38:17 유다가 가로되 내가 내 떼에서 염소 새끼를 주리라
그가 가로되 당신이 그것을 줄 때까지 약조물을 주겠느냐
창 38:18 유다가 가로되 무슨 약조물을 네게 주랴
그가 가로되 당신의 도장과 그 끈과
당신의 손에 있는 지팡이로 하라
유다가 그것들을 그에게 주고 그에게로 들어갔더니
그가 유다로 말미암아 잉태하였더라

유다의 첫째 아들 엘이 다말이라는 여인과 결혼을 했는데 엘이 하나님의 목전에 악을 행하자 하나님께서 그를 죽였습니다. 엘이 죽자 유다는 계대 결혼법대로 둘째 아들 오난으로 형의 아내인 다말에게 들어가게 하였는데 오난이 형의 씨를 잇게 하지 아니하려고 땅에 설정하자 하나님께서 그도 죽여 버렸습니다. 이제 유다는 계대 결혼법에 의해 며느리 다말에게 셋째 아들 셀라를 주어야 합니다.

그런데 유다는 셀라도 첫째 엘과 둘째 오난과 같이 죽을까봐 셀라가 장성했음에도 다말에게 주지 아니하고 며느리 다말을 친정으로 돌려보냈습니다.
다말은 시부 유다가 양털을 깎으려고 딤나에 왔다는 말을 듣고 창녀로 변신해 딤나 에나임 문에 앉아 있었습니다.

창 38:15 그가 얼굴을 가리웠으므로 **유다가 그를 보고 창녀로 여겨**
창 38:16 길곁으로 그에게 나아가 가로되

청컨대 나로 네게 들어가게 하라 하니
그 자부인줄 알지 못하였음이라
그가 가로되 당신이 무엇을 주고 내게 들어오려느냐

다말이 창녀의 옷을 입고 에나임 문 곁에 앉아 있는데 유다가 그를 창녀로 여겨 청컨대 나로 네게 들어가게 하라고 하자 다말이 당신이 무엇을 주고 내게 들어오려느냐 라고 말합니다. 이에 유다는 다말에게 도장과 끈과 지팡이를 약조물로 주고 다말과 동침을 했는데 다말이 유다로 말미암아 잉태하였습니다.

창 38:27 임산하여 보니 쌍태라

쌍태에서,
쌍- תְּאוֹם〈타옴〉 ❶쌍둥이
태- בֶּטֶן〈베텐〉 ❶몸 ❷배 ❸자궁

쌍태란 말은 하나의 몸, 하나의 배, 하나의 자궁에 둘이 잉태되는 것을 말합니다.

사랑하는 성도 여러분!
분명히 리브가가 쌍둥이를 잉태하였고 다말이 쌍둥이를 잉태하였지요? 그러므로 성경은 반드시 짝이 있고 반드시 두세 증인의 법을 통해 증거하고 있습니다.

그러므로 하나님께서 쌍둥이의 사건을 두 번 기록해 놓으신 것은 쌍둥이의 세계를 통해서 하나님의 놀라운 구원의 복음을 증거하기 위한 것입니다.

2. 쌍둥이는 태에서부터 나누어지는 세계를 말하기 위한 것이다

창 25:23(상) 여호와께서 그에게 이르시되 **두 국민이 네 태중에 있구나 두 민족이 네 복중에서부터 나누이리라**

네 복중에서부터 나누이리라 에서,

나누이리라- פָּרַד〈파라드〉 ❶분리하다 ❷나누다

쌍둥이의 세계는 한 아버지로 인해 잉태되어 한 태속에서 나오지만 두 민족으로 나누어지는 세계를 말하기 위한 것입니다.

시 58:3 악인은 모태에서부터 멀어졌음이여
나면서부터 곁길로 나아가 **거짓을 말하는도다**

악인은 모태에서부터 멀어졌고 악인은 나면서부터 곁길로 나아가 거짓을 말합니다. 그러므로 쌍둥이의 세계는 모태에서부터 나누어지는 세계를 말하는 것으로서 진리를 말하는 자와 거짓을 말하는 자로 나누어지는 세계를 말합니다.

요 8:44 너희는 너희 아비 마귀에게서 났으니
너희 아비의 욕심을 너희도 행하고자 하느니라
저는 처음부터 살인한 자요
진리가 그 속에 없으므로 진리에 서지 못하고
거짓을 말할 때마다 제 것으로 말하나니
이는 저가 거짓말장이요 거짓의 아비가 되었음이니라
눅 18:17 내가 진실로 너희에게 이르노니
누구든지 하나님의 나라를 어린 아이와 같이 받들지 않는
자는 **결단코 들어가지 못하리라 하시니라**
요 13:20 내가 진실로 진실로 너희에게 이르노니
나의 보낸 자를 영접하는 자는 나를 영접하는 것이요
나를 영접하는 자는 나를 보내신 이를 영접하는 것이니라

사단은 하나님이 창조하실 때는 천사였지만 하나님을 반역함으로 사단이 되었는데 그는 거짓말장이요 거짓의 아비라고 하였습니다.

그런데 주님은 친히 말씀하시기를 진실로, 진실로를 70번 이상 말씀하시고 있습니다.

3. 쌍태 중 먼저 나온 붉은 자

창 25:24 그 해산 기한이 찬즉 **태에 쌍둥이가 있었는데**
창 25:25 **먼저 나온 자는 붉고 전신이 갖옷 같아서**
이름을 에서라 하였고

쌍태 중 먼저 나온 자는 붉고 전신이 갖옷 같아서 이름을 에서라 하였으며 에서라는 이름은 붉은 털을 전신에 입은 자라는 뜻으로 붉은 자를 말합니다.

창 38:27 임산하여 보니 쌍태라
창 38:28 해산할 때에 손이 나오는지라
산파가 가로되 이는 먼저 나온 자라하고
홍사를 가져 그 손에 매었더니
창 38:29 그 손을 도로 들이며 그 형제가 나오는지라
산파가 가로되 네가 어찌하여 터치고 나오느냐 한 고로
그 이름을 **베레스라 불렀고**
창 38:30 그 형제 곧 손에 홍사 있는 자가 뒤에 나오니
그 이름을 세라라 불렀더라

다말이 잉태한 쌍태를 해산할 때에 손이 나오자 산파가 이는 먼저 나온 자라하고 홍사를 가져다가 그 손에 매었더니 손이 도로 들어갔습니다. 그 순간 쌍태 중 하나가 나오자 산파가 네가 어찌하여 터치고 나오냐고 하며 베레스라 불렀고 손에 홍사 있는 자가 뒤에 나오니 그 이름을 세라라 불렀습니다.

쌍태 중 먼저 나온 에서도 붉은 자이고 손이 먼저 나온 세라도 붉은 자입니다. 이것은 하나님의 영의 세계에서 쌍둥이 중 먼저 나온 자

가 붉은 자라는 것입니다.

4. 쌍둥이 중 나중 나온 자가 장자권을 탈취한다

창 25:23 여호와께서 그에게 이르시되 두 국민이 네 태중에 있구나
두 민족이 네 복중에서부터 나누이리라
이 족속이 저 족속보다 강하겠고
큰 자는 어린 자를 섬기리라 하셨더라

리브가의 태에서 아이들이 싸우자 리브가가 이들이 태어나서도 이렇게 싸우면 어찌할꼬 하나님께 묻자 두 국민이 네 태중에 있구나 두 민족이 네 복중에서부터 나누이리라 이 족속이 저 족속보다 강하겠고 큰 자는 어린 자를 섬기리라고 하셨습니다. 즉, 쌍둥이 중 먼저 나온 자가 쌍둥이 중 나중에 나온 자를 섬기게 된다는 것입니다.

창 25:24 그 해산 기한이 찬즉 **태에 쌍둥이가 있었는데**
창 25:25 **먼저 나온 자는 붉고 전신이 갖옷 같아서**
이름을 에서라 하였고
창 25:26 후에 나온 아우는 손으로 에서의 발꿈치를 잡았으므로
그 이름을 야곱이라 하였으며
리브가가 그들을 낳을 때에 이삭이 육십 세이었더라

먼저 나온 에서는 전신이 붉은 털로 덮여져 있었고 나중에 나온 야곱은 에서의 발꿈치를 잡고 태어났습니다.

창 25:27 그 아이들이 장성하매 **에서는** 익숙한 사냥꾼인고로
들사람이 되고 야곱은 종용한 사람인고로 장막에 거하니

리브가가 낳은 쌍둥이 중 에서는 익숙한 사냥꾼으로 들사람이 되었고 야곱은 종용한 사람인고로 장막에 거하는 사람이 되었습니다.
어느 날 장막에 거하는 야곱이 죽을 쑤고 있는데 들에서 돌아온 에

서가 배고픔에 붉은 죽을 달라고 하자 야곱이 에서에게 죽을 줄 테니 장자의 명분을 팔라고 하였습니다. 장자의 명분을 팔라는 야곱의 말에 에서가 내가 죽게 되었으니 이 장자의 명분이 내게 무엇이 유익하리요 라고 합니다.

창 25:33 야곱이 가로되 오늘 내게 맹세하라
에서가 맹세하고 장자의 명분을 야곱에게 판지라

에서는 장자의 명분을 경홀히 여겨 팥죽 한 그릇에 장자의 명분을 팔았습니다. 그리하여 쌍둥이로서 나중에 나온 야곱은 장자의 명분을 탈취했습니다. 그러므로 하나님께서 리브가에게 이 족속이 저 족속보다 강하겠고 큰 자는 어린 자를 섬기리라고 하신 말씀이 성취되었습니다.

창 38:28 해산할 때에 손이 나오는지라
산파가 가로되 이는 먼저 나온 자라하고
홍사를 가져 그 손에 매었더니
창 38:29 그 손을 도로 들이며 그 형제가 나오는지라 산파가 가로되
네가 어찌하여 터치고 나오느냐 한 고로
그 이름을 **베레스라 불렀고**
창 38:30 그 형제 곧 손에 홍사 있는 자가 뒤에 나오니
그 이름을 세라라 불렀더라

다말이 아이를 낳는데 손이 먼저 나오자 산파가 이는 먼저 나온 자라하고 홍사를 가져다가 그 손에 매었더니 손이 도로 들어갔습니다. 그 순간 쌍태중 하나인 베레스가 터치고 나와 장자권을 탈취해 버렸습니다.

터치고– פָּרַץ 〈파라츠〉 ❶돌파하다 ❷~을 헤치고 나가다
❸강제로 (부수어) 열다

베레스는 태에서 돌파하여 장자가 되었습니다.
태문을 헤치고 나와 장자가 되었습니다.
강제로 부수고 나와 장자가 되었습니다.

사랑하는 성도 여러분!
쌍둥이 중 나중에 나온 야곱이 먼저 나온 에서의 장자권을 탈취해 장자가 되었고 쌍둥이 중 나중에 나온 베레스가 먼저 나온 세라의 손이 들어가는 순간 터치고 나옴으로 장자가 되었습니다. 이것은 복음의 세계에 나중에 나온 자가 장자라는 것을 말하고 있는 것입니다. 의학적으로도 쌍둥이는 먼저 나온 자가 형이 아니고 나중에 나온 자가 형입니다. 의학과 영의 세계에서 야곱이 형이고 붉은 털을 입고 먼저 나온 에서는 의학적으로도 영의 세계에서도 동생입니다.

세라와 베레스의 관계에서도 손이 먼저 나와 붉은 실을 매고 나온 세라가 장자가 아니고 세라의 손이 들어가는 순간 터치고 나온 베레스가 장자입니다. 그러므로 쌍둥이인 야곱과 베레스는 장자권을 탈취해야 하는 것입니다.

5. 자신이 장자임을 증거하는 예수 그리스도

의학적으로나 영의 원리로나 쌍둥이는 먼저 나온 자가 형이 아니고 나중에 나온 자가 형이지요? 정말 그런 것인지 하나님의 말씀으로 확인을 해 보도록 하겠습니다.

잠 8:22 여호와께서 그 조화의 시작 곧 태초에 일하시기 전에
나를 가지셨으며
잠 8:23 만세전부터 상고부터 땅이 생기기 전부터
내가 세움을 입었나니
잠 8:24 아직 바다가 생기지 아니하였고 큰 샘들이 있기 전에

내가 이미 났으며
잠 8:25 산이 세우심을 입기 전에 언덕이 생기기 전에
내가 이미 났으니
잠 8:26 하나님이 아직 땅도 들도
세상 진토의 근원도 짓지 아니하셨을 때에라

세상 진토의 근원도 짓기 전에 나신 분이 있는데 이 분이 가장 먼저 나신 분이고 가장 먼저 났으니까 이 분이 장자이지요?

골 1:15 그는 보이지 아니하시는 하나님의 형상이요
모든 창조물보다 먼저 나신 자니
골 1:16 만물이 그에게 창조되되
하늘과 땅에서 보이는 것들과 보이지 않는 것들과
혹은 보좌들이나 주관들이나 정사들이나 권세들이나
만물이 다 그로 말미암고 그를 위하여 창조되었고
골 1:17 또한 **그가 만물보다 먼저 계시고**
만물이 그 안에 함께 섰느니라

예수 그리스도께서 모든 창조물보다 먼저 나신 분이시니 예수 그리스도가 장자이십니다.

요 10:8 나보다 먼저 온 자는 다 절도요 강도니
양들이 듣지 아니하였느니라
요 10:10 도적이 오는 것은 도적질하고 죽이고 멸망시키려는
것뿐이요 내가 온 것은 양으로 생명을 얻게 하고
더 풍성히 얻게 하려는 것이라

주님보다 먼저 와서 도적질하고 죽이고 멸망시킨 자가 누구입니까?

계 12:9 큰 용이 내어 쫓기니 옛 뱀 곧 마귀라고도 하고
사단이라고도 하는 온 천하를 꾀는 자라 땅으로 내어 쫓기니
그의 사자들도 저와 함께 내어 쫓기니라
계 20:2 용을 잡으니 곧 **옛 뱀이요** 마귀요 사단이라
잡아 일천년 동안 결박하여

계 12:3 하늘에 또 다른 이적이 보이니
보라 한 큰 붉은 용이 있어 머리가 일곱이요 뿔이 열이라
그 여러 머리에 일곱 면류관이 있는데

주님보다 먼저 와서 도적질하고 죽이고 멸망시킨 자는 창3:1절의 간교한 뱀인데 그 간교한 뱀이 마귀요 사단으로 옛 뱀인 붉은 용입니다.
에덴동산에 먼저 온 붉은 용이 장자가 아니고 세상의 모든 창조물보다 먼저 나신 자로 말세에 육신을 입고 세상에 오신 예수께서 세상 모든 만물 보다 먼저 나신 장자입니다.

그러므로 쌍태 중 먼저 나온 붉은 자 에서가 장자가 아니고 나중에 나온 야곱이 장자니까 야곱이 장자권을 탈취해야 하며 쌍태 중 손이 먼저 나온 붉은 자 세라가 장자가 아니고 베레스가 장자니까 베레스가 터치고 나와 장자권을 탈취해야 하는 것입니다.
그래서 세상의 모든 창조물 보다 먼저 나신 자로 말세에 육신을 입고 세상에 오신 예수께서 장자권을 탈취하는 것입니다.

롬 8:29 하나님이 미리 아신 자들로
또한 그 아들의 형상을 본받게 하기 위하여 미리 정하셨으니
이는 그로 많은 형제 중에서 맏아들이 되게 하려 하심이니라

하나님이 미리 아신 자들로 또한 그 아들의 형상을 본받게 하기 위하여 미리 정하셨으니 이는 그로(예수 그리스도) 많은 형제 중에서 맏아들이 되게 하려 하심이니라고 하였습니다.
예수 그리스도께서 모든 창조물 보다 먼저 나셨으나 하나님과 계시다가 세상에 오실 때에는 사단보다 늦게 오셔서 십자가를 통해 장자권을 탈취하셨습니다. 그래서 예수 그리스도께서 맏아들이(장자) 되신 것입니다.

그래서 의학적으로나 영의 세계에서나 나중에 나온 자가 장자입니다.

하나님의 세계에서 모든 창조물보다 먼저 나서 하나님과 함께 계시다가 사단보다 늦게 세상에 오신 예수 그리스도께서 분명히 장자이시기 때문에 태에서부터 나누어져 거짓말쟁이요 거짓의 아비가 된 사단을 십자가를 통해 멸해 버림으로 장자권을 탈취해 버렸습니다.

이것이 쌍태, 즉 쌍둥이를 통해 증거되는 예수 그리스도입니다.

(※편집자 주: 쌍둥이의 세계는 장자의 세계, 두 아들의 세계를 먼저 들으시면 더욱 큰 은혜를 누리게 됩니다.)

Point	쌍둥이의 세계는 하나의 태에 둘이 잉태되는 하나님의 영의 세계를 말하며 한 아버지로 인해 잉태되어 한 태속에서 나오지만 두 민족으로 나누어지는 세계, 즉 진리를 말하는 자와 거짓을 말하는 자로 나누어지는 세계를 말한다. 쌍둥이 중 나중에 나온 야곱이 먼저 나온 에서의 장자권을 탈취해 장자가 되었고 쌍둥이 중 나중에 나온 베레스가 먼저 나온 세라의 손이 들어가는 순간 터치고 나옴으로 장자가 되었다. 이것은 복음의 세계에 나중에 나온 자가 장자라는 것을 말하고 있는 것이다. 그러므로 쌍태 중 먼저 나온 자가 장자가 아니고 나중에 나온 자가 장자이므로 장자권을 탈취해야 하는 것이다. 이것은 하나님의 세계에서 모든 창조물보다 먼저 나서 하나님과 함께 계시다가 사단보다 늦게 세상에 오신 예수 그리스도께서 분명히 장자이시기 때문에 태에서부터 나누어져 거짓말쟁이요 거짓의 아비가 된 사단을 십자가를 통해 멸해 버림으로 장자권을 탈취하셨음을 증거하신 것이다.

3
죽음으로 베냐민을 낳은 라헬

창세기 35:16~18

창 35:16 그들이 벧엘에서 발행하여 에브랏에 이르기까지
얼마 길을 격한 곳에서 라헬이 임산하여 심히 신고
하더니 17 그가 난산할 즈음에 산파가 그에게 이르
되 두려워말라 지금 그대가 또 득남하느니라 하매
18 그가 죽기에 임하여 그 혼이 떠나려할 때에 아들
의 이름은 베노니라 불렀으나 그 아비가 그를 베냐
민이라 불렀더라

Key	라헬이 죽으면서 낳은 아들을 베노니라고 불렀고 야곱이 이를 베냐민이라고 바꾸어 불렀으며 베냐민의 생명이 아비의 생명과 결탁되어 있다고 말한 것은 무엇을 의미하고 있는가?

야곱이 두 떼의 복을 받아 고향으로 돌아오다가 에브랏에 이르렀을 때 라헬이 임산하여 아이를 낳게 되었습니다. 아이를 낳던 라헬은 난산으로 고통하다가 '베노니' 라 말하며 숨이 끊어졌습니다.
야곱은 라헬이 죽으면서 낳은 아들 '베노니' 를 '베냐민' 이라고 불렀습니다.

요 5:39 너희가 성경에서 영생을 얻는 줄 생각하고
성경을 상고하거니와
이 성경이 곧 내게 대하여 증거하는 것이로다
요 5:46 모세를 믿었더면 또 나를 믿었으리니
이는 그가 내게 대하여 기록하였음이라

성경은 예수 그리스도를 증거하기 위해 기록된 책입니다.

눅 24:27 이에 **모세와 및 모든 선지자의 글로 시작하여**
모든 성경에 쓴바 자기에 관한 것을 자세히 설명하시니라

성경은 모세와 선지자들이 예수 그리스도에 대해 자세히 기록한 책입니다.

눅 24:44 또 이르시되 내가 너희와 함께 있을 때에
너희에게 말한바 곧 **모세의 율법과 선지자의 글과 시편에**
나를 가리켜 기록된 모든 것이 이루어져야 하리라 한 말이
이것이라 하시고

모세의 율법과 선지자의 글과 시편에서도 예수 그리스도를 말씀하고 있습니다.

히 1:1 옛적에 선지자들로 **여러 부분과 여러 모양으로**
우리 조상들에게 말씀하신 하나님이
히 1:2 **이 모든 날 마지막에 아들로 우리에게 말씀하셨으니**
이 아들을 만유의 후사로 세우시고
또 저로 말미암아 모든 세계를 지으셨느니라

천 번을 말하고 만 번을 말해도 하나님의 말씀인 성경은 예수 그리스도를 증거하는 책입니다. 그러므로 오늘 본문인 창35:16~18절을 통해서도 우리를 구원하신 예수 그리스도를 증거하고 있습니다. 오늘은 "죽음으로 베냐민을 낳은 라헬"을 통해 하나님의 구원의 확증인 예수 그리스도를 만나게 될 것입니다.

1. 난산으로 아들을 낳는 라헬

라헬-רָחֵל〈라헬〉의 이름의 뜻은 암양입니다.

그 이름의 뜻이 암양이기에 라헬은 아이를 잘 낳을 것 같은데도 아이를 잘 낳지 못했습니다.

창 35:16 그들이 벧엘에서 발행하여 에브랏에 이르기까지 얼마
길을 격한 곳에서 **라헬이 임산하여 심히 신고하더니**
창 35:17 그가 **난산할 즈음에** 산파가 그에게 이르되 두려워말라
지금 그대가 또 **득남하느니라** 하매

난산에서 난- קָשָׁה〈카샤〉 ❶어렵다 ❷맹렬하다 ❸곤란하다

난산에서 산- יָלַד〈얄라드〉 ❶낳다 ❷산고를 겪다

난산이란 엄청난 어려움과 곤란을 겪으며 아이를 낳는 것을 말합니다. 아이를 낳는 것 자체가 엄청난 고통이 따르지만 죽을 만큼 큰 고통이 난산입니다.
암양이라는 이름으로 아이를 잘 낳을 것 같은 라헬이 엄청난 어려움과 곤란을 겪으며 아들을 낳은 것은 무엇을 말씀할까요?

요 1:36 예수의 다니심을 보고 말하되 보라 **하나님의 어린 양이로다**

초림으로 오신 주님을 하나님의 어린 양이라고 하셨는데 하나님의 어린 양이신 주님은 무엇을 하시기 위해 오셨을까요?

마 1:21 아들을 낳으리니 이름을 예수라 하라 이**는 그가 자기 백성을 저희 죄에서 구원할 자이심이라** 하니라

하나님의 어린 양으로 오신 주님의 이름은 자기 백성을 저희 죄에서 구원할 자라는 뜻입니다. 우리를 죄에서 구원하는 것이 우리를 하나님의 자녀로 낳는 것입니다.
하나님의 어린 양이시며 우리를 구원하여 하나님의 자녀되게 하시기 위해 오신 주님은 순산하여 우리를 낳으셨나요? 아니면 난산을 통해 낳으셨나요? 난산에 난산을 통해 낳았지요.
그러면 난산을 통해 우리를 구원하신 현장으로 가봅시다.

마 27:46 제 구시 즈음에 예수께서 크게 소리질러 가라사대 **엘리 엘리 라마 사박다니** 하시니 이는 곧 **나의 하나님 나의 하나님 어찌하여 나를 버리셨나이까** 하는 뜻이라

주님은 십자가의 처절한 죽음 앞에서 엘리 엘리 라마 사박다니를 숨이 끊어지도록 외치셨습니다. 주님은 십자가의 처절한 고통을 통해 우리를 십자가의 복음으로 하나님의 자녀가 되게 하셨습니다.
생명은 그냥 태어나는 것이 아닙니다. 엄청난 고통인 난산을 통해

한 생명이 태어나는 것입니다. 라헬의 엄청난 난산의 고통을 통해 베냐민이 태어났듯이 우리도 주님의 엄청난 십자가의 고통을 통해 하나님의 자녀가 되었습니다. 그러므로 난산으로 아들을 낳는 라헬은 처절한 죽음의 고통을 통해 우리에게 새 생명을 주시는 주님을 예표합니다.

2. 베냐민을 낳고 죽는 라헬

창 35:18 그가 죽기에 임하여 그 혼이 떠나려할 때에
아들의 이름은 베노니라 불렀으나
그 아비가 그를 베냐민이라 불렀더라

암양이라는 이름의 뜻을 가진 라헬은 난산의 고통을 이기지 못하고 베냐민을 낳고 죽었습니다. 그러므로 베냐민은 라헬의 죽음으로 태어난 생명입니다. 라헬의 죽음이 베냐민의 생명을 탄생하게 하였습니다. 라헬의 죽음이 없었다면 베냐민의 생명은 없었습니다.

요 12:24 내가 진실로 진실로 너희에게 이르노니
한 알의 밀이 땅에 떨어져 죽지 아니하면 한 알 그대로 있고
죽으면 많은 열매를 맺느니라

주님은 자신의 죽음을 말씀하시면서 비유로 한 알의 밀이 땅에 떨어져 죽어야 많은 열매를 맺는다고 하셨습니다.
라헬의 죽음이 베냐민의 생명을 있게 하였지요? 라헬의 죽음이 없었다면 베냐민의 생명은 없었습니다. 그러므로 초림의 주님께서 한 알의 밀이 되어 땅에 떨어져 죽어야 많은 생명이 살게 됩니다.

눅 23:46 예수께서 큰 소리로 불러 가라사대 아버지여
내 영혼을 아버지 손에 부탁하나이다 하고
이 말씀을 하신 후 운명하시다

주님은 십자가의 처절한 고통을 당하고 죽으심으로 우리를 하나님의 자녀가 되게 하셨습니다. 주님의 십자가의 죽음이 없었다면 우리의 생명은 없었습니다. 하나님의 어린 양이신 주님의 십자가의 죽음이 우리에게 생명을 얻게 한 것입니다.

라헬이 난산의 고통을 이기지 못하고 죽으며 낳은 아이의 이름을 베노니라고 불렀습니다.

베노니– בֶּן-אוֹנִי〈벤오니〉 베노니(Benoni)

'베노니' 는 나의 슬픔의 아들이라는 말입니다. 라헬은 엄청난 육체의 고통의 슬픔을 통해 베노니를 낳은 것입니다.

> **사 53:4** 그는 실로 우리의 질고를 지고 **우리의 슬픔을 당하였거늘**
> 우리는 생각하기를 그는 징벌을 받아서 하나님에게 맞으며
> 고난을 당한다 하였노라

이사야 53장은 초림으로 오실 주님의 십자가의 죽음을 통한 구원을 말씀하는 장입니다. 이사야 선지자는 십자가를 지실 주님을 가리켜 그는 실로 우리의 슬픔을 당하였거늘 이라고 말했습니다.

사랑하는 성도 여러분!
우리는 우리의 슬픔을 당하신 주님으로 인해 영원한 죽음의 형벌에서 새 생명을 얻었습니다. 베노니가 라헬의 엄청난 육체의 고통의 슬픔을 통해 태어난 생명인 것처럼 우리도 주님의 엄청난 육체의 고통의 슬픔을 통해 태어난 생명입니다.
그래서 주님은 이 성경이 내게 대하여 증거하는 것이라고 하신 것입니다.

야곱은 라헬이 죽으면서 불렀던 '베노니' 를 '베냐민' 이라고 개명했습니다.

베냐민-בִּנְיָמִין〈빈야민〉 베냐민(Benjamin)

빈야민은 벤(아들)과 야민(오른손)의 합성어로서 오른손의 아들이라는 말입니다. 그러면 '오른손의 아들' 이라는 말은 무엇을 말씀할까요?

> **시 108:6** 주의 사랑하는 자를 건지시기 위하여 우리에게 응답하사
> **오른손으로 구원하소서**

시편 기자는 주의 사랑하는 자를 건지시기 위하여 우리에게 응답하사 오른손으로 구원하소서라고 기도하였습니다. 오른손으로 구원한다고 하지요?

> **시 138:7** 내가 환난 중에 다닐찌라도 주께서 나를 소성케 하시고
> 주의 손을 펴사 내 원수들의 노를 막으시며
> **주의 오른손이 나를 구원하시리이다**

주의 손을 펴사 내 원수들의 노를 막으시며 주의 오른손이 나를 구원하시리이다 라고 합니다.

> **사 41:10** 두려워 말라 내가 너와 함께 함이니라 놀라지 말라
> 나는 네 하나님이 됨이니라 내가 너를 굳세게 하리라
> 참으로 너를 도와 주리라
> **참으로 나의 의로운 오른손으로 너를 붙들리라**

이사야 선지자도 참으로 나의 의로운 오른손으로 너를 붙들리라는 하나님의 말씀을 전합니다. 그러므로 우리는 오른손으로 구원한 오

른손의 아들입니다.

사 41:13 이는 나 여호와 너의 **하나님이 네 오른손을 붙들고**
네게 이르기를 두려워 말라 내가 너를 도우리라
할 것임이니라

오른손의 아들인 우리를 여호와 하나님이 네 오른손을 붙들고 두려워 말라 내가 너를 도우리라고 말씀하십니다.
라헬의 죽음으로 태어난 베냐민은 오른손의 아들이지요?
주님의 십자가의 죽음으로 구원한 우리도 오른손의 아들입니다.
그래서 하나님은 우리를 오른 손으로 붙들고 두려워 말라 내가 너와 함께 함이니라 놀라지 말라 나는 네 하나님이 됨이니라 내가 너를 굳세게 하리라 참으로 너를 도와 주리라고 말씀하십니다.

마 25:33 양은 그 오른편에 염소는 왼편에 두리라
마 25:34 그 때에 **임금이 그 오른편에 있는 자들에게 이르시되**
내 아버지께 복 받을 자들이여 나아와 창세로부터
너희를 위하여 예비된 나라를 상속하라

사랑하는 성도 여러분!
우리는 주님의 십자가의 죽음으로 구원받은 오른손의 아들이며 주님의 오른편에 있는 자들로 하나님 아버지께 복 받을 자들이며 창세로부터 우리를 위하여 예비된 나라를 상속받을 자들입니다.

히 12:2 믿음의 주요 또 온전케 하시는 이인 예수를 바라보자
저는 그 앞에 있는 즐거움을 위하여 십자가를 참으사 부끄러
움을 개의치 아니하시더니 **하나님 보좌 우편에 앉으셨느니라**

초림으로 오셔서 십자가의 죽음으로 우리를 구원하신 주님이 부활하사 하나님 우편 보좌에 앉으셨습니다.

계 3:21 이기는 그에게는 내가 내 보좌에 함께 앉게 하여주기를
내가 이기고 아버지 보좌에 함께 앉은 것과 같이 하리라

라오디게아 교회의 사자에게 보내는 편지에서 이기는 그에게는 내가 내 보좌에 함께 앉게 하여 주기를 내가 이기고 아버지 보좌 우편에 함께 앉은 것과 같이 하리라고 말씀하셨습니다.

베냐민은 라헬의 죽음으로 태어난 오른손의 아들입니다. 우리도 주님의 십자가의 죽음으로 구원받은 오른손의 아들입니다. 그래서 우리는 주님의 오른편에 있는 자들로 하나님 아버지께 복 받을 자들이며 창세로부터 우리를 위하여 예비된 나라를 상속 받아 주님께서 아버지 보좌 우편에 함께 앉은 것과 같이 우리도 주님의 보좌 우편에 함께 앉게 되는 것입니다.

3. 아비의 생명과 생명이 결탁되어 있는 베냐민

창 44:30 아비의 생명과 아이의 생명이 서로 결탁되었거늘
이제 내가 주의 종 우리 아비에게 돌아갈 때에
아이가 우리와 함께하지 아니하면

베냐민의 생명은 아버지 야곱과 서로 결탁되었다고 하지요?

결탁- קָשַׁר 〈카사르〉 ❶함께 매다 ❷묶다
❸연합하다 ❹하나 되다

라헬이 죽음으로 낳은 베냐민의 생명이 아버지 야곱의 생명과 결탁되어 있으니 야곱과 베냐민의 생명이 하나입니다. 아버지 야곱의 생명이 따로 있고 라헬이 죽음으로 낳은 아들 베냐민의 생명이 따로 있는 것이 아니라 하나라는 것입니다. 라헬이 죽음으로 낳은 아

들 베냐민의 생명이 야곱의 생명과 결탁되었으니 야곱의 생명이 베냐민의 생명이고 베냐민의 생명이 곧 야곱의 생명입니다. 아멘!

라헬의 죽음으로 베냐민의 생명과 야곱의 생명이 결탁되었듯이 주님의 십자가의 죽음을 통해서 우리의 생명도 하나님의 생명과 결탁되었습니다.

요일 5:12 아들이 있는 자에게는 생명이 있고
하나님의 아들이 없는 자에게는 생명이 없느니라

그래서 아들이 있는 자에게는 생명이 있고 하나님의 아들이 없는 자에게는 생명이 없다고 한 것입니다.

요일 2:23 아들을 부인하는 자에게는 또한 아버지가 없으되
아들을 시인하는 자에게는 아버지도 있느니라
요일 2:24 너희는 처음부터 들은 것을 너희 안에 거하게 하라
처음부터 들은 것이 너희 안에 거하면
너희가 아들의 안과 아버지의 안에 거하리라
요일 2:25 그가 우리에게 약속하신 약속이 이것이니
곧 **영원한 생명이니라**

아들을 부인하는 자에게는 또한 아버지가 없으되 아들을 시인하는 자에게는 아버지도 있느니라 너희가 아들의 안과 아버지의 안에 거하리라 그가 우리에게 약속하신 약속이 이것이니 곧 영원한 생명이라고 했습니다.

사랑하는 성도 여러분!
라헬의 죽음으로 베냐민의 생명과 야곱의 생명이 결탁된 것처럼 우리도 주님의 십자가의 죽음을 통해서 우리의 생명이 하나님의 영원

한 생명과 결탁되었습니다.

우리의 생명이 하나님의 영원한 생명과 결탁되었기 때문에 우리의 생명은 죽지 않고 영원하신 하나님과 영원히 사는 것입니다.

Point	라헬은 엄청난 육체의 고통의 슬픔을 통해 베노니를 낳았는데 야곱은 오른손의 아들인 베냐민이라고 불렀다. 주님은 엄청난 십자가의 고통을 통해 우리를 낳았으며 우리는 주님의 십자가의 죽음으로 구원받은 오른손의 아들이다. 그러므로 우리는 하나님 아버지께 복 받을 자들이고 창세로부터 예비된 영원한 나라를 상속받으며 주님의 우편 보좌에 앉게 되는 것이다. 또한 라헬이 죽음으로 낳은 베냐민의 생명이 야곱의 생명과 결탁되어 있다는 것은 주님의 십자가의 죽음을 통해서 우리의 생명이 하나님의 영원한 생명과 결탁되었으므로 우리의 생명은 죽지 않고 영원히 사는 것을 증거한 것이다.

4

히스기야 왕의 기도

이사야 38:1~8

사 38:1 그 즈음에 히스기야가 병들어 죽게 되니 아모스의 아들
선지자 이사야가 나아와 그에게 이르되 여호와께서 이같이
말씀하시기를 너는 네 집에 유언하라 네가 죽고 살지 못하
리라 하셨나이다 2 히스기야가 얼굴을 벽으로 향하고 여호
와께 기도하여 3 가로되 여호와여 구하오니 내가 주의 앞에
서 진실과 전심으로 행하며 주의 목전에서 선하게 행한 것
을 추억하옵소서 하고 심히 통곡하니 4 이에 여호와의 말씀
이 이사야에게 임하니라 가라사대 5 너는 가서 히스기야에
게 이르기를 네 조상 다윗의 하나님 여호와께서 이같이 말
씀하시기를 내가 네 기도를 들었고 네 눈물을 보았노라 내
가 네 수한에 십 오년을 더하고 6 너와 이 성을 앗수르 왕
의 손에서 건져내겠고 내가 또 이 성을 보호하리라 7 나 여
호와가 말한 것을 네게 이룰 증거로 이 징조를 네게 주리라
8 보라 아하스의 일영표에 나아갔던 해 그림자를 뒤로 십도
를 물러가게 하리라 하셨다 하라 하시더니 이에 일영표에
나아갔던 해의 그림자가 십도를 물러 가니라

Key	히스기야 왕의 기도로 태양의 그림자가 십도를 물러간 사건은 어떻게 그리스도를 증거하고 있는가?

사 38:1 그 즈음에 **히스기야가 병들어 죽게 되니**
아모스의 아들 선지자 이사야가 나아와 그에게 이르되
여호와께서 이같이 말씀하시기를 **너는 네 집에 유언하라**
네가 죽고 살지 못하리라 하셨나이다

본문은 히스기야 왕이 죽을 병에 걸렸을 때 기도하여 기적적으로 살아난 사건입니다. 이사야 선지자는 병들어 죽어가고 있는 히스기야 왕에게 하나님의 말씀을 전했습니다.
히스기야 왕이여, 가족들을 모아놓고 유언하세요. 빨리 가족들을 모아 놓고 부탁할 말이 있으면 하셔야 합니다. 왕은 죽고 살지 못한다고 하나님께서 분명히 말씀하셨습니다.

이사야 선지자를 통해 죽고 살지 못하리라는 하나님의 말씀을 들은 히스기야 왕이 기도합니다.

사 38:2 히스기야가 **얼굴을 벽으로 향하고 여호와께 기도하여**
사 38:3 가로되 여호와여 구하오니
내가 주의 앞에서 진실과 전심으로 행하며 주의 목전에서
선하게 행한 것을 추억하옵소서 하고 **심히 통곡하니**

이사야 선지자로부터 죽고 살지 못하리라는 청천벽력 같은 소식을 들은 히스기야 왕은 얼굴을 벽으로 향하고 심히 통곡하며 여호와께 이렇게 기도합니다.
"여호와여 구하오니 내가 주의 앞에서 진실과 전심으로 행하며 주의 목전에서 선하게 행한 것을 추억하옵소서."

사 38:4 이에 여호와의 말씀이 이사야에게 임하니라 가라사대

사 38:5 너는 가서 히스기야에게 이르기를
네 조상 다윗의 하나님 여호와께서 이같이 말씀하시기를
내가 네 기도를 들었고 네 눈물을 보았노라
내가 네 수한에 십 오년을 더하고
사 38:6 너와 이 성을 앗수르 왕의 손에서 건져내겠고
내가 또 이 성을 보호하리라

히스기야 왕의 기도를 들으신 하나님께서 말씀하시기를 내가 네 기도를 들었고 네 눈물을 보았노라 내가 너를 낫게 하리니 네가 삼일만에 여호와의 전에 올라가겠고 네 생명을 15년을 더할 것이며 너와 이 성을 앗수르 왕의 손에서 구원하고 예루살렘 성을 보호하리라고 하셨습니다.

사 38:7 나 여호와가 말한 것을 네게 이룰 증거로
이 징조를 네게 주리라
사 38:8 보라 아하스의 일영표에 나아갔던 해 그림자를
뒤로 십도를 물러가게 하리라 하셨다 하라 하시더니
이에 일영표에 나아갔던 해의 그림자가 십도를 물러 가니라

여호와께서 히스기야 왕을 살려 줄 증거로 징조를 주리라고 하시면서 아하스의 일영표에 나아갔던 해 그림자를 십도 물러가게 하셨습니다.

사랑하는 성도 여러분!
죽음 앞에서 심한 통곡과 눈물의 기도로 죽음을 이기고 살아난 "히스기야 왕의 기도"를 통해 주님께서 친히 말씀하신대로 이 성경이 내게 대하여 기록했다는 말씀을 확증받기를 바랍니다.

성경을 통해 세상 것을 얻는 것이 아니라 보화 중의 보화인 예수 그리스도를 얻는 귀한 시간이 될 줄로 믿습니다.

1. 히스기야 왕의 이름은 강한 왕을 말합니다

왕하 16:20 아하스가 그 열조와 함께 자매 다윗성에 그 열조와 함께
장사되고 **그 아들 히스기야가 대신하여 왕이 되니라**

히스기야는 남 왕국 유다의 14대 왕으로 B.C 715~687년까지 유다를 다스렸습니다.

히스기야- חִזְקִיָּה〈히즈키야〉 ❶여호와는 강하시다
❷여호와의 힘셈

히스기야의 이름은 여호와는 강하시다, 여호와는 힘이 세다 라는 뜻입니다. 그러므로 히스기야는 강한 왕, 힘센 왕을 말합니다.
그러면 강하고 힘이 센 왕은 누구일까요?
누가 가장 힘이 세고 강한 왕일까요?

욥 9:4 하나님은 마음이 지혜로우시고 **힘이 강하시니**
스스로 강퍅히 하여 그를 거역하고 형통한 자가 누구이랴

하나님은 힘이 강하십니다.

욥 9:19 힘으로 말하면 그가 강하시고
심판으로 말하면 누가 그를 호출하겠느냐

힘으로 말하면 하나님이 강하십니다.

민 24:8 하나님이 그를 애굽에서 인도하여 내셨으니
그 힘이 들소와 같도다 그 적국을 삼키고
그들의 뼈를 꺾으며 화살로 쏘아 꿰뚫으리로다

하나님이 들소와 같은 강한 힘으로 이스라엘을 애굽에서 인도하여 내셨습니다. 그래서 여호와는 강하시다, 여호와는 힘이 세다는 뜻을 가진 히스기야는 힘이 강한 왕이신 하나님을 예표하는 것입니다.

시 74:12 하나님은 예로부터 나의 왕이시라
인간에 구원을 베푸셨나이다

하나님은 왕이십니다.

렘 10:10 오직 여호와는 참 하나님이시요 사시는 하나님이시요
영원한 왕이시라 그 진노하심에 땅이 진동하며
그 분노하심을 열방이 능히 당치 못하느니라

여호와는 하나님이시요 영원한 왕이십니다.

마 2:2 유대인의 왕으로 나신 이가 어디 계시뇨
우리가 동방에서 그의 별을 보고 그에게 경배하러 왔노라 하니

하나님의 본체이신 주님이 육체를 입으시고 유대인의 왕으로 나셨습니다.

눅 2:40 아기가 자라며 강하여지고
지혜가 충족하며 하나님의 은혜가 그 위에 있더라

하나님의 본체이신 주님이 유대인의 왕으로 나시어 자라매 세상에서 아무도 이길 수 없는 가장 강한 자가 되었습니다. 그러므로 여호와는 강하시다, 여호와는 힘이 세다는 뜻을 히스기야 왕은 힘이 강한 왕이신 하나님을 예표하고 있습니다.

2. 죽음 앞에서 심히 통곡하는 히스기야

사 38:2 히스기야가 **얼굴을 벽으로 향하고 여호와께 기도하여**

사 38:3 가로되 여호와여 구하오니 **내가 주의 앞에서**
진실과 전심으로 행하며 주의 목전에서
선하게 행한 것을 추억하옵소서 하고 **심히 통곡하니**

이사야 선지자로부터 죽고 살지 못하리라는 청천벽력 같은 소식을 들은 강한 왕, 힘센 왕인 히스기야 왕은 얼굴을 벽으로 향하고 여호와여 구하오니 내가 주의 앞에서 진실과 전심으로 행하며 주의 목전에서 선하게 행한 것을 추억하옵소서 하고 심히 통곡하였습니다.

심히– גָּדוֹל〈가돌〉 ❶위대한 ❷큰

통곡에서 통–בְּכִי〈베키〉 ❶울음

통곡에서 곡– בָּכָה〈바카〉 ❶울다 ❷비탄 ❸애통

강한 왕, 힘센 히스기야 왕은 이름답지 않게 죽음 앞에서 엄청나게 큰 소리로 궁궐이 떠나가도록 울며 기도하였습니다.

사 38:4 이에 여호와의 말씀이 이사야에게 임하니라 가라사대
사 38:5 너는 가서 히스기야에게 이르기를
네 조상 다윗의 하나님 여호와께서 이같이 말씀하시기를
내가 네 기도를 들었고 네 눈물을 보았노라
내가 네 수한에 십 오년을 더하고
사 38:6 너와 이 성을 앗수르 왕의 손에서 건져내겠고
내가 또 이 성을 보호하리라

그때 히스기야 왕이 심히 통곡하며 기도하자 하나님께서 내가 네 기도를 들었고 네 눈물을 보았노라고 응답하셨습니다. 히스기야 왕은 죽음 앞에서 하나님께 심히 통곡함으로 들으심을 받았습니다.

마 27:45 세 육시로부터 온 땅에 어두움이 임하여

제 구시까지 계속하더니
마 27:46 제 구시 즈음에 예수께서 크게 소리질러 가라사대
엘리 엘리 라마 사박다니 하시니 이는 곧 나의 하나님
나의 하나님 어찌하여 나를 버리셨나이까 하는 뜻이라

주님은 죽음 앞에서 나의 하나님, 나의 하나님 어찌하여 나를 버리셨나이까 라고 심한 통곡과 눈물로 기도하셨습니다.

마 27:50 예수께서 다시 크게 소리 지르시고 영혼이 떠나시다

그러나 주님은 죽음 앞에서 심한 통곡과 눈물로 기도하셨지만 아무런 응답도 받지 못하고 운명하시고 말았습니다.

히스기야 왕은 죽음 앞에서 심한 통곡과 눈물의 기도를 드려 하나님의 들으심을 얻었는데 우리 주님은 죽음 앞에서 심한 통곡과 눈물의 기도를 드렸음에도 불구하고 운명하시고 말았습니다.
다음 말씀을 유의하여 보시기 바랍니다.

히 5:7 그는 육체에 계실 때에
자기를 죽음에서 능히 구원하실 이에게
심한 통곡과 눈물로 간구와 소원을 올렸고
그의 경외하심을 인하여 **들으심을 얻었느니라**

주님께서 십자가 죽음 앞에서 처절한 기도를 하셨으나 마태복음에서는 하나님께 들으심을 얻었다는 기록이 없는데 히브리서에서는 증거하기를 그는 육체에 계실 때에 자기를 죽음에서 능히 구원하실 이에게 심한 통곡과 눈물로 간구와 소원을 올렸고 그의 경외하심을 인하여 들으심을 얻었느니라고 말씀하신 것을 볼때에 주님은 십자가의 죽음 앞에서 기도하여 하나님의 들으심을 얻은 것입니다.

히스기야 왕이 죽음 앞에서 심한 통곡과 눈물의 기도를 드려 하나님의 들으심을 얻어 살아난 것은 초림의 주님께서 십자가의 죽음 앞에서 심한 통곡과 눈물의 기도를 드려 하나님의 들으심을 얻어 십자가의 죽음을 이기시고 살아나실 것을 말한 것입니다.

3. 선하게 행한 것을 기억하여 주옵소서

사 38:2 히스기야가 **얼굴을 벽으로 향하고 여호와께 기도하여**
사 38:3 가로되 여호와여 구하오니 **내가 주의 앞에서**
진실과 전심으로 행하며 주의 목전에서
선하게 행한 것을 추억하옵소서 하고 **심히 통곡하니**

이사야 선지자로부터 죽고 살지 못하리라는 청천벽력 같은 소식을 들은 히스기야 왕은 얼굴을 벽으로 향하고 여호와여 구하오니 내가 주의 앞에서 진실과 전심으로 행하며 주의 목전에서 선하게 행한 것을 추억하옵소서 하고 심히 통곡하였습니다.

선하게- טוֹב〈토브〉 ❶좋은 ❷선한 ❸즐거운

주의 목전에서 선하게 행한 것을 추억하옵소서라는 말은 주의 목전에서 좋은 것을 즐거움으로 행한 것이라는 말입니다.
그러면 주의 목전에서 좋은 것을 즐거움으로 행한 것을 인하여 죽음에서 사는 것은 무엇일까요?

히 12:2 믿음의 주요 또 온전케 하시는 이인 예수를 바라보자
저는 그 앞에 있는 즐거움을 위하여
십자가를 참으사 부끄러움을 개의치 아니하시더니
하나님 보좌 우편에 앉으셨느니라

주님은 그 앞에 있는 즐거움을 위하여 십자가를 참으사 부끄러움을 개의치 아니하시더니 죽음을 이기시고 살아나 하나님 보좌 우편에 앉으셨습니다. 할렐루야!

히스기야 왕이 주의 목전에서 좋은 것을 즐거움으로 행한 것을 기억하여 살려 달라고 기도하여 죽음에서 살아난 것은 초림의 주님께서 그 앞에 있는 즐거움을 위하여 십자가를 참으사 부끄러움을 개의치 아니하심으로 죽음을 이기시고 살아나 하나님 보좌 우편에 앉으실 것을 말한 것입니다.

4. 심한 통곡과 눈물의 기도 응답으로 징조를 주셨습니다

사 38:7 나 여호와가 말한 것을 네게 이룰 증거로
이 징조를 네게 주리라

사 38:8 보라 아하스의 일영표에 나아갔던 해 그림자를
뒤로 십도를 물러가게 하리라 하셨다 하라 하시더니
이에 일영표에 나아갔던 해의 그림자가 십도를 물러가니라

하나님의 응답을 받은 이사야 선지자가 히스기야 왕에게 외칩니다. 히스기야 왕이여, 여호와께서 왕을 살려 주시겠다고 말씀하신 것을 이룰 증거로 아하스의 일영표에 나아갔던 해 그림자를 뒤로 십도 물러가게 하여 징조를 주리라고 하셨습니다. 그러자 아하스의 일영표에 나아갔던 해의 그림자가 십도를 물러갔습니다.

사랑하는 성도 여러분!
하나님은 죽음 앞에서 심한 통곡과 눈물로 기도한 히스기야 왕을 살려주는 기도 응답으로 하늘이 진동하여 아하스의 일영표에 나아갔던 해의 그림자가 십도를 물러가게 하셨습니다.

마 27:50 예수께서 다시 크게 소리 지르시고 영혼이 떠나시다
마 27:51 이에 성소 휘장이 위로부터 아래까지 찢어져 둘이 되고
땅이 진동하며 바위가 터지고
마 27:52 무덤들이 열리며 자던 성도의 몸이 많이 일어나되
마 27:53 예수의 부활 후에 저희가 무덤에서 나와서
거룩한 성에 들어가 많은 사람에게 보이니라

초림의 주님께서 십자가에 못 박혀 운명하시자 땅이 진동하여 바위가 터지고 무덤들이 열리며 자던 성도의 몸이 많이 일어나 예수의 부활 후에 저희가 무덤에서 나와서 거룩한 성에 들어가 많은 사람에게 보였습니다.

히스기야 왕이 죽음 앞에서 심한 통곡과 눈물로 기도를 했을 때 히스기야 왕을 살려주는 기도 응답으로 하늘이 진동하여 아하스의 일영표에 나아갔던 해의 그림자가 십도를 물러갔습니다.
그런데 주님께서 십자가의 죽음 앞에서 심한 통곡과 눈물로 기도하시고 운명하실 때에는 땅이 진동하여 바위가 터지고 무덤들이 열리며 자던 성도의 몸이 많이 일어나 예수의 부활 후에 저희가 무덤에서 나와서 거룩한 성에 들어가 많은 사람에게 보였습니다.

히스기야 왕 때에는 하늘이 진동하였는데 왜 예수 그리스도 때에는 하늘이 진동하지 않았을까요?

히 12:26 그 때에는 그 소리가 땅을 진동하였거니와
이제는 약속하여 가라사대 내가 또 한번 땅만 아니라
하늘도 진동하리라 하셨느니라
히 12:27 이 또 한번이라 하심은
진동치 아니하는 것을 영존케 하기 위하여
진동할 것들 곧 만든 것들의 변동될 것을 나타내심이니라

사랑하는 성도 여러분!
히스기야 왕이 눈물과 통곡으로 기도할 때 하늘이 진동하여 해 그림자가 십도 뒤로 물러갔으며 초림의 주님이 눈물과 통곡으로 기도할 때 땅이 진동하여 무덤들이 열렸습니다.
앞으로 땅만 진동하는 것이 아니라 하늘도 진동하는 일이 일어납니다. 이것은 하늘로 올리우신 초림의 주님이 다시 이 땅으로 오시는 재림의 날에 있을 것입니다.

마24:29 그날 환난후에 즉시 해가 어두워지며 달이 빛을 내지 아니하며 별들이 하늘에서 떨어지며 **하늘의 권능들이 흔들리리라**
마24:30 그때에 **인자의 징조가 하늘에서 보이겠고** 그때에 땅의 모든 족속들이 통곡하며 그들이 인자가 구름을 타고 능력과 큰 영광으로 오는 것을 보리라

주님의 재림의 날,
나를 살려주는 징조로 하늘이 진동할 것입니다.

Point	하나님은 죽음 앞에서 심한 통곡과 눈물로 기도한 히스기야 왕을 살려주는 기도 응답으로 하늘이 진동하여 아하스의 일영표에 나아갔던 해의 그림자가 십도를 물러가게 하셨다. 그런데 주님께서 십자가의 죽음 앞에서 심한 통곡과 눈물로 기도하시다가 운명하시자 땅이 진동하여 바위가 터지고 무덤들이 열리며 자던 성도의 몸이 예수의 부활 후에 많이 일어나 무덤에서 나와서 거룩한 성에 들어가 많은 사람에게 보였다. 히스기야 왕 때에는 하늘이 진동하였으나 초림의 주님 때에는 땅만 진동하였는데 그것은 주님의 재림의 날에 나를 살려주는 증거로 하늘도 진동할 것이기 때문이다.

5

선지생도 아내의 기도

열왕기하 4:1~7

왕하 4:1 선지자의 생도의 아내 중에 한 여인이 엘리사에게 부르
짖어 가로되 당신의 종 나의 남편이 이미 죽었는데 당신의
종이 여호와를 경외한 줄은 당신이 아시는 바니이다 이제
채주가 이르러 나의 두 아이를 취하여 그 종을 삼고자 하
나이다 2 엘리사가 저에게 이르되 내가 너를 위하여 어떻
게 하랴 네 집에 무엇이 있는지 내게 고하라 저가 가로되
계집종의 집에 한 병 기름 외에는 아무 것도 없나이다 3 가
로되 너는 밖에 나가서 모든 이웃에게 그릇을 빌라 빈 그
릇을 빌되 조금 빌지 말고 4 너는 네 두 아들과 함께 들어
가서 문을 닫고 그 모든 그릇에 기름을 부어서 차는대로
옮겨 놓으라 5 여인이 물러가서 그 두 아들과 함께 문을 닫
은 후에 저희는 그릇을 그에게로 가져 오고 그는 부었더니
6 그릇에 다 찬지라 여인이 아들에게 이르되 또 그릇을 내
게로 가져 오라 아들이 가로되 다른 그릇이 없나이다 하니
기름이 곧 그쳤더라 7 그 여인이 하나님의 사람에게 나아
가서 고한대 저가 가로되 너는 가서 기름을 팔아 빚을 갚
고 남은 것으로 너와 네 두 아들이 생활하라 하였더라

Key	선지 생도의 아내가 죽은 남편의 이름으로 구하여 기름이 계속 채워져 가난으로부터 벗어나게 된 것은 무엇을 말하는가?

왕하 4:1 선지자의 생도의 아내 중에 한 여인이 엘리사에게
부르짖어 가로되 **당신의 종 나의 남편이 이미 죽었는데**
당신의 종이 여호와를 경외한 줄은 당신이 아시는 바니이다
이제 채주가 이르러 나의 두 아이를 취하여
그 종을 삼고자 하나이다

어느 여인이 엘리사를 찾아와 이 신학교에 다니던 당신의 종 나의 남편이 죽었는데 당신의 종이 여호와를 경외한 줄은 누구보다 당신이 잘 아십니다. 그런데 채주가 나의 두 아이를 취하여 종을 삼고자 하나이다 라고 말하였습니다.

왕하 4:2 엘리사가 저에게 이르되 내가 너를 위하여 어떻게 하랴
네 집에 무엇이 있는지 내게 고하라 저가 가로되
계집종의 집에 한 병 기름 외에는 아무 것도 없나이다

여인의 딱한 사정을 들은 엘리사가 여인에게 내가 어떻게 도와주랴? 혹시 집에 무엇이 있는지 내게 말해 보라고 하자 여인이 집에 한 병 기름 외에는 아무 것도 없다고 대답합니다.

왕하 4:3 가로되 너는 밖에 나가서 모든 이웃에게 그릇을 빌라
빈 그릇을 빌되 조금 빌지 말고
왕하 4:4 너는 네 두 아들과 함께 들어가서 문을 닫고
그 모든 그릇에 기름을 부어서 차는 대로 옮겨 놓으라

여인의 말을 들은 엘리사가 빨리 밖에 나가서 모든 이웃에게 그릇을 빌려 오되 온 동네에 있는 빈 그릇을 전부다 빌려 오라 빈 그릇을 다 빌려 온 다음 두 아들과 함께 들어가서 문을 닫고 그 모든 그

릇에 기름을 부어서 차는 대로 옮겨 놓으라고 말합니다.

왕하 4:5 여인이 물러가서 그 두 아들과 함께 문을 닫은 후에
저희는 그릇을 그에게로 가져 오고 그는 부었더니
왕하 4:6 **그릇에 다 찬지라** 여인이 아들에게 이르되
또 그릇을 내게로 가져 오라 아들이 가로되
다른 그릇이 없나이다 하니 **기름이 곧 그쳤더라**
왕하 4:7 그 여인이 하나님의 사람에게 나아가서 고한대
저가 가로되 너는 가서 기름을 팔아 빚을 갚고
남은 것으로 너와 네 두 아들이 생활하라 하였더라

엘리사의 말을 들은 여인이 그 두 아들과 함께 문을 닫은 후에 온 동네에서 빌려온 그릇에 기름을 부었더니 그릇에 다 찼습니다. 그러자 엘리사 선지자가 너는 가서 기름을 팔아 빚을 갚고 남은 것으로 너와 네 두 아들이 생활하라고 하였습니다.

요 5:39 너희가 성경에서 영생을 얻는 줄 생각하고
성경을 상고하거니와
이 성경이 곧 내게 대하여 증거 하는 것이로다

사랑하는 성도 여러분!
하나님의 말씀인 성경은 예수 그리스도를 증거하는 책입니다.

눅 24:27 이에 **모세와 및 모든 선지자의 글로 시작하여**
모든 성경에 쓴바 자기에 관한 것을 자세히 설명하시니라
요 5:46 모세를 믿었더면 또 나를 믿었으리니
이는 그가 내게 대하여 기록하였음이라

모든 선지자의 글은 예수 그리스도를 증거하고 있습니다.

오늘은 "선지생도 아내의 기도"를 통해서도 이 성경이 내게 대하여 기록했다는 주님의 말씀대로 예수 그리스도를 확증받기를 바랍니다.

1. 여호와를 경외하다 죽은 남편

왕하 4:1 선지자의 생도의 아내 중에 한 여인이 엘리사에게 부르짖어 가로되 **당신의 종 나의 남편이 이미 죽었는데 당신의 종이 여호와를 경외한 줄은 당신이 아시는 바니이다** 이제 채주가 이르러 나의 두 아이를 취하여 그 종을 삼고자 하나이다

선지자의 생도의 아내 중에 한 여인이 엘리사에게 당신의 종 나의 남편이 이미 죽었는데 당신의 종이 여호와를 경외한 줄은 당신이 아시는 바라고 부르짖었습니다.

선지자– נָבִיא〈나비〉 ❶대언자 ❷선지자

생도– בֵּן〈벤〉 ❶아들 ❷아이

아내– אִשָּׁה〈잇샤〉 ❶여자 ❷부인

선지자의 생도의 아내를 직역하면 선지자(대언자)의 아들의 아내라는 말이 됩니다. 여기서 말하는 선지자는 엘리사를 말합니다.

엘리사– אֱלִישָׁע〈엘리샤〉 ❶ 하나님께서 일으키신다
❷ 하나님이 구원하신다

하나님께서 일으키신다, 하나님께서 구원하신다는 이름의 뜻을 가진 엘리사 선지자의 생도(아들)의 아내가 당신의 종 나의 남편이 이미 죽었는데 당신의 종이 여호와를 경외한 줄은 당신이 아시는 바라고 부르짖었습니다.
하나님께서 일으키신다, 하나님께서 구원하신다는 이름의 뜻을 가진 엘리사 선지자는 구원하시는 하나님의 모형이고 엘리사의 종으

로 하나님을 경외하다가 죽은 남편은 하나님을 경외하다가 죽은 예수 그리스도의 모형이며 하나님을 경외하다가 죽은 남편의 아내는 구원받은 인간을 말합니다.

하나님께서 일으키신다, 하나님께서 구원하신다는 엘리사의 종으로 하나님을 경외하다가 죽은 남편은 예수 그리스도를 예표한다는 것을 기억하며 말씀을 들으시기 바랍니다.

마 9:15 예수께서 저희에게 이르시되
혼인집 손님들이 **신랑과 함께 있을 동안에** 슬퍼할 수 있느뇨
그러나 신랑을 빼앗길 날이 이르리니
그 때에는 금식할 것이니라

혼인집 손님들이 신랑과 함께 있을 동안에 슬퍼할 수 없다고 말씀하신 주님은 또 다른 혼인 집 비유를 들면서 천국은 마치 등을 들고 신랑을 맞으러 나간 열 처녀와 같다고 하였습니다.

마 25:1 그 때에 천국은 마치 등을 들고 **신랑을 맞으러** 나간
열 처녀와 같다 하리니

여기서 말하는 신랑은 예수 그리스도를 말하고 신부는 구원받은 하나님의 백성인 우리를 말하고 있는데 우리의 신랑이신 예수께서 어떻게 하나님을 경외하다가 죽었는지 보도록 하겠습니다.

눅 22:42 가라사대 아버지여 만일 아버지의 뜻이어든
이 잔을 내게서 옮기시옵소서
그러나 내 원대로 마옵시고 아버지의 원대로 되기를
원하나이다 하시니
눅 22:43 사자가 하늘로부터 예수께 나타나 힘을 돕더라
눅 22:44 예수께서 힘쓰고 애써 더욱 간절히 기도하시니
땀이 땅에 떨어지는 피방울 같이 되더라

예수님께서 십자가의 죽음을 앞에 두고 아버지여 만일 아버지의 뜻이어든 이 잔을 내게서 옮기시옵소서 그러나 내 원대로 마옵시고 아버지의 원대로 되기를 원하나이다 라고 힘쓰고 애써 간절히 기도하시니 땀이 땅에 떨어지는 핏방울 같이 되었습니다.

눅 23:46 예수께서 큰 소리로 불러 가라사대
아버지여 내 영혼을 아버지 손에 부탁하나이다 하고
이 말씀을 하신 후 **운명하시다**

처절한 십자가의 죽음 앞에서 땀이 땅에 떨어지는 핏방울 같이 되었던 주님께서 아버지여 내 영혼을 아버지 손에 부탁하나이다 라고 하신 후 운명하셨습니다. 주님은 온전히 하나님을 경외하여 하나님의 뜻을 따라 십자가에 못박혀 죽으신 것입니다.

히 5:7 그는 육체에 계실 때에 **자기를 죽음에서 능히 구원하실 이에게**
심한 통곡과 눈물로 간구와 소원을 올렸고
그의 경외하심을 인하여 들으심을 얻었느니라

어느 선지생도 아내가 자신의 남편이 하나님을 경외하다가 죽은 것처럼 우리 신랑되신 주님도 하나님을 온전히 경외하심으로 십자가에 죽으셨습니다.

2. 죽은 신랑의 이름으로 구하는 여인

왕하 4:1 선지자의 생도의 아내 중에 한 여인이
엘리사에게 부르짖어 가로되
당신의 종 나의 남편이 이미 죽었는데
당신의 종이 여호와를 경외한 줄은 당신이 아시는 바니이다
이제 채주가 이르러
나의 두 아이를 취하여 그 종을 삼고자 하나이다

선지생도의 아내가 당신의 종 나의 남편이 이미 죽었는데 당신의 종이 여호와를 경외한 줄은 당신이 아시는 바라고 부르짖었습니다. 하나님께서 일으키신다, 하나님께서 구원하신다는 이름의 뜻을 가진 엘리사 선지자에게 누구의 이름으로 부르짖었나요?
하나님을 경외하다가 죽은 남편의 이름으로 부르짖었습니다. 아멘!

요 16:16 조금 있으면 너희가 나를 보지 못하겠고
또 조금 있으면 나를 보리라 하신대
요 16:17 제자 중에서 서로 말하되 우리에게 말씀하신바
조금 있으면 나를 보지 못하겠고
또 조금 있으면 나를 보리라 하시며
또 내가 아버지께로 감이라 하신 것이 무슨 말씀이뇨 하고
요 16:18 또 말하되 조금 있으면 이라한 말씀이 무슨 말씀이뇨
무엇을 말씀하시는지 알지 못하노라 하거늘

요16:16절 말씀부터는 예수 그리스도의 죽음과 부활, 승천과 재림을 말씀하고 있습니다.
주님께서 조금 있으면 너희가 나를 보지 못하겠고 또 조금 있으면 나를 보리라고 말씀하실 때에 제자들이 우리에게 말씀하신 바 조금 있으면 나를 보지 못하겠고 또 조금 있으면 나를 보리라 하시며 또 내가 아버지께로 감이라 하신 것이 무슨 말씀이냐 또 조금 있으면 이라한 말씀이 무엇을 말씀하시는지 우리는 도무지 알지 못하겠다라고 하였습니다.

요 16:19 예수께서 그 묻고자 함을 아시고 가라사대
내 말이 조금 있으면 나를 보지 못하겠고
또 조금 있으면 나를 보리라 하므로 서로 문의하느냐
요 16:20 내가 진실로 진실로 너희에게 이르노니
너희는 곡하고 애통하리니 세상이 기뻐하리라
너희는 근심하겠으나 너희 근심이 도리어 기쁨이 되리라
요 16:21 여자가 해산하게 되면 그 때가 이르렀으므로 근심하나

아이를 낳으면 세상에 사람 난 기쁨을 인하여
그 고통을 다시 기억지 아니하느니라
요 16:22 지금은 너희가 근심하나 내가 다시 너희를 보리니
너희 마음이 기쁠 것이요 너희 기쁨을 빼앗을 자가 없느니라
요 16:23 그 날에는 너희가 아무 것도 내게 묻지 아니하리라
내가 진실로 진실로 너희에게 이르노니 너희가 무엇이든지
아버지께 구하는 것을 내 이름으로 주시리라

주님의 말씀을 듣고 도저히 무슨 뜻인지 알지 못하겠다는 제자들의 생각을 아시고 내 말이 조금 있으면 나를 보지 못하겠고 또 조금 있으면 나를 보리라 하므로 서로 문의하느냐 라고 말씀하셨습니다.

그리고 너희는 곡하고 애통하리니 세상이 기뻐하리라 너희는 근심하겠으나 너희 근심이 도리어 기쁨이 되리라 여자가 해산하게 되면 그때가 이르렀으므로 근심하나 아이를 낳으면 세상에 사람 난 기쁨을 인하여 그 고통을 다시 기억하지 아니하느니라고 말씀하셨습니다.

지금은 너희가 근심하나 내가 다시 너희를 보리니 너희 마음이 기쁠 것이요 너희 기쁨을 빼앗을 자가 없느니라 그 날에는 너희가 아무 것도 내게 묻지 아니하리라 내가 진실로 진실로 너희에게 이르노니 너희가 무엇이든지 아버지께 구하는 것을 내 이름으로 주시리라고 하셨습니다.

요 16:24 지금까지는 너희가 내 이름으로 아무 것도 구하지 아니하였
으나 **구하라 그리하면 받으리니 너희 기쁨이 충만하리라**

지금까지 너희가 내 이름으로 아무 것도 구하지 아니하였으나 내가 십자가에 못 박혀 죽고 나면 내 이름으로 구하라 그리하면 받으리니 너희 기쁨이 충만하리라고 주님은 말씀하셨습니다.

그래서 선지생도의 아내가 남편이 죽기 전에는 남편의 이름으로 구하지 않았으나 남편이 죽고 나서 하나님께서 일으키신다, 하나님께서 구원하신다는 이름의 뜻을 가진 엘리사 선지자에게 부르짖어 기쁨이 충만케 되었던 것입니다.

3. 죽은 신랑의 이름으로 구하여 기름이 가득한 여인

> **왕하 4:5** 여인이 물러가서 그 두 아들과 함께 문을 닫은 후에
> 저희는 그릇을 그에게로 가져 오고 그는 부었더니
> 왕하 4:6 **그릇에 다 찬지라** 여인이 아들에게 이르되
> 또 그릇을 내게로 가져 오라 아들이 가로되
> 다른 그릇이 없나이다 하니 **기름이 곧 그쳤더라**

여인이 엘리사 선지자의 말대로 온 동네의 빈 그릇을 다 빌려와 두 아들과 함께 들어가서 문을 닫고 그 모든 그릇에 기름을 붓자 모든 그릇에 기름이 가득 찼습니다.
선지생도의 아내는 죽은 신랑의 이름으로 구하여 기름이 가득 찼다고 했는데 그 기름은 무엇을 말할까요?

> **눅 4:18 주의 성령이 내게 임하셨으니**
> 이는 가난한 자에게 복음을 전하게 하시려고
> **내게 기름을 부으시고** 나를 보내사 포로된 자에게 자유를
> 눈먼 자에게 다시 보게 함을 전파하며 눌린 자를 자유케 하고
> 눅 4:19 주의 은혜의 해를 전파하게 하려 하심이라 하였더라

예수님께서는 주의 성령이 내게 임하셨으니 이는 가난한 자에게 복음을 전하게 하시려고 내게 기름을 부으시고 라는 이사야서의 말씀을 인용하여 자신에게 성령이 임한 것을 가리켜 기름을 부었다고 말씀하셨습니다.

행 10:38 하나님이 나사렛 예수에게 성령과 능력을 기름붓듯
하셨으매 저가 두루 다니시며 착한 일을 행하시고
마귀에게 눌린 모든 자를 고치셨으니
이는 하나님이 함께 하셨음이라

하나님이 나사렛 예수에게 성령과 능력을 기름붓듯 하셨습니다. 복음으로 보면 기름은 분명히 성령을 말하고 있는데 기름인 성령이 언제 우리에게 부어지는가 봅시다.

행 1:3 해 받으신 후에 또한 저희에게 확실한 많은 증거로
친히 사심을 나타내사 사십 일 동안 저희에게 보이시며
하나님 나라의 일을 말씀하시니라
행 1:4 사도와 같이 모이사 저희에게 분부하여 가라사대
예루살렘을 떠나지 말고 내게 들은바
아버지의 약속하신 것을 기다리라
행 1:5 요한은 물로 세례를 베풀었으나
너희는 몇 날이 못되어 성령으로 세례를 받으리라 하셨느니라

우리의 신랑이신 예수께서 성령을 기름붓듯 부음을 받으셨고 십자가에 못 박혀 죽으시고 부활하시어 승천을 말씀하시면서 너희는 몇 날이 못되어 성령으로 세례를 받으리라고 하셨습니다.
주님의 말씀을 듣고 120며의 무리가 10일동안 전심으로 기도할 때 성령강림의 대 역사가 일어났습니다.

행 2:33 하나님이 오른손으로 예수를 높이시매
그가 약속하신 **성령을** 아버지께 받아서
너희 보고 듣는 이것을 부어 주셨느니라

어느 선지생도의 아내가 남편이 하나님을 경외하다 죽고 난 후 기름병에 기름이 가득 찼듯이 우리의 신랑이신 주님께서 하나님을 경외하심으로 십자가에 못 박혀 죽으시고 난 후 신부(아내)인 우리에게 성령을 기름붓듯 부어 주신 것입니다.

눅 11:9 내가 또 너희에게 이르노니 구하라 그러면 너희에게 주실 것
이요 찾으라 그러면 찾을 것이요 문을 두드리라 그러면 너희
에게 열릴 것이니
눅 11:10 구하는 이마다 받을 것이요 찾는 이가 찾을 것이요 두드리
는 이에게 열릴 것이니라
눅 11:11 너희 중에 아비된 자 누가 아들이 생선을 달라 하면 생선 대
신에 뱀을 주며
눅 11:12 알을 달라 하면 전갈을 주겠느냐
눅 11:13 너희가 악할지라도 좋은 것을 자식에게 줄 줄 알거든 하물
며 너희 천부께서 구하는 자에게 **성령을 주시지 않겠느냐**
하시니라

그래서 성경은 예수 그리스도에 대하여 증거한 책입니다.

4. 기름을 통해 빚에서 자유를 얻은 여인

왕하 4:7 그 여인이 하나님의 사람에게 나아가서 고한대
저가 가로되 너는 가서 기름을 팔아 빚을 갚고
남은 것으로 너와 네 두 아들이 생활하라 하였더라

엘리사 선지자에게 구하여 그의 말대로 행하니 빌려 온 모든 그릇에 기름이 가득 찼습니다. 모든 그릇에 기름이 가득 찼다는 말에 엘리사가 너는 가서 기름을 팔아 빚을 갚고 남은 것으로 너와 네 두 아들이 생활하라고 하였습니다. 남편이 죽어 고통하던 여인은 그릇에 가득한 기름으로 인해 빚에서 자유를 얻었습니다.

눅 4:18 주의 성령이 내게 임하셨으니
이는 가난한 자에게 복음을 전하게 하시려고
내게 기름을 부으시고 나를 보내사 포로된 자에게 자유를
눈먼 자에게 다시 보게 함을 전파하며 **눌린 자를 자유케 하고**
눅 4:19 주의 은혜의 해를 전파하게 하려 하심이라 하였더라

복음으로 보면 기름은 성령을 말하고 있습니다. 주님께 성령을 부어 포로된 자에게 자유를 눌린 자를 자유케 하였습니다. 그러면 포로된 자에게 자유를, 눌린 자를 자유케 하는 성령은 어떤 성령일까요?

> **요 15:26** 내가 아버지께로서 너희에게 보낼 보혜사
> 곧 아버지께로서 나오시는 **진리의 성령이** 오실 때에
> 그가 나를 증거하실 것이요

내가 아버지께로서 너희에게 보낼 보혜사 곧 아버지께로서 나오시는 진리의 성령이 오실 때에 그가 나를 증거 하실 것이요 라고 주님께서 친히 말씀하셨습니다.

> **요 8:32** 진리를 알찌니 **진리가 너희를 자유케 하리라**
> **요 8:36** 그러므로 **아들이 너희를 자유케 하면 너희가 참으로 자유하리라**

아버지께로서 나오시는 성령이 진리의 성령이며 진리를 알찌니 진리가 너희를 자유케 하리라고 하셨습니다. 십자가에 못 박혀 죽으셨다가 부활하시고 승천하신 주님께서 진리의 성령을 보내 우리를 자유케 하셨습니다.
선지생도 아내는 죽은 남편의 이름으로 구하여 기름이 가득함으로 빚의 종에서 참된 자유를 얻었던 것입니다
그래서 하나님의 말씀인 성경은 예수 그리스도를 증거하고 있습니다.

Point	어느 선지생도의 아내가 남편이 하나님을 경외하다가 죽고 난 후 하나님께서 일으키신다, 하나님께서 구원하신다는 이름의 뜻을 가진 엘리사 선지자에게 부르짖어 빈 그릇에 기름이 가득차게 되어 기쁨이 충만케 되었고 빚에서 자유를 얻게 된 것은 예수 그리스도께서 십자가에 못 박혀 죽으셨다가 부활하시고 승천하신 후 진리의 성령을 보내 죄의 종노릇하던 우리가 자유하게 됨을 증거하고 있는 것이다.

6

한나의 기도

사무엘상 1:10~11

삼상 1:10 한나가 마음이 괴로와서 여호와께 기도하고
통곡하며 11 서원하여 가로되 만군의 여호와여
만일 주의 여종의 고통을 돌아보시고 나를 생각
하시고 주의 여종을 잊지 아니하사 아들을 주시
면 내가 그의 평생에 그를 여호와께 드리고 삭도
를 그 머리에 대지 아니하겠나이다

Key	한나가 술 취한 것으로 오해 받을 만큼 처절한 고통의 기도를 통해 아들 사무엘을 낳은 것은 무엇을 말하는가?

대적 브닌나가 아이를 낳지 못하는 한나를 격동케 하자 한나는 마음이 괴로워서 여호와께 통곡하며 기도하였습니다. 한나는 이 기도를 통해 엘리 제사장으로부터 술 취한 것으로 오해를 받았으나 꿈에도 소원하였던 아들 사무엘을 낳았습니다.

사랑하는 성도 여러분!
성경은 예수 그리스도를 증거하는 책이지요?

눅 24:27 이에 **모세와 및 모든 선지자의 글로 시작하여 모든 성경에 쓴바 자기에 관한 것을 자세히 설명하시니라**

눅 24:44 또 이르시되 내가 너희와 함께 있을 때에 너희에게 말한바 곧 **모세의 율법과 선지자의 글과 시편에** 나를 가리켜 기록된 모든 것이 이루어져야 하리라 한 말이 이것이라 하시고

모세의 율법과 선지자의 글과 시편을 통해 예수 그리스도를 증거하고 있습니다. 그러므로 오늘 본문도 예수 그리스도를 증거하고 있겠지요? 오늘은 "한나의 기도"를 통해 하나님의 구원의 확증인 예수 그리스도를 만나게 될 것입니다.

1. 아이를 낳기 위해 처절한 기도를 하는 한나

엘가나에게는 한나와 브닌나라는 두 아내가 있었는데 한나는 아이를 낳지 못하였습니다.

삼상 1:5(하) 여호와께서 그로 성태치 못하게 하시니

삼상 1:6 **여호와께서 그로 성태치 못하게 하시므로**
그 대적 브닌나가 그를 심히 격동하여 번민케 하더라

한나가 아이를 낳지 못한 것은 신체적 결함 때문이 아니라 여호와께서 성태치 못하게 하심으로 낳지 못했던 것입니다. 그러므로 신체적 결함이 없는 한나에게 여호와께서 성태치 못하게 하신 것은 하나님께서 하시고자 하시는 계획이 있었기 때문입니다.
한나가 아이를 성태치 못하게 되자 브닌나는 그를 심히 격동시켰습니다.

삼상 1:7 매년에 한나가 여호와의 집에 올라갈 때마다 남편이 그같이
하매 **브닌나가 그를 격동시키므로 그가 울고 먹지 아니하니**
삼상 1:8 그 남편 엘가나가 그에게 이르되 한나여 **어찌하여 울며**
어찌하여 먹지 아니하며 어찌하여 그대의 마음이 슬프뇨
내가 그대에게 열 아들보다 낫지 아니하뇨

브닌나가 한나를 격동시키므로 한나가 울고 먹지 아니하니 엘가나가 한나에게 어찌하여 울고 먹지 아니하며 어찌하여 그대의 마음이 슬프뇨 내가 그대에게 열 아들보다 낫지 않느냐고 하면서 위로하였습니다.

삼상 1:10 한나가 마음이 괴로와서 여호와께 **기도하고 통곡하며**
삼상 1:11 서원하여 가로되 만군의 여호와여 만일 주의 여종의 고통
을 돌아보시고 나를 생각하시고 주의 여종을 잊지 아니하
사 아들을 주시면 내가 그의 평생에 그를 여호와께 드리고
삭도를 그 머리에 대지 아니하겠나이다

한나는 남편 엘가나의 위로에도 불구하고 마음이 심히 괴로워서 만군의 여호와여, 주의 여종의 고통을 생각하시고 주의 여종을 잊지 아니하사 아들을 주시면 내가 그의 평생에 그를 여호와께 드리겠나

이다 하고 통곡하며 기도하였습니다.

괴로워서- מַר〈마르〉 ❶ 쓴 ❷괴로운(움) ❸비통

한나는 대적 브닌나에게 당하는 멸시와 조롱이 괴로워서 자신을 성태치 못하게 하신 하나님께 통곡하며 기도하였습니다. 한 마디로 한나는 아이를 낳기 위해 몸부림치는 처절한 통곡의 기도를 했습니다. 하나님이여 왜 나를 버리셨나이까? 왜 태문을 닫아 아이를 주지 아니하시나이까? 내게 태문을 열어 아들을 낳게 해 주세요. 한나는 아들을 낳기 위해 처절한 고통으로 통곡의 기도를 했던 것입니다.

우리를 영원한 죽음에서 건져 하나님의 자녀가 되게 하기 위해 초림으로 오신 주님은 십자가의 처절한 죽음 앞에서 기도합니다.

> **막 15:34** 제 구시에 예수께서 크게 소리 지르시되
> 엘리 엘리 라마 사박다니 하시니 이를 번역하면 **나의 하나님**
> **나의 하나님 어찌하여 나를 버리셨나이까** 하는 뜻이라

"나의 하나님, 나의 하나님, 어찌하여 나를 버리셨나이까?"
주님의 처절한 고통의 기도는 자신을 위한 기도가 아니었고 생명을 살리기 위한 기도였습니다. 주님의 처절한 통곡의 기도는 우리를 하나님의 자녀가 되게 하기 위한 기도였습니다.

한나의 처절한 고통의 기도는 자신을 위한 기도가 아니었고 아들을 낳기 위한 기도였습니다. 이 처절한 통곡의 기도를 통해 한나는 아들을 낳았습니다. 주님도 십자가의 처절한 기도를 통해 우리를 살렸습니다.

그래서 주님은 이 성경이 내게 대하여 증거한 것이라고 하셨으며 모든 선지자들도 자신에 대하여 증거했다고 말씀하셨던 것입니다.

2. 술 취했다고 오해 받은 한나

삼상 1:12 그가 여호와 앞에 오래 기도하는 동안에
엘리가 그의 입을 주목한즉
삼상 1:13 한나가 속으로 말하매 입술만 동하고 음성은 들리지
아니하므로 **엘리는 그가 취한 줄로 생각한지라**
삼상 1:14 엘리가 그에게 이르되 **네가 언제까지 취하여 있겠느냐**
포도주를 끊으라

한나가 아이를 낳지 못하여 마음이 괴로워서 여호와 앞에 오래 기도하고 있을 때 그 모습을 지켜 본 엘리 제사장은 한나가 입술만 동하고 음성은 들리지 아니하므로 취한 줄로 생각하였습니다.
한나가 술에 취한 것으로 생각한 엘리 제사장은 네가 언제까지 취하여 있겠느냐며 포도주를 끊으라고 꾸짖었습니다.

삼상 1:15 한나가 대답하여 가로되 나의 주여 그렇지 아니하니이다
나는 마음이 슬픈 여자라 포도주나 독주를 마신 것이
아니요 **여호와 앞에 나의 심정을 통한것 뿐이오니**
삼상 1:16 당신의 여종을 악한 여자로 여기지 마옵소서
내가 지금까지 말한 것은
나의 원통함과 격동됨이 많음을 인함이니이다

엘리 제사장의 꾸짖음에 한나가 대답합니다.
제사장님, 나는 마음이 슬픈 여자입니다. 포도주나 독주를 마신 것이 아니고 여호와 앞에 아이를 낳지 못하는 나의 심정을 통한 것 뿐입니다. 당신의 여종을 악한 여자로 여기지 마십시오. 내가 이렇게 기도하는 것은 나의 원통함과 격동됨이 많기 때문입니다.

한나는 술 취한 것으로 오해를 받을 만큼 아이를 낳기 위해 몸부림치는 기도를 한 후 생명을 잉태하였습니다.

사랑하는 성도 여러분!
초림의 주님께서 십자가에 못 박혀 죽으시고 부활하셔서 하늘로 올라가시기 직전 제자들에게 너희는 예루살렘을 떠나지 말고 내게 들은바 아버지의 약속하신 것을 기다리라고 하시며 너희는 몇 날이 못되어 성령으로 세례를 받으리라고 하셨습니다.

주님이 승천하신 지 10일후에 약속하신 성령강림의 역사가 주님의 말씀을 듣고 모인 자들에게 일어났습니다. 이 성령강림을 통해 요엘 선지자가 예언했던 말씀이 성취되어 당시 16개국에서 왔던 사람들이 서로 알아 들을 수 있는 방언을 하게 되었습니다.

행 2:13 또 어떤이들은 조롱하여 가로되 저희가 새 술이 취하였다 하더라

성령강림을 통해 방언으로 기도하자 사람들이 이것을 보고 조롱하여 저희가 새 술에 취하였다고 하였습니다.
잘 생각해 보세요.
한나가 술에 취한 것으로 오해를 받고 아들을 낳았던 것처럼 술 취했다고 조롱한 성령을 통해 우리는 하나님의 자녀가 되었습니다. 성령강림을 통해 성령이 우리 가운데 내주하셔야 하나님의 자녀가 되는 것입니다.

행 2:14 베드로가 열 한 사도와 같이 서서 소리를 높여 가로되
유대인들과 예루살렘에 사는 모든 사람들아
이 일을 너희로 알게 할 것이니 내 말에 귀를 기울이라
행 2:15 **때가 제 삼시니**
너희 생각과 같이 이 사람들이 취한 것이 아니라

술 취했다고 조롱하는 자들을 향해 베드로는 소리 높여 말하기를 예루살렘에 사는 모든 사람들아 이 일을 너희로 알게 할 것이니 내 말에 귀를 기울이라 때가 제 삼시니 너희 생각과 같이 이 사람들이 술 취한 것이 아니라고 명백하게 밝혔습니다.

한나도 술 취했다고 꾸짖는 엘리 제사장을 향해 자신은 포도주나 독주를 마신 것이 아니요 여호와 앞에 자신의 심정을 통한 것이라고 명백하게 밝혔습니다.

사랑하는 성도 여러분!
아이를 낳지 못하던 한나는 술 취했다는 오해를 받아 꾸짖음을 들을 정도로 기도한 후 생명을 낳았습니다.

예수 그리스도께서 십자가로 우리의 죄를 도말하시고 부활하시어 승천하신 후 보내신 성령이 임하시므로 방언하는 제자들을 술 취했다고 조롱한 그 성령을 통해 우리가 거듭나 하나님의 자녀가 되었습니다.

그래서 주님은 모든 선지자들이 이 성경을 통해 자신에 대하여 증거했다고 말씀하신 것입니다.

3. 술 취한 것으로 조롱 받은 후 아들을 낳은 한나

삼상 1:20 한나가 잉태하고 때가 이르매 아들을 낳아 사무엘이라 이름하였으니 이는 내가 여호와께 그를 구하였다 함이더라

여호와께서 성태치 못하게 하심으로 아이를 낳지 못하여 처절한 고통으로 통곡하며 기도할 때 술 취한 것으로 오해를 받은 한나가 잉태하여 아들을 낳게 되었습니다.

주님께서 십자가의 처절한 기도를 하신 후 십자가에 못 박혀 죽으시고 부활하시어 하늘로 승천 하신 후 성령을 보내 주셨는데 그 성령이 임했을 때 사람들이 술 취했다고 조롱하였습니다.

갈 4:6 너희가 아들인고로 하나님이 그 아들의 영을
우리 마음 가운데 보내사 **아바 아버지라 부르게 하셨느니라**

술 취했다고 조롱했던 성령을 우리 마음 가운데 보내사 하나님을 아바 아버지라 부르게 하셨습니다.

롬 8:14 무릇 하나님의 영으로 인도함을 받는 그들은
곧 하나님의 아들이라

무릇 하나님의 영, 곧 성령으로 인도함을 받는 그들은 곧 하나님의 아들이라고 하셨습니다.

엡 1:5 그 기쁘신 뜻대로 우리를 예정하사
예수 그리스도로 말미암아 자기의 아들들이 되게 하셨으니

우리는 십자가의 처절한 고통을 감당한 주님의 심한 통곡과 눈물의 기도를 통해 주님께 낳은 주님의 아들입니다.

사랑하는 성도 여러분!
사무엘은 여호와께서 성태치 못하게 하심으로 아이를 낳지 못하는 한나가 처절한 고통의 기도를 하다가 술 취한 것으로 오해를 받고 잉태하여 낳은 아들입니다.

주님께서 우리를 구원하러 이 땅에 오셔서 십자가에 못 박혀 죽으시고 부활하시어 하늘로 승천하신 후 성령을 보내 주셨는데 그 성

령이 임했을 때 사람들은 술 취했다고 조롱을 하였습니다. 그런데 주님은 술 취했다고 조롱했던 성령을 우리 마음 가운데 보내사 하나님을 아바 아버지라 부르게 하셨습니다.

그러므로 주님은 모든 선지자들이 이 성경을 통해 자신에 대하여 증거했다고 말씀하신 것입니다.

4. 여호와께 드려진 아들

삼상 1:10 한나가 마음이 괴로와서 여호와께 **기도하고 통곡하며**
삼상 1:11 서원하여 가로되 만군의 여호와여 만일 주의 여종의 고통을 돌아보시고 나를 생각하시고 주의 여종을 잊지 아니하사 아들을 주시면 **내가 그의 평생에 그를 여호와께 드리고 삭도를 그 머리에 대지 아니하겠나이다**

아이를 낳지 못하던 한나는 여호와께서 자신의 고통을 돌아보시고 아들을 주시면 그의 평생에 그를 여호와께 드리고 삭도를 그 머리에 대지 아니하겠다고 서원하였습니다.

삿13:5(상) 보라 네가 잉태하여 아들을 낳으리니 그 머리에 삭도를 대지 말라 이 아이는 태에서 나옴으로부터 **하나님께 바치운 나실인이 됨이라**

평생에 그를 여호와께 드리고 삭도를 그 머리에 대지 아니하는 자는 하나님께 바치운 나실인입니다.

나실인- נָזִיר〈나지르〉 ❶성별된(봉헌된) 자 ❷분리된 것

나실인은 하나님께 바쳐짐으로 성별된 자, 구별된 자라는 말입니다.

여호와께서 성태치 못하게 하심으로 아이를 낳지 못했던 한나는 기도하다가 술 취한 것으로 오해를 받고 낳은 사무엘이 나실인입니다. 사무엘은 나실인으로 평생을 여호와께 바쳐졌기 때문에 하나님의 것입니다. 그리고 사무엘은 나실인으로 여호와께 바쳐졌기 때문에 평생을 여호와를 위하여 살게 됩니다.

주님께서 우리를 구원하러 이 땅에 오셔서 십자가에 못 박혀 죽으시고 부활하시어 하늘로 승천하신 후 성령을 보내 주셨는데 그 성령이 임했을 때 사람들은 술 취했다고 조롱을 했습니다.
사람들이 술 취했다고 조롱했던 그 성령을 주님은 우리 마음 가운데 보내어 하나님을 아바 아버지라 부르게 하셨습니다. 그러므로 우리도 하나님께 성별된 자이며 구별된 자입니다.

롬 14:8 우리가 살아도 주를 위하여 살고 죽어도 주를 위하여 죽나니
그러므로 사나 죽으나 우리가 주의 것이로라

사랑하는 성도 여러분!
사무엘은 한나의 처절한 고통의 기도를 통해 태어났듯이 우리도 주님의 처절한 십자가의 고통의 기도를 통해 하나님의 자녀가 되었습니다. 우리는 사무엘처럼 술 취했다고 조롱받은 성령을 통해 하나님의 아들이 되었으니 사무엘 같이 평생을 여호와께 바쳐진 나실인으로서 사나 죽으나 주의 것입니다. 할렐루야!

Point	한나가 술에 취한 것으로 오해를 받을만큼 처절한 고통의 기도를 통해 아들 사무엘을 낳은 것은 예수 그리스도께서 처절한 고통의 기도와 십자가를 통해 우리의 죄를 도말하시고 부활하셔서 승천하신 후 보내신 성령, 곧 술 취했다고 조롱한 그 성령을 통해 우리가 거듭나 하나님의 자녀가 된 것을 증거하신 것이다.

7
엘리사의 기도

열왕기하 2:9~11

왕하 2:9 건너매 엘리야가 엘리사에게 이르되 나를 네게서
취하시기 전에 내가 네게 어떻게 할 것을 구하라 엘
리사가 가로되 당신의 영감이 갑절이나 내게 있기를
구하나이다 10 가로되 네가 어려운 일을 구하는도다
그러나 나를 네게서 취하시는 것을 네가 보면 그 일
이 네게 이루려니와 그렇지 않으면 이루지 아니하리
라 하고 11 두 사람이 행하며 말하더니 홀연히 불 수
레와 불 말들이 두 사람을 격하고 엘리야가 회리바람
을 타고 승천하더라

Key	엘리야가 승천하자 엘리사가 구한대로 갑절의 영감을 받게 되었고 내 아버지여 내 아버지여 이스라엘 병거와 마병이여 라고 소리친 것은 무엇을 증거하고 있는가?

엘리야 선지자가 엘리사에게 나를 네게서 취하시기 전에 내가 너에게 어떻게 할 것을 구하라는 엘리야의 말에 엘리사가 당신의 영감이 갑절이나 내게 있기를 구하나이다 라고 합니다. 갑절의 영감을 구한 엘리사의 말에 엘리야는 네가 참으로 어려운 일을 구하는도다. 그러나 여호와께서 나를 네게서 취하시는 것을 네가 보면 그 일이 네게 이루려니와 그렇지 않으면 이루지 아니하리라고 하였습니다.

엘리야의 말이 마치자 홀연히 불 수레와 불 말들이 두 사람을 격리하더니 엘리야가 회리바람을 타고 승천하였습니다. 갑절의 영감을 구하는 엘리사에게 나를 네게서 취하시는 것을 네가 보면 그 일이 네게 이루어진다고 하였던 엘리야가 승천하였습니다.
그러면 엘리사가 구한 갑절의 영감이 엘리사에게 임하겠지요?

왕하 2:15 맞은편 여리고에 있는 선지자의 생도들이
저를 보며 말하기를
엘리야의 영감이 엘리사의 위에 머물렀다 하고
가서 저를 영접하여 그 앞에서 땅에 엎드리고

오늘 본문은 예수 그리스도를 믿는 사람은 모두가 아는 사건입니다. 하나님은 오늘 본문의 성경을 예수 그리스도를 증거하기 위해서 기록해 놓으셨습니다.

눅 24:27 이에 **모세와 및 모든 선지자의 글로 시작하여**
모든 성경에 쓴바 자기에 관한 것을 자세히 설명하시니라

천 번을 말하고 만 번을 말해도 성경은 예수 그리스도를 증거하는 책입니다.

고후 3:14 그러나 저희 마음이 완고하여 오늘까지라도
구약을 읽을 때에
그 수건이 오히려 벗어지지 아니하고 있으니
그 수건은 그리스도 안에서 없어질 것이라
고후 3:15 오늘까지 모세의 글을 읽을 때에
수건이 오히려 그 마음을 덮었도다
고후 3:16 **그러나 언제든지 주께로 돌아가면 그 수건이 벗어지리라**

이 시간 "엘리사의 기도"를 통해 수건이 벗어져 우리의 유일한 구원자이시며 생명의 주이신 예수 그리스도를 만나는 복된 시간이 될 줄로 믿습니다.

1. 나를 네게서 취하시기 전에 내가 네게 어떻게 할 것을 구하라

왕하 2:9 건너매 엘리야가 엘리사에게 이르되
나를 네게서 취하시기 전에 내가 네게 어떻게 할 것을 **구하라**
엘리사가 가로되
당신의 영감이 갑절이나 내게 있기를 구하나이다

구하라– שָׁאַל 〈샤알〉 ❶구하다 ❷요구하다 ❸간청하다

엘리야 선지자가 하나님께서 자신을 취하실 것을 알고 엘리사에게 여호와께서 자신을 하늘로 끌어 올리시기 전에 내가 너에게 어떻게 할 것을 구하라, 요구하라, 간청하라고 하였지요?

엘리야의 말에 엘리사가 당신의 영감이 갑절이나 내게 있기를 구하나이다라고 하였습니다.

영감- רוּחַ<루아흐> ❶바람 ❷호흡 ❸생명 ❹영

엘리사가 엘리야의 말을 듣고 구한 영감이 곧 성령입니다.

> **눅 11:1** 예수께서 한 곳에서 기도하시고 마치시매
> 제자 중 하나가 여짜오되
> 주여 요한이 자기 제자들에게 기도를 가르친 것과 같이
> 우리에게도 가르쳐 주옵소서

주님께서 한 곳에서 기도하기를 마치시자 제자 중 하나가 주여 요한이 자기 제자들에게 기도를 가르친 것과 같이 우리에게도 기도를 가르쳐 주옵소서라고 하였습니다.

기도를 가르쳐 달라는 제자의 말에 눅11:2~8절 말씀을 보면 너희는 기도할 때에 이렇게 하라 아버지여 이름이 거룩히 여김을 받으시오며 나라이 임하옵시며 우리에게 날마다 일용할 양식을 주옵시고 우리가 우리에게 죄 지은 모든 사람을 용서하오니 우리 죄도 사하여 주옵시고 우리를 시험에 들게 하지 마옵소서 라고 기도를 가르쳐 주셨습니다.

그리고 너희 중에 누가 벗이 있는데 밤중에 그에게 가서 말하기를 벗이여 떡 세 덩이를 내게 빌려 달라 내 벗이 여행 중에 내게 와서 내가 먹일 것이 없노라 하면 저가 안에서 대답하여 이르되 나를 괴롭게 하지 말라 문이 이미 닫혔고 아이들이 나와 함께 침소에 누웠으니 일어나 네게 줄 수가 없노라 하지 않겠느냐 내가 너희에게 말하노니 비록 벗됨을 인하여서는 일어나 주지 아니할찌라도 그 강청

함을 인하여 일어나 주리라고 두 번째 기도를 가르쳐 주셨습니다.

눅 11:9 내가 또 너희에게 이르노니 구하라
그러면 너희에게 주실 것이요 찾으라 그러면 찾을 것이요
문을 두드리라 그러면 너희에게 열릴 것이니
눅 11:10 구하는 이마다 받을 것이요 찾는 이가 찾을 것이요
두드리는 이에게 열릴 것이니라

이어서 내가 또 너희에게 이르노니 구하라 그러면 너희에게 주실 것이요 찾으라 그러면 찾을 것이요 문을 두드리라 그러면 너희에게 열릴 것이니 구하는 이마다 받을 것이요 찾는 이가 찾을 것이요 두드리는 이에게 열릴 것이라고 세 번째 기도를 가르쳐 주셨습니다.

눅 11:11 너희 중에 아비된 자 누가 아들이 생선을 달라 하면
생선 대신에 뱀을 주며
눅 11:12 알을 달라 하면 전갈을 주겠느냐
눅 11:13 너희가 악할찌라도 좋은 것을 자식에게 줄줄 알거든 하물며
너희 천부께서 구하는 자에게 성령을 주시지 않겠느냐
하시니라

성령– πνεῦμα 〈프뉴마〉 ❶바람 ❷호흡 ❸생명 ❹영 ❺성령

엘리사가 구한 영감이〈루아흐〉인데 ①바람 ②호흡 ③생명 ④영, 즉 성령입니다.

주님께서 기도를 가르쳐 달라는 제자들에게 구하라 그러면 너희에게 주실 것이요 찾으라 그러면 찾을 것이요 문을 두드리라 그러면 너희에게 열릴 것이니 구하는 이마다 받을 것이요 찾는 이가 찾을 것이요 두드리는 이에게 열릴 것이라고 하시고 너희 천부께서 구하는 자에게 성령을 주시지 않겠느냐고 하셨습니다.

엘리사는 스승인 엘리야가 여호와께서 자신을 하늘로 끌어 올리시기 전에 내가 너에게 어떻게 할 것을 구하라고 할 때 갑절의 영감, 즉 성령을 구했습니다. 그래서 주님은 기도를 가르쳐 달라는 제자들에게 너희 천부께서 구하는 자에게 성령을 주시지 않겠느냐고 하셨던 것입니다.

자신이 승천하기 전에 구하라는 엘리야의 말에 엘리사는 갑절의 영감을 구했고 기도를 가르쳐 달라는 제자들의 말에 주님은 구하는 자에게 성령을 주시지 않겠느냐고 말씀하셨습니다.

2. 나를 취하시는 것을 보면 네가 구한 것이 이루어지리라

왕하 2:10 가로되 네가 어려운 일을 구하는도다
그러나 **나를 네게서 취하시는 것을 네가 보면**
그 일이 네게 이루려니와
그렇지 않으면 이루지 아니하리라 하고

엘리사가 당신의 영감이 갑절이나 내게 있기를 구하나이다 라고 하자 엘리야가 엘리사에게 네가 어려운 일을 구하는도다 라고 하면서 나를 네게서 취하시는 것을 네가 보면 그 일이 네게 이루려니와 그렇지 않으면 이루지 아니하리라고 하였습니다.

왕하 2:11 두 사람이 행하며 말하더니
홀연히 불 수레와 불 말들이 **두 사람을 격하고**
엘리야가 회리바람을 타고 승천하더라

갑절의 영감을 구하는 엘리사에게 나를 네게서 취하시는 것을 네가 보면 그 일이 네게 이루어진다고 하였던 엘리야가 승천하였습니다.

엘리야가 승천했으니 갑절의 영감(성령)이 임하겠지요?

왕하 2:12 (상) 엘리사가 보고 소리 지르되 내 아버지여 내 아버지여
이스라엘의 병거와 그 마병이여 하더니
다시 보이지 아니하는지라

하늘로 승천한 엘리야를 보고 엘리사가 내 아버지여 내 아버지여 이스라엘의 병거와 그 마병이여 하더니 다시 보이지 않게 되었습니다.

행 1:9 이 말씀을 마치시고 저희 보는데서 올리워 가시니
구름이 저를 가리워 **보이지 않게 하더라**

주님께서 승천하실 때 제자들이 보고 있었는데 구름이 주님을 가리워 보이지 않게 되었습니다.

성경이 이렇게 정확하게 예수 그리스도를 증거해도 성경을 땅의 일이나 세상의 일로 보면 큰 일 납니다. 이렇게 성경이 명백하고 분명한데도 예수 그리스도를 안 믿으면 큰 일 납니다. 그래서 성경은 오직 예수 그리스도를 증거하는 책입니다.

엘리야가 하늘로 승천해야 엘리사에게 엘리야의 갑절의 영감이 임하게 되므로 엘리야가 하늘로 승천하는 것이 엘리사에게 유익이지요?

요 16:7 그러하나 내가 너희에게 실상을 말하노니
내가 떠나가는 것이 너희에게 유익이라
내가 떠나가지 아니하면
보혜사가 너희에게로 오시지 아니할 것이요
가면 내가 그를 너희에게로 보내리니

주님께서 내가 떠나가는 것이 너희에게 유익이라 내가 떠나가지 아

니하면 보혜사가 너희에게로 오시지 아니할 것이요 내가 가면 보혜사를 너희에게로 보내리라고 말씀하셨습니다. 그러므로 엘리야는 엘리사가 보는데서 하늘로 승천했고 주님도 제자들이 보는데서 하늘로 승천하신 것입니다.

3. 엘리야의 승천과 예수 그리스도의 승천

왕하 2:11 두 사람이 행하며 말하더니
홀연히 불 수레와 불 말들이 두 사람을 격하고
엘리야가 회리바람을 타고 승천하더라

불 수레와 불 말들이 엘리야와 엘리사의 사이를 나누더니 엘리야가 회리바람을 타고 승천하였습니다.

왕하 2:1 여호와께서 회리바람으로
엘리야를 하늘에 올리고자 하실 때에
엘리야가 엘리사로 더불어 길갈에서 나가더니

엘리야가 회리바람을 타고 승천한 것은 여호와께서 회리바람으로 엘리야를 하늘에 올리신 것입니다.

행 1:9 이 말씀을 마치시고 **저희 보는데서 올리워 가시니**
구름이 저를 가리워 보이지 않게 하더라

예수께서 승천하실 때 저희 보는데서 올리워 가셨지요?

행 1:10 올라가실 때에 제자들이 자세히 하늘을 쳐다 보고 있는데
흰옷 입은 두 사람이 저희 곁에 서서
행 1:11 가로되 갈릴리 사람들아 어찌하여 서서 하늘을 쳐다 보느냐

너희 가운데서 하늘로 올리 우신 이 예수는
하늘로 가심을 본 그대로 오시리라 하였느니라

여호와께서 회리바람으로 엘리야를 하늘에 올리셨고 예수 그리스도도 여호와께서 하늘로 올리우신 것입니다.

그래서 눅24:27절에서 주님께서 이에 모세와 및 모든 선지자의 글로 시작하여 모든 성경에 쓴바 자기에 관한 것을 자세히 설명하시니라고 한 것입니다.

눅 24:44 모세의 율법과 선지자의 글과 시편에
나를 가리켜 기록된 모든 것이 이루어져야 하리라

천 번을 말하고 만 번을 말해도 성경은 예수 그리스도만 증거하는 책입니다.

4. 약속하신 성령

왕하 2:10 가로되 **네가 어려운 일을 구하는도다**
그러나 **나를 네게서 취하시는 것을 네가 보면**
그 일이 네게 이루려니와
그렇지 않으면 이루지 아니하리라 하고

엘리야 선지자는 갑절의 영감을 구하는 엘리사에게 네가 어려운 일을 구하는도다 그러나 나를 네게서 취하시는 것을 네가 보면 그 일이 네게 이루려니와 그렇지 않으면 이루지 아니하리라는 말이 마쳐지자 불 수레와 불 말들이 엘리야와 엘리사의 사이를 나누더니 엘리야가 회리바람을 타고 하늘로 올리워 갔습니다.
그러면 이제 엘리야가 약속한 갑절의 영감이 엘리사에게 임하겠지요?

왕하 2:15 맞은편 여리고에 있는 선지자의 생도들이 저를 보며
말하기를 **엘리야의 영감이 엘리사의 위에 머물렀다 하고**
가서 저를 영접하여 그 앞에서 땅에 엎드리고

엘리사는 엘리야가 하늘로 승천하자 엘리야가 약속한 영감을 받았습니다. 이 영감이 〈루아흐〉 ①바람 ②호흡 ③생명 ④영, 즉 성령이지요?

행 2:33 하나님이 오른손으로 **예수를 높이시매**
그가 약속하신 성령을
아버지께 받아서 너희 보고 듣는 이것을 부어 주셨느니라

예수 그리스도께서 하늘로 승천하시고 그가 약속하신 성령을 부어 주셨습니다.
성경이 이렇게 정확하게 예수 그리스도를 증거해도 성경을 땅의 일, 세상의 일로 보면 큰 일 납니다.
하나님의 말씀인 성경은 오직 예수 그리스도만을 증거합니다.
그래서 주님은 요5:39절에서 이 성경이 내게 대해서 증거하는 것이라고 말씀하셨습니다.

고후 1:21 우리를 너희와 함께 그리스도 안에서 견고케 하시고
우리에게 기름을 부으신 이는 하나님이시니
고후 1:22 저가 또한 우리에게 인치시고
보증으로 성령을 우리 마음에 주셨느니라

우리에게 기름을 부으신 하나님께서 우리에게 인치시고 보증으로 성령을 우리 마음에 주셨습니다. 그러면 왜 주님은 약속하신 성령을 우리 마음에 주셨을까요?

롬 10:10 사람이 마음으로 믿어 의에 이르고
입으로 시인하여 구원에 이르느니라

사람이 마음으로 믿어 의에 이르고 입으로 시인하여 구원에 이르기 때문에 보증으로 성령을 마음에 주셨습니다. 그러면 성령이 마음에 임하여 사람이 마음으로 믿어 의에 이르고 입으로 시인하여 구원에 이르면 어떻게 될까요?

> **갈 4:6** 너희가 아들인고로
> 하나님이 **그 아들의 영을 우리 마음 가운데 보내사**
> **아바 아버지라 부르게 하셨느니라**

하나님이 보증으로 그 아들의 영을 우리 마음 가운데 보내주셨기 때문에 우리는 하나님을 마음껏 아바 아버지라고 부르는 것입니다. 마음 가운데 부어진 성령은 우리를 하나님의 아들이라고 보증으로 인친 성령입니다. 그렇기에 마음 가운데 성령이 부어지면 하나님의 아들이 되는 것입니다. 그래서 마음 가운데 성령이 부어지면 하나님을 아바 아버지라고 부르게 되는 것입니다.

> **롬 8:9** 만일 너희 속에 **하나님의 영이 거하시면**
> 너희가 육신에 있지 아니하고 영에 있나니
> 누구든지 그리스도의 영이 없으면 그리스도의 사람이 아니라
> 롬 8:14 무릇 하나님의 영으로 인도함을 받는 그들은
> **곧 하나님의 아들이라**

마음에 성령을 부음 받아 하나님의 영으로 인도함을 받는 자들은 곧 하나님의 아들입니다. 그러면 우리가 하나님의 아들인 것을 어떻게 알 수 있을까요?

> **롬 8:16** 성령이 친히 우리 영으로 더불어
> **우리가 하나님의 자녀인 것을 증거하시나니**

마음에 부음 받은 성령이 친히 우리가 하나님의 아들인 것을 증거합니다.

사랑하는 성도 여러분!
엘리야가 하늘로 승천하고 그가 약속한 성령이 엘리사에게 임했으며 주님께서 하늘로 승천하고 그가 약속한 성령이 우리 마음에 임했습니다. 그 성령을 통해 우리가 하나님을 마음껏 아바 아버지라고 부르는 것입니다.

이 놀라운 역사를 이룰 것을 이미 알고 계신 하나님께서 오늘 본문 왕하2:9~11절을 기록해 놓으신 것입니다.

사랑하는 성도 여러분!
엘리야가 하늘로 승천하고 그가 약속한 성령이 엘리사에게 임했습니다. 주님께서 하늘로 승천하고 그가 약속한 성령이 우리 마음에 임했습니다. 그 성령을 통해 우리가 지금 하나님을 마음껏 아바 아버지라고 부르는 것입니다.

Point	엘리야가 하늘로 승천하고 그가 약속한 영감이 엘리사에게 임하고 내 아버지여 내 아버지여 이스라엘의 병거와 마병이여 라고 소리친 것은 주님께서 하늘로 승천하시고 그가 약속하신 성령이 우리 마음가운데 임하게 되었으며 그 성령을 통해 우리가 하나님을 마음껏 아바 아버지라고 부르게 됨을 증거하신 것이다.

8

성전을 향한 기도

열왕기상 8:28~30

왕상 8:28 그러나 나의 하나님 여호와여 종의 기도와 간구
를 돌아보시며 종이 오늘날 주의 앞에서 부르짖음과
비는 기도를 들으시옵소서 29 주께서 전에 말씀하시
기를 내 이름이 거기 있으리라 하신 곳 이 전을 향하
여 주의 눈이 주야로 보옵시며 종이 이곳을 향하여
비는 기도를 들으시옵소서 30 종과 주의 백성 이스
라엘이 이곳을 향하여 기도할 때에 주는 그 간구함을
들으시되 주의 계신 곳 하늘에서 들으시고 들으시사
사하여 주옵소서

Key	이스라엘 백성들이 성전에 모여서 기도하고 성전을 향하여 기도할 때 그 기도를 들어달라고 간구했던 솔로몬의 기도에는 어떤 의미가 담겨 있는가?

솔로몬은 성전을 건축하고 종과 주의 백성 이스라엘이 이곳(성전)을 향하여 기도할 때에 주는 그 간구함을 들어 주옵시고 주의 계신 곳 하늘에서 들으시고 사하여 주옵소서 라고 했습니다.

구약 시대의 이스라엘 백성들은 날마다 성전에 모여서 기도했고 성전을 향하여 기도를 할 때마다 하나님께서 그들의 기도를 들어 주셨습니다. 그러면 왜 하나님은 이스라엘 백성들이 성전에 모여서 기도하고 성전을 향하여 기도할 때 그 기도를 들어 주셨을까요?

오늘은 "성전을 향한 기도"라는 제목의 말씀으로 예수 그리스도를 확증받게 될 것입니다.

1. 여호와는 성전에 계십니다

합 2:20 오직 여호와는 그 성전에 계시니
온 천하는 그 앞에서 잠잠할찌니라

여호와께서 성전에 계시니 성전에서는 말씀과 찬양과 기도 소리 외에는 잠잠해야 합니다.

시 11:4 여호와께서 그 성전에 계시니
여호와의 보좌는 하늘에 있음이여
그 눈이 인생을 통촉하시고 그 안목이 저희를 감찰하시도다

여호와께서 그 성전에 계시니 여호와의 보좌는 하늘에 있음이여 라

는 말씀은 여호와의 성전이 곧 여호와의 보좌라는 말입니다. 그러므로 지상에 세워진 성전은 하나님이 좌정하여 계시는 하늘 보좌의 예표입니다.

삼하 22:7 내가 환난 중에서 여호와께 아뢰며
나의 하나님께 아뢰었더니
저가 그 전에서 내 소리를 들으심이여
나의 부르짖음이 그 귀에 들렸도다

여호와는 성전에 계시고 성전에서 기도하는 사람들의 기도 소리를 들으십니다.

욘 2:7 내 영혼이 내 속에서 피곤할 때에 내가 여호와를 생각하였삽더니
내 기도가 주께 이르렀사오며 주의 성전에 미쳤나이다

여호와는 성전에 계시기 때문에 요나의 기도가 주께 이르렀으며 주의 성전에 미쳤나이다 라고 하였습니다.

사랑하는 성도 여러분!
하나님은 성전에서 우리의 소리를 들으십니다.
하나님은 성전에서 우리의 부르짖음을 들으십니다.
왜 하나님은 성전에서 우리의 기도를 들으실까요???

2. 성전을 향한 솔로몬의 기도

왕상 8:27 하나님이 참으로 땅에 거하시리이까
하늘과 하늘들의 하늘이라도 주를 용납지 못하겠거든
하물며 내가 건축한 이 전이오리이까

솔로몬은 성전을 건축하고 너무 감격스러워 자신이 건축한 전에

하나님이 거하시겠느냐고 기도합니다.

왕상 8:29 주께서 전에 말씀하시기를
내 이름이 거기 있으리라 하신 곳 이 전을 향하여
주의 눈이 주야로 보옵시며
종이 이곳을 향하여 비는 기도를 들으시옵소서
왕상 8:30 **종과 주의 백성 이스라엘이 이곳을 향하여 기도할 때에**
주는 그 간구함을 들으시되
주의 계신 곳 하늘에서 들으시고 들으시사 사하여 주옵소서

하나님은 성전에 계시므로 성전에서 또는 성전을 향하여 드리는 기도를 들으십니다.

왕상 8:31 만일 어떤 사람이 그 이웃에게 범죄함으로 맹세시킴을
받고 **저가 와서 이 전에 있는 주의 단 앞에서 맹세하거든**

만일 어떤 사람이 그 이웃에게 범죄함으로 맹세시킴을 받고 저가 와서 이 전에 있는 주의 단 앞에서 맹세하거든 그 기도를 들어 주시옵소서.

왕상 8:33 만일 주의 백성 이스라엘이 주께 범죄하여
적국 앞에 패하게 되므로 주께로 돌아와서
주의 이름을 인정하고 이 전에서 주께 빌며 간구하거든

이스라엘이 주께 범죄하여 적국 앞에 패하게 되므로 주께로 돌아와서 주의 이름을 인정하고 이 전에서 주께 빌며 간구하거든 그 기도를 들어 주시옵소서.

왕상 8:35 만일 저희가 주께 범죄함을 인하여 하늘이 닫히고
비가 없어서 주의 벌을 받을 때에
이곳을 향하여 빌며 주의 이름을 인정하고
그 죄에서 떠나거든

주께 범죄함을 인하여 하늘이 닫히고 비가 없어서 주의 벌을 받을 때에 이곳을 향하여 빌며 주의 이름을 인정하고 그 죄에서 떠나거든 그 기도를 들어 주시옵소서.

왕상 8:38 한 사람이나 혹 주의 온 백성 이스라엘이
다 각각 자기의 마음에 재앙을 깨닫고
이 전을 향하여 손을 펴고 무슨 기도나 무슨 간구를 하거든

주의 온 백성 이스라엘이 다 각각 자기의 마음에 재앙을 깨닫고 이 전을 향하여 손을 펴고 무슨 기도나 무슨 간구를 하거든 그 기도를 들어 주시옵소서.

왕상 8:41 또 주의 백성 이스라엘에 속하지 아니한 자
곧 주의 이름을 위하여 먼 지방에서 온 이방인이라도
왕상 8:42 저희가 주의 광대한 이름과 주의 능한 손과
주의 펴신 팔의 소문을 듣고 와서
이 전을 향하여 기도하거든

이방인이라도 주의 광대한 이름과 주의 능한 손과 주의 펴신 팔의 소문을 듣고 와서 이 전을 향하여 기도하거든 그 기도를 들어 주시옵소서.

왕상 8:44 주의 백성이 그 적국으로 더불어 싸우고자 하여
주의 보내신 길로 나갈 때에
저희가 주의 빼신 성과 내가 주의 이름을 위하여
건축한 전 있는 편을 향하여 여호와께 기도하거든

적국으로 더불어 싸우고자 하여 주의 보내신 길로 나갈 때에 내가 주의 이름을 위하여 건축한 전 있는 편을 향하여 여호와께 기도하거든 그 기도를 들어 주시옵소서.

왕상 8:48 자기를 사로잡아 간 적국의 땅에서 온 마음과 온 뜻으로
주께 돌아와서 주께서 그 열조에게 주신 땅
곧 주의 빼신 성과 내가 주의 이름을 위하여
건축한 전 있는 편을 향하여 주께 기도하거든

적국에 끌려간 자들이 주의 이름을 위하여 건축한 전 있는 편을 향하여 주께 기도하거든 그 기도를 들어 주시옵소서.

솔로몬이 하나님의 성전을 건축하고 하나님께 기도하는 내용을 보면 열왕기상 8장에서 8번이나 이 전(성전)에서 기도하거든 또는 이 전(성전)을 향하여 기도하거든 이라고 말하고 있습니다.
왜 그럴까요?
여호와는 성전에 계시기 때문입니다.

단 6:10 다니엘이 이 조서에 어인이 찍힌 것을 알고도
자기 집에 돌아가서는
그 방의 예루살렘으로 향하여 열린 창에서
전에 행하던 대로 하루 세번씩 무릎을 꿇고 기도하며
그 하나님께 감사하였더라

다니엘은 포로로 끌려갔을 때 솔로몬이 했던 기도대로 예루살렘으로 향한 창문을 열어 놓고 하루에 세 번씩 기도하였습니다. 그 결과 하나님께서 다니엘을 사자굴에서 살려 내셨습니다.

사랑하는 성도 여러분!
하나님은 성전에서 기도 소리를 들으사 모든 대적의 손에서 벗어나게 하시며 모든 환난에서 건져 주십니다.

그래서 다니엘이 포로로 끌려가 예루살렘 성전을 향하여 기도했을

때 하나님께서 성전에서 그 소리를 들으시고 다니엘을 모든 환난과 대적에게서 벗어나게 하셨습니다. 아멘!

3. 초림의 주님께 기도한 사람들

> **마 8:2 한 나병환자가** 나아와 절하고 가로되
> 주여 원하시면 저를 깨끗케 하실 수 있나이다 하거늘

당시에 저주받은 병으로 여겼던 나병환자가 예수께 나아와 절하며 주여 원하시면 저를 깨끗케 하실 수 있나이다 라고 기도하였습니다.
왜 나병 환자는 주님께 기도하였을까요?

> **마 8:5** 예수께서 가버나움에 들어가시니 한 백부장이 나아와 간구하여
> 마 8:6 가로되 주여 내 하인이 중풍병으로 집에 누워 몹시 괴로워하나이다

이방인 백부장이 주님께 나아와 하인이 중풍병으로 집에 누워 몹시 괴로워한다고 기도하였습니다.
왜 이방인 백부장은 주님께 기도하였을까요?

> **마 9:27** 예수께서 거기서 떠나 가실쌔 **두 맹인이 따라 오며**
> 소리질러 가로되 다윗의 자손이여 우리를 불쌍히 여기소서 하더니

두 맹인이 주님을 따라 오며 다윗의 자손이여 우리를 불쌍히 여기소서 하며 소리 질러 기도하였습니다.
왜 두 맹인은 주님께 기도하였을까요?

> **마 15:22 가나안 여자 하나가** 그 지경에서 나와서 소리질러 가로되

주 다윗의 자손이여 나를 불쌍히 여기소서
내 딸이 흉악히 귀신들렸나이다 하되

유대인들이 상종하지 않는 가나안 여자 하나가 주님을 향해 주 다윗의 자손이여 나를 불쌍히 여기소서 내 딸이 흉악히 귀신 들렸나이다 라고 기도하였습니다.
왜 유대인들이 상종하지 않는 가나안 여인은 주님을 향해 기도하였을까요?

하나님은 성전에 계시니 성전을 향해 기도를 해야 하는데 당시에 저주 받은 병으로 여겼던 나병환자, 이방인 백부장, 앞을 보지 못하는 두 맹인, 유대인들이 상종하지 않는 가나안 여인은 왜 주님을 향해 기도하였을까요???

4. 성전 된 주님의 육체

요 2:19 예수께서 대답하여 가라사대 너희가 이 성전을 헐라
내가 사흘 동안에 일으키리라
요 2:20 유대인들이 가로되 이 성전은 사십 륙년 동안에 지었거늘
네가 삼 일 동안에 일으키겠느뇨 하더라
요 2:21 그러나 **예수는 성전된 자기 육체를 가리켜 말씀하신 것이라**

주님께서 예루살렘 성전을 가리키며 너희가 이 성전을 헐라 내가 사흘 동안에 일으키리라고 하셨습니다. 그러자 유대인들은 주님께서 하시는 말씀을 알아듣지 못하고 이 성전은 46년 동안에 지었거늘 네가 3일 동안에 일으키겠느냐고 반문합니다.
그러나 주님은 성전 된 자기 육체를 가리켜 말씀하신 것이었습니다.

요 2:22 죽은 자 가운데서 살아나신 후에야 제자들이
이 말씀하신 것을 기억하고 성경과 및 예수의 하신 말씀을
믿었더라

주님을 따라 다녔던 제자들은 주님께서 십자가에 못 박혀 죽으시고 살아나신 후에야 너희가 이 성전을 헐라 내가 사흘 동안에 일으키리라고 하신 말씀을 깨닫게 됩니다.
주님의 육체가 성전입니다. 주님의 육체가 성전이니 건물 성전을 향해서 기도하는 것이 아니고 성전이신 주님을 향해서 기도하면 되는 것입니다.

그러므로 아무도 성전 된 주님의 육체를 보지 못하고 있을 때 당시에 저주받은 병으로 여겼던 나병환자, 이방인 백부장, 앞을 보지 못하는 두 맹인, 유대인들이 상종하지 않는 가나안 여인은 성전 된 주님을 보고 기도한 것입니다. 그래서 보지 못하는 자들은 보게 하고 보는 자들은 보지 못하게 하는 것입니다.

그런데 주님께서 십자가에 못 박혀 죽으시고 다시 살아나신 후에야 주님을 따라다녔던 제자들은 성전된 주님을 알았습니다. 더욱 답답한 것은 하나님을 그렇게 잘 안다고 자부하는 유대인들은 주님께서 십자가에 못 박혀 죽으시고 살아나신 후에도 여전히 성전된 주님을 알아보지 못하고 있었습니다. 그래서 지금도 유대인들은 주님께 기도하지 않고 있는 것입니다.

주님이 성전입니다. 그러므로 우리는 지금 주님께 기도하는 것이고 주님의 이름인 예수 그리스도의 이름으로 기도하는 것입니다.
성전이신 주님은 온 세상을 향해 이렇게 말씀하십니다.

요 14:13 **너희가 내 이름으로 무엇을 구하든지 내가 시행하리니**
이는 아버지로 하여금 아들을 인하여
영광을 얻으시게 하려 함이라
요 14:14 **내 이름으로 무엇이든지 내게 구하면 내가 시행하리라**

너희가 내 이름으로 무엇을 구하든지 내가 시행하리니 이는 아버지로 하여금 아들을 인하여 영광을 얻으시게 하려 함이라 너희가 내 이름으로 무엇이든지 내게 구하면 내가 시행하리라고 하십니다.

요 15:16 너희가 나를 택한 것이 아니요 내가 너희를 택하여 세웠나니 이는 너희로 가서 과실을 맺게 하고 또 너희 과실이 항상 있게 하여 **내 이름으로 아버지께 무엇을 구하든지 다 받게 하려 함이니라**

내 이름으로 아버지께 무엇을 구하든지 다 받게 하려 함이니라고 하십니다.

요 16:23 그 날에는 너희가 아무 것도 내게 묻지 아니하리라
내가 진실로 진실로 너희에게 이르노니 **너희가
무엇이든지 아버지께 구하는 것을 내 이름으로 주시리라**

너희가 무엇이든지 아버지께 구하는 것을 내 이름으로 주시리라고 하십니다.

요 16:24 지금까지는 **너희가 내 이름으로 아무 것도 구하지 아니하였으나 구하라 그리하면 받으리니 너희 기쁨이 충만하리라**

너희가 내 이름으로 아무 것도 구하지 아니하였으나 구하라 그리하면 받으리니 너희 기쁨이 충만하리라고 하십니다.

사랑하는 성도 여러분!
당시에 저주받은 병으로 여겼던 나병환자, 이방인 백부장, 앞을 보지 못하던 두 맹인, 유대인들이 상종하지 않던 가나안 여인이 주님께 기도하였던 것은 성전된 주님을 알았기 때문입니다.

주님이 성전이시니 우리도 주님을 향하여 기도하는 것이고 주님의 이름인 예수 그리스도의 이름으로 기도하는 것입니다.
이것이 성전을 향한 기도를 통해 증거된 예수 그리스도입니다.

Point	여호와는 성전에 계시니 성전에서, 성전을 향하여 기도하면 하나님은 그 기도를 들으시고 다니엘처럼 환난에서 벗어나게 하시고 모든 대적의 손에서 건져주셨다. 주님은 성전된 자기 육체를 가리켜 너희가 이 성전을 헐라 내가 사흘 동안에 일으키리라고 말씀하신대로 십자가에서 죽으시고 3일만에 부활하셨다. 주님의 육체가 성전이니 당시 저주받은 병으로 여겼던 나병환자, 이방인 백부장, 앞을 보지 못하는 두 맹인, 유대인이 상종하지 않는 가나안 여인은 주님을 향해 기도하였던 것이다. 주님이 성전이기에 우리는 지금 주님께 기도하는 것이고 주님의 이름인 예수 그리스도의 이름으로 기도하는 것이다. 이것이 성전을 향한 기도를 통해 증거된 예수 그리스도이다.

9

기름 부음을 받은 다윗

사무엘상 16:1

삼상 16:1 여호와께서 사무엘에게 이르시되 내가 이미 사울을 버려 이스라엘 왕이 되지 못하게 하였거늘 네가 그를 위하여 언제까지 슬퍼하겠느냐 너는 기름을 뿔에 채워가지고 가라 내가 너를 베들레헴 사람 이새에게로 보내리니 이는 내가 그 아들 중에서 한 왕을 예선하였음이니라

Key	하나님께서 사울 왕을 폐하시고 다윗에게 기름을 부어 왕으로 세우신 것은 무엇을 말씀하고 있는가?

백성들의 요구에 의해 이스라엘의 초대 왕으로 세움 받은 사울은 아말렉을 진멸하라는 하나님의 명령을 거역하였습니다. 그러자 하나님께서 사울 왕을 폐하기로 작정하시고 사무엘에게 이새의 아들들 가운데 택하여 기름을 부어 왕을 세우라고 하셨습니다.
그러므로 기름 부음을 받은 자가 왕이라는 것이지요?
오늘은 "기름 부음을 받은 다윗" 을 통해 우리의 영원한 왕이신 예수 그리스도를 확증 받기를 축원합니다.

1. 기름부음 받은 자가 왕이다

삼상 16:1 여호와께서 **사무엘에게** 이르시되
내가 이미 사울을 버려 이스라엘 왕이 되지 못하게 하였거늘
네가 그를 위하여 언제까지 슬퍼하겠느냐
너는 기름을 뿔에 채워가지고 가라
내가 너를 **베들레헴 사람** 이새에게로 보내리니
이는 내가 그 아들 중에서 한 왕을 예선하였음이니라

하나님께서 사울 왕을 폐하기로 작정하시고 사무엘에게 이새의 아들들 가운데 택하여 기름을 부어 왕을 세우라고 하셨습니다.
"내가 이미 사울을 버려 이스라엘 왕이 되지 못하게 하였으니 너는 기름을 뿔에 채워가지고 베들레헴 사람 이새에게로 가라 내가 그 아들 중에서 한 왕을 예선하였음이라."
그러므로 기름 부음을 받은 자가 왕이라는 것입니다.

눅 4:18 주의 성령이 내게 임하셨으니
이는 가난한 자에게 복음을 전하게 하시려고

내게 기름을 부으시고 나를 보내사 **포로된 자에게 자유를**
눈먼 자에게 다시 보게 함을 전파하며 **눌린 자를 자유케 하고**
눅 4:19 주의 은혜의 해를 전파하게 하려 하심이라 하였더라

초림으로 세상에 오신 주님은 분명히 기름부음을 받으셨으니 왕이시겠지요? 하나님께서 사무엘에게 이새의 아들 중에 기름을 부어 왕을 세우라고 하셨으니 기름 부음을 받은 자가 왕입니다.

요 19:14 이 날은 유월절의 예비일이요 때는 제 육시라
빌라도가 유대인들에게 이르되 보라 너희 왕이로다

예수 그리스도를 보고 빌라도가 유대인들에게 보라 너희 왕이라고 하였습니다.

요 19:15 저희가 소리 지르되 없이 하소서 없이 하소서
저를 십자가에 못 박게 하소서
빌라도가 가로되 내가 너희 왕을 십자가에 못 박으랴
대제사장들이 대답하되
가이사 외에는 우리에게 왕이 없나이다 하니
요 19:16 이에 예수를 십자가에 못 박히게 저희에게 넘겨 주니라

유대인들이 예수 그리스도를 십자가에 못 박아 죽이라고 하자 빌라도가 내가 너희 왕을 십자가에 못 박으랴고 말하니 당시의 대제사장들이 가이사 외에는 우리의 왕이 없다고 소리를 질렀습니다.

사랑하는 성도 여러분!
초림으로 오신 주님은 분명히 기름부음을 받으셨으니 왕이십니다.
그러면 초림으로 오신 예수께서 유대인의 왕인지 아닌지는 어떻게 알 수 있을까요?

마 2:2 유대인의 왕으로 나신 이가 어디 계시뇨
우리가 동방에서 그의 별을 보고 그에게 경배하러 왔노라 하니

주님께서 육신을 입으시고 초림으로 오셨을 때 동방 박사들이 예루살렘에 와서 유대인의 왕으로 나신 이가 어디 계시뇨 우리가 동방에서 그의 별을 보고 그에게 경배하러 왔노라고 하였습니다.

초림으로 오신 주님은 왕이신 하나님의 본체이시니 기름 부음을 받지 않았을 때도 왕이셨습니다. 왕이 아닌 자가 왕이 되기 위해서 기름 부음을 받은 것이 아니라 주님은 자신이 왕이심을 증명하시기 위해 성령으로 기름 부음을 받으신 것입니다.

> 슥 9:9 시온의 딸아 크게 기뻐할찌어다
> 예루살렘의 딸아 즐거이 부를찌어다
> **보라 네 왕이 네게 임하나니** 그는 공의로우며 구원을 베풀며
> 겸손하여서 **나귀를 타나니 나귀의 작은 것 곧 나귀새끼니라**

스가랴 선지자는 어린 나귀를 타고 예루살렘에 입성하는 자가 너희 왕이라고 예언하였습니다. 하나님은 왕인 사울을 버리고 다윗을 왕으로 세우시겠다고 말씀하시고 사무엘 선지자를 통해 다윗에게 기름을 부었습니다. 그러므로 하나님께서 초림으로 오신 주님께 기름을 부어 왕을 삼으시는 것은 어떤 왕을 폐하고 예수 그리스도를 왕으로 세운다는 것을 말씀하는 것입니다.

2. 사울 왕이 죽어야 다윗이 왕이 된다

하나님께서 사무엘 선지자에게 사울을 버려 왕이 되지 못하게 하였으니 이새에게로 가서 그 아들 중에 하나를 택하여 기름을 부어 이스라엘의 왕을 삼으라고 하셨습니다. 사무엘 선지자는 이 하나님의 말씀대로 이새의 아들 다윗을 택하여 기름을 부었습니다. 그런데 다윗이 왕으로 기름 부음을 받았어도 다윗이 이스라엘의 왕이 되지 못하고 사울이 이스라엘을 다스리고 있었습니다.

삼하 2:7 이제 너희는 손을 강하게 하고 담대히 할찌어다
너희 주 사울이 죽었고
또 유다 족속이 내게 기름을 부어 저희의 왕을 삼았음이니라
삼하 5:3 이에 이스라엘 모든 장로가 헤브론에 이르러 왕에게 나아오매
다윗 왕이 헤브론에서 여호와 앞에서 저희와 언약을 세우매
저희가 **다윗에게 기름을 부어 이스라엘 왕을 삼으니라**

다윗이 왕으로 기름 부음을 받았어도 사울이 이스라엘을 다스리고 있었는데 사울이 죽자 다윗이 왕으로 등극을 하게 되었습니다. 그러므로 왕으로 기름부음을 받았어도 하나님의 복음의 비밀은 앞에 있던 왕이 죽어야 왕으로 등극하는 것입니다.

주님께서 초림으로 오셔서 세례를 받으실 때 기름부음을 받으셨는데 세례를 통해 기름부음을 받으셨어도 사단이 세상 임금노릇을 하고 있었습니다.

요 12:31 이제 **이 세상의 심판이 이르렀으니**
이 세상 임금이 쫓겨나리라
요 12:32 **내가 땅에서 들리면 모든 사람을 내게로 이끌겠노라** 하시니
요 12:33 이렇게 말씀하심은
자기가 어떠한 죽음으로 죽을 것을 보이심이러라

이제 이 세상의 심판이 이르렀으니 이 세상 임금이 쫓겨나리라 내가 땅에서 들리면 모든 사람을 내게로 이끌겠노라고 말씀하셨습니다. 이렇게 말씀하심은 자기가 어떠한 죽음으로 죽을 것을 보이시기 위함입니다.

초림으로 오신 주님께서 세례를 받으실 때 기름 부음을 받으심으로 왕이심을 증거하셨습니다. 주님께서 기름 부음을 통해 왕이심을 증거하셨어도 세상은 사단이 세상 임금노릇을 하고 있었습니다.

세상 임금이 죽임을 당해야 기름 부음을 받은 주님이 왕으로 등극을 하는 것이지요?
그것을 다윗이 기름 부음을 받아 이스라엘의 왕이나 사울이 죽기 전에는 왕으로 등극하지 아니한 것을 통해 명백하게 증거하신 것입니다.

그래서 요5:39절을 통해 주님은 이 성경이 내게 대하여 증거하는 것이라고 말씀하신 것입니다.

3. 사람들의 요구로 세워진 왕 사울

삼상 8:6 우리에게 왕을 주어 우리를 다스리게 하라 한 그것을
사무엘이 기뻐하지 아니하여 여호와께 기도하매
삼상 8:7 여호와께서 사무엘에게 이르시되 백성이 네게 한 말을
다 들으라 그들이 너를 버림이 아니요
나를 버려 자기들의 왕이 되지 못하게 함이니라

사무엘의 아들들이 사무엘의 행위를 따르지 아니하자 이스라엘 모든 장로가 사무엘에게 찾아가 당신은 늙고 당신의 아들들은 당신의 행위를 따르지 아니하니 열방과 같이 우리에게 왕을 세워 우리를 다스리게 해달라고 하였습니다.

장로들의 요구에 여호와께서 사무엘에게 말씀하시기를 백성이 네게 한 말을 다 들으라 그들이 너를 버림이 아니요 나를 버려 자기들의 왕이 되지 못하게 함이라고 하셨습니다. 그러므로 사울은 하나님께서 세우고자 한 왕이 아니고 백성들의 요구에 의해서 세워진 왕입니다.

삼상 15:24 사울이 사무엘에게 이르되 내가 범죄하였나이다
내가 여호와의 명령과 당신의 말씀을 어긴 것은
내가 백성을 두려워하여 그 말을 청종하였음이니이다

백성들의 요구에 의해 왕으로 세워진 사울은 아말렉을 진멸하라는 하나님의 명령을 어긴 것을 사무엘 선지자가 책망하자 내가 여호와의 명령과 당신의 말씀을 어긴 것은 내가 백성을 두려워하여 그 말을 청종하였음이라고 말합니다. 그래서 하나님이 세운 왕이 아니고 사람들이 세운 사울 왕은 세상 임금의 예표입니다.

신 9:12 내게 이르시되 일어나 여기서 속히 내려가라
네가 애굽에서 인도하여 낸 **내 백성이 스스로 부패하여**
내가 그들에게 명한 도를 속히 떠나
자기를 위하여 우상을 부어 만들었느니라

인간이 스스로 부패하여 우상을 만들어 그것을 섬기며 절을 합니다. 왕의 비밀, 절의 비밀에서 왕만 절을 받는다는 말씀을 전했었지요? 그래서 하나님은 어떤 신에게도 절하지 말라고 하시고 세상의 모든 종교는 우상을 만들어 절하도록 하는 것입니다. 그러므로 사람들이 만든 모든 종교들이 섬기는 신을 세상의 신(神) 또는 세상 임금이라고 하는 것입니다,

세상의 신, 세상 임금인 사단은 하나님이 세상에 세운 왕이 아니고 스스로 부패한 사람이 사단의 영의 의해 자기를 위해 세운 것입니다. 그래서 사울 왕은 하나님의 대적자 아말렉을 진멸하라는 하나님의 명령을 거역하고 자신을 왕으로 세운 백성들의 말을 들은 세상 임금의 예표입니다.

기름부음을 받았던 다윗이 사람들이 세웠던 사울 왕이 죽자 왕으로 등극을 했습니다. 기름 부름을 받은 주님이 십자가를 통해 세상임금으로 있던 사단을 멸해 버렸습니다.
그러면 예수 그리스도께서 왕으로 등극을 하겠지요?

마 16:28 진실로 너희에게 이르노니
여기 섰는 사람 중에 죽기 전에
인자가 그 왕권을 가지고 오는 것을 볼 자들도 있느니라

십자가의 죽음을 통해 세상 임금인 사단을 멸해 버리시고 부활하시어 우리를 구원하시고 하늘로 승천하시어 장차 재림하시는 주님은 왕이시기 때문에 왕권을 가지고 오십니다. 그러므로 기름 부음을 받았던 다윗은 사울 왕이 죽고 왕으로 등극한 것입니다.
기름 부음을 받으셨던 주님이 세상 임금인 사단을 멸해 버리시고 왕권을 가지시고 재림하시는 것입니다.

그래서 주님은 요5:39절에서 이 성경이 내게 대하여 증거한다고 말씀하신 것입니다.

4. 기름부음 받은 다윗과 예수그리스도와 나의 관계

행 2:33 하나님이 오른손으로 예수를 높이시매
그가 약속하신 성령을 아버지께 받아서
너희 보고 듣는 이것을 부어 주셨느니라

하늘로 승천하신 주님께서 약속하신 성령을 아버지께 받아서 부어 주셨습니다. 그러면 성령을 우리의 어디에 부어 주셨습니까?

고후 1:22 저가 또한 우리에게 인치시고
보증으로 **성령을 우리 마음에 주셨느니라**

성령을 우리 마음 가운데 부어 주셨습니다.
누가 기름 부음을 받게 되나요? 왕이 기름 부음을 받습니다.
우리는 성령을 부음 받았으니 분명히 우리도 왕이지요?
다윗이 기름 부음을 받고 즉시 왕으로 등극한 것이 아니고 사울 왕이 죽고 나서 왕으로 등극을 하였습니다.

주님께서 성령을 기름붓듯 부음을 받으시고 즉시 왕으로 등극하지 않으시고 세상 임금을 멸해 버리시고 하늘로 승천하신 후 장차 재림하시어 만왕의 왕으로 등극하십니다.
분명히 우리 모두는 예수 그리스도를 믿음으로 기름 부음을 받았습니다. 그러면 성령으로 기름부음을 받았기 때문에 왕이 분명한데 우리는 아직 왕으로 등극하지 않았습니다.

계 20:6 이 첫째 부활에 참예하는 자들은 복이 있고 거룩하도다
둘째 사망이 그들을 다스리는 권세가 없고
도리어 그들이 하나님과 그리스도의 제사장이 되어
천년 동안 그리스도로 더불어 왕노릇 하리라

예수 그리스도께서 왕권을 가지고 재림하시어 천년 왕국이 이루어지면 우리는 그리스도로 더불어 천년 동안 왕 노릇 합니다.

계 22:5 다시 밤이 없겠고 등불과 햇빛이 쓸데 없으니
이는 주 하나님이 저희에게 비취심이라
저희가 세세토록 왕노릇 하리로다

그러므로 기름 부음을 받은 다윗은 사울 왕이 죽고 난 후에 이스라엘 왕으로 등극했지요?
또한 기름 부음을 받은 주님께서도 세상 임금인 사단을 멸하기까지 왕으로 등극하지 않았지요?

세상 임금인 사단을 멸해야 기름 부음을 받은 주님이 왕으로 등극합니다. 주님은 십자가를 통해 세상 임금인 사단을 멸해 버리시고 우리를 구원하시고 하늘로 승천하셔서 장차 만왕으로 왕으로 오십니다.
십자가를 통해 세상 임금인 사단을 멸해 버리시고 하늘로 승천하신 주님은 약속하신 성령을 아버지께 받아서 우리에게 부어 주셨습니다.

그러므로 예수 그리스도께서 왕권을 가지고 재림하시어 사단을 멸하여 천년 왕국이 이루어지면 우리는 그리스도로 더불어 천년 동안 왕 노릇 합니다.
천년 왕국이 끝나고 잠시 놓임 받은 사단이 영원히 멸망 받고 나면 우리는 그리스도와 더불어 세세토록 왕 노릇 합니다.

Point	하나님께서 백성들의 요구로 세움을 받은 사울 왕을 폐하시고 하나님의 마음에 합한 다윗을 기름 부어 왕으로 세우신 것은 기름 부음을 받은 자가 왕이라는 것을 증거한 것이다. 그리고 다윗이 왕으로 기름 부음을 받았어도 사울이 죽고 왕으로 등극하게 된 것은 예수께서 세례를 통해 기름 부음을 받으셨어도 세상 임금인 사단을 멸하기 전까지 왕으로 등극하지 않는 것을 말씀한 것이며 주님께서 십자가를 통해 세상 임금인 사단을 멸해 버리고 우리를 구원하시고 하늘로 승천하셔서 장차 만왕의 왕으로 오실 것을 증거하신 것이다.

10
사무엘

사무엘상 1:20

삼상 1:20 한나가 잉태하고 때가 이르매 아들을 낳아 사무엘이라 이름하였으니 이는 내가 여호와께 그를 구하였다 함이더라

Key	사무엘이 선지자, 제사장, 왕으로서 세 가지 직분을 모두 행한 것은 어떻게 예수 그리스도를 증거하고 있는가?

아이를 낳지 못하던 한나는 엘리 제사장에게 술에 취했다고 책망들을 정도로 기도하였는데 그 기도를 통해 하나님께서 한나의 태문을 열어 주셔서 아들을 낳았습니다. 한나는 그 아들을 사무엘이라 하였고 그 이름은 '내가 여호와께 그를 구하였다'는 뜻입니다.

주님은 요5:39절에서 이 성경이 곧 내게 대하여 증거하는 것이라고 하셨고, 요5:46절에서 모세를 믿었더면 또 나를 믿었으리니 이는 그가 내게 대하여 기록하였다고 하셨습니다.
또한 눅 24:27절에서 모세와 및 모든 선지자의 글로 시작하여 모든 성경에 쓴바 자기에 관한 것을 자세히 설명하시니라고 하였으며, 눅 24:44절에서 모세의 율법과 선지자의 글과 시편에 나를 가리켜 기록된 모든 것이 이루어져야 하리라고 하셨습니다.

> **요 1:45** 빌립이 나다나엘을 찾아 이르되 **모세가 율법에 기록하였고 여러 선지자가 기록한** 그이를 우리가 만났으니 요셉의 아들 **나사렛 예수니라**

모세가 율법에 기록하였고 선지자들과 시편을 통해 증거된 말씀이 예수 그리스도를 통해 정확히 이루어졌지요?
오늘 본문의 "사무엘"을 통해서도 분명하고 명백하게 예수 그리스도를 증거하게 될 줄로 믿습니다.

1. 선지자 사무엘

> **삼상 3:19** 사무엘이 자라매 여호와께서 그와 함께 계셔서

그 말로 하나도 땅에 떨어지지 않게 하시니
삼상 3:20 단에서부터 브엘세바까지의 온 이스라엘이
사무엘은 여호와의 선지자로 세우심을 입은 줄을 알았더라

사무엘이 자라매 여호와께서 그와 함께 계셔서 사무엘의 말이 하나도 땅에 떨어지지 않고 다 이루어지게 하심으로 온 이스라엘 백성들은 여호와께서 사무엘을 선지자로 세우신 것을 알게 되었습니다.

마 5:18 진실로 너희에게 이르노니 천지가 없어지기 전에는 **율법의 일점 일획이라도 반드시 없어지지 아니하고 다 이루리라**

주님이 말씀하시기를 천지가 없어지기 전에는 율법의 일점 일획이라도 반드시 없어지지 아니하고 다 이루어진다고 하셨습니다.

마 24:34 내가 진실로 너희에게 말하노니
이 세대가 지나가기 전에 이 일이 다 이루리라
마 24:35 **천지는 없어지겠으나 내 말은 없어지지 아니하리라**

천지가 없어져도 주님의 말씀은 없어지지 않고 다 이루어집니다. 이 말씀은 막13:31절과 눅21:33절에서도 동일하게 나옵니다.

선지자가 전한 말대로 이루어지는 것이 선지자인 증거입니다. 그래서 여호와께서 사무엘과 함께 계셔서 사무엘의 말이 하나도 땅에 떨어지지 않고 다 이루어지게 하시자 온 이스라엘 백성들은 사무엘이 여호와의 선지자로 세우심을 입은 줄 알았습니다. 그러므로 천지는 없어져도 주님의 말씀은 없어지지 않고 다 이루어지니 초림으로 오신 주님은 선지자 중의 선지자입니다.

그러면 왜 선지자의 말은 땅에 떨어지지 않고 다 이루어질까요?

선지자는 하나님의 말씀을 듣고 백성들에게 그 말씀을 전하는 자입니다. 선지자는 자신의 뜻을 전하는 것이 아니고 하나님의 말씀을 듣고 백성들에게 그대로 전하는 자입니다. 그러므로 선지자는 어떤 것이든 자의로 말하지 않기 때문에 선지자가 하는 말은 땅에 떨어지 않습니다.

요 12:49 **내가 내 자의로 말한 것이 아니요** 나를 보내신 아버지께서
나의 말할 것과 이를 것을 친히 명령하여 주셨으니
요 12:50 나는 그의 명령이 영생인줄 아노라
그러므로 **나의 이르는 것은**
내 아버지께서 **내게 말씀하신 그대로 이르노라** 하시니라

예수 그리스도께서 자의로 말하지 않고 하나님께서 이르신 말씀대로 전하였기에 초림으로 오신 예수 그리스도는 선지자입니다.

마 21:10 예수께서 예루살렘에 들어가시니 온 성이 소동하여 가로되
이는 누구뇨 하거늘
마 21:11 **무리가 가로되 갈릴리 나사렛에서 나온 선지자 예수라 하니라**

초림으로 오신 주님이 나귀타고 예루살렘에 입성하실 때 온 성이 소동하면서 이는 누구냐 라고 할 때 사람들은 갈릴리 나사렛에서 나온 선지자 예수라고 말했습니다.

행 3:22 모세가 말하되 주 하나님이 너희를 위하여
너희 형제 가운데서 **나 같은 선지자 하나를 세울 것이니**
너희가 무엇이든지 그 모든 말씀을 들을 것이라
행 3:23 **누구든지 그 선지자의 말을 듣지 아니하는 자는**
백성 중에서 멸망 받으리라 하였고
행 3:24 **또한 사무엘 때부터 옴으로 말한**
모든 선지자도 이 때를 가리켜 말하였느니라

모세도 예수를 선지자라고 예언하였기에 주님은 친히 모세가 내게 대하여 기록했다고 하셨던 것입니다. 또한 사무엘 때부터 그 이후로 말한 모든 선지자도 이 때를 가리켜 말하였다고 한 것입니다.

사무엘은 자의로 말하지 않고 하나님의 음성을 듣고 그대로 전하였으며 그가 전한 말대로 다 이루어졌기에 그는 선지자입니다.
초림으로 오신 예수님께서도 자의로 말하지 않고 아버지께 들을 것을 말씀하셨고 천지가 변해도 그가 하신 말씀이 다 이루어지기 때문에 예수 그리스도는 선지자중의 선지자입니다.

2. 제사장 사무엘

출 28:4 그들의 지을 옷은 이러하니 곧 흉패와 **에봇과** 겉옷과
반포 속옷과 관과 띠라 그들이 네 형 아론과
그 아들들을 위하여 거룩한 옷을 지어
아론으로 내게 제사장 직분을 행하게 할찌며

에봇은 제사장이 제사장 직분을 감당할 때 입는 옷입니다.

삼상 2:18 사무엘이 어렸을 때에 **세마포 에봇을 입고**
여호와 앞에 섬겼더라

사무엘이 에봇을 입고 여호와를 섬긴 것을 볼 때 사무엘은 제사장입니다. 제사장은 백성들의 죄를 위해 제사를 드리고, 백성들의 죄를 위해 하나님께 기도하는 자입니다.

삼상 12:22 여호와께서는 너희로 자기 백성 삼으신 것을 기뻐하신고로 그 크신 이름을 인하여 자기 백성을 버리지 아니하실 것이요

삼상 12:23 **나는 너희를 위하여 기도하기를** 쉬는 죄를
여호와 앞에 결단코 범치 아니하고
선하고 의로운 도로 너희를 가르칠 것인즉
삼상 12:24 너희는 여호와께서 너희를 위하여 행하신
그 큰 일을 생각하여 오직 그를 경외하며
너희의 마음을 다하여 진실히 섬기라

에봇을 입은 사무엘이 백성들을 위하여 기도하기를 쉬는 죄를 범치 않겠다고 하였습니다. 그래서 에봇을 입은 사무엘이 제사장입니다.

히 7:23 저희 제사장 된 자의 수효가 많은 것은 죽음을 인하여
항상 있지 못함이로되
히 7:24 **예수는 영원히 계시므로 그 제사 직분도 갈리지 아니하나니**
히 7:25 그러므로 자기를 힘입어 하나님께 나아가는 자들을
온전히 구원하실 수 있으니 **이는 그가 항상 살아서**
저희를 위하여 간구하심이니라

히브리서 7장은 멜기세덱을 통해 제사장을 증거하는 장입니다.
제사장의 직임이 백성들의 죄를 위하여 제사를 드리고 백성들의 죄를 위하여 기도를 하는 것입니다. 그러므로 백성들의 죄를 위하여 제사를 드리고, 백성들의 죄를 위해 기도를 쉬는 죄를 범치 않겠다고 한 사무엘이 제사장입니다.
그러므로 예수 그리스도께서도 백성들의 죄를 위해 자신의 몸을 드려 단번에 영원한 제사를 드리시고 항상 살아서 우리의 죄를 위해 간구하시기에 분명히 영원한 제사장이십니다.

3. 백성들을 다스리는 사무엘

삼상 7:15 사무엘이 사는 날 동안에 **이스라엘을 다스렸으되**
삼상 7:16 해마다 벧엘과 길갈과 미스바로 순회하여

그 모든 곳에서 이스라엘을 다스렸고
삼상 7:17 라마로 돌아왔으니 이는 거기 자기 집이 있음이라
거기서도 이스라엘을 다스렸으며
또 거기 여호와를 위하여 단을 쌓았더라

사무엘이 사는 날 동안에 해마다 벧엘과 길갈과 미스바로 순회하여 그 모든 곳에서 이스라엘을 다스렸고 라마에서도 이스라엘을 다스렸습니다. 그러면 다스리는 것은 무엇을 말할까요?

창 36:31 이스라엘 자손을 다스리는 왕이 있기 전에
에돔 땅을 다스리는 왕이 이러하니라

다스리는 것은 왕권을 말하는 것입니다. 사무엘이 해마다 벧엘과 길갈과 미스바로 순회하여 그 모든 곳에서 이스라엘을 다스렸고 라마에서도 이스라엘을 다스렸습니다. 그래서 사무엘이 이스라엘을 다스린 것은 왕권을 말합니다.

마 2:2 유대인의 왕으로 나신 이가 어디 계시뇨
우리가 동방에서 그의 별을 보고 그에게 경배하러 왔노라 하니

예수께서 베들레헴에서 태어나셨을 때 동방 박사들이 예루살렘에 찾아와 유대인의 왕으로 나신 이가 어디 계시냐고 물었습니다. 그러므로 초림으로 오신 예수 그리스도께서는 왕이십니다.

마 21:5 시온 딸에게 이르기를 **네 왕이 네게 임하나니** 그는 겸손하여
나귀 곧 멍에 메는 짐승의 새끼를 탔도다 하라 하였느니라
눅 19:38 가로되 찬송하리로다 **주의 이름으로 오시는 왕이여**
하늘에는 평화요 가장 높은 곳에는 영광이로다 하니
요 12:13 종려나무 가지를 가지고 맞으러 나가 외치되
호산나 찬송하리로다 주의 이름으로 오시는 이

곧 **이스라엘의 왕이시여** 하더라

예수께서 나귀타고 예루살렘에 입성하실 때 왕이 네게 임하나니 주의 이름으로 오시는 왕이여 이스라엘의 왕이시여 라고 하였습니다. 그래서 초림으로 오신 예수께서 분명히 왕이십니다.

요 18:37(상) 빌라도가 가로되 그러면 **네가 왕이 아니냐**
예수께서 대답하시되 네 말과 같이 **내가 왕이니라**

빌라도가 예수께 네가 유대인의 왕이 아니냐고 묻자 예수께서 단호하게 내가 유대인의 왕이라고 대답하였습니다.

요 19:14 이 날은 유월절의 예비일이요 때는 제 육시라
빌라도가 유대인들에게 이르되 보라 너희 왕이로다

예수께서 유대인의 왕이라는 것을 알고 있는 빌라도는 십자가에 못박힐 예수를 보고 유대인들에게 보라 너희 왕이라고 말합니다.

요 19:19 빌라도가 패를 써서 십자가 위에 붙이니
나사렛 예수 유대인의 왕이라 기록되었더라

예수께서 유대인의 왕이라는 것을 알고 있는 빌라도는 예수를 못박은 십자가에 '나사렛 예수 유대인의 왕' 이라고 패를 써서 붙여 놓았습니다.

요 19:21 유대인의 대제사장들이 빌라도에게 이르되
유대인의 왕이라 말고 자칭 유대인의 왕이라 쓰라 하니
요 19:22 빌라도가 대답하되 **나의 쓸 것을 썼다** 하니라

유대인의 왕이라 말고 자칭 유대인의 왕이라고 쓰라는 대제사장들

의 말에 빌라도는 나의 쓸 것을 썼다고 합니다. 그러므로 초림으로 오신 예수께서 분명히 왕이십니다.

마 16:27 인자가 아버지의 영광으로 그 천사들과 함께 오리니
그 때에 각 사람의 행한대로 갚으리라
마 16:28 진실로 너희에게 이르노니 여기 섰는 사람 중에 죽기 전에
인자가 그 왕권을 가지고 오는 것을 볼 자들도 있느니라

재림의 주님은 왕권을 가지고 오시어 온 세상을 다스리십니다.

계 17:14 저희가 어린 양으로 더불어 싸우려니와 **어린 양은**
만주의 주시오 만왕의 왕이시므로 저희를 이기실 터이요
또 그와 함께 있는 자들 **곧 부르심을 입고 빼내심을 얻고**
진실한 자들은 이기리로다

예수께서 천사장의 나팔소리와 함께 만왕의 왕, 만주의 주로 재림하시며 영원한 하늘나라에서도 만왕의 왕, 만주의 주로 영원히 계십니다.

사무엘이 선지자, 제사장으로 이스라엘 백성들을 다스린 것은 초림으로 오실 예수 그리스도께서 선지자, 제사장, 왕으로 오실 것을 증거한 것입니다.

사랑하는 성도 여러분!
십자가의 죽음을 통해 우리를 거듭나게 하신 주님은 우리를 왕 같은 제사장으로 세웠습니다.
그래서 성경은 온 세상을 향해 이렇게 증거합니다.

벧전 2:9 오직 너희는 택하신 족속이요
왕 같은 제사장들이요 거룩한 나라요 그의 소유된 백성이니

이는 너희를 어두운데서 불러 내어 그의 기이한 빛에
들어가게 하신 자의 아름다운 덕을 선전하게 하려 하심이라

계 5:10 저희로 우리 하나님 앞에서 나라와 제사장을 삼으셨으니
저희가 땅에서 왕 노릇하리로다 하더라

우리는 선지자요, 제사장이요, 왕이신 예수 그리스도를 통해 왕 같은 제사장으로 세움을 입어 왕 노릇 하게 될 것입니다.

Point	사무엘의 말이 다 이루어짐으로 선지자인 것은 예수께서 하신 말씀이 천지가 변해도 다 이루어지기 때문에 선지자임을 증거하신 것이다. 사무엘이 백성들의 죄를 위해 제사를 드리고 백성들의 죄를 위해 기도를 쉬는 죄를 범하지 않겠다고 한 것은 예수께서 백성들의 죄를 위해 자신의 몸을 드려 단번에 영원한 제사를 드리시고 항상 살아서 우리의 죄를 위해 간구하시는 제사장이심을 증거한 것이다. 사무엘이 이스라엘 백성을 다스린 것은 초림으로 오신 예수께서 유대인의 왕으로 오셨고 천사장의 나팔소리로 재림하실 예수께서도 영원한 하늘나라에서 만왕의 왕, 만주의 주로 영원히 계실 것을 증거한 것이다.

11
골리앗을 죽인 다윗

사무엘상 17:34~36

삼상 17:34 다윗이 사울에게 고하되 주의 종이 아비의 양을
지킬 때에 사자나 곰이 와서 양떼에서 새끼를 움키면
35 내가 따라가서 그것을 치고 그 입에서 새끼를 건져
내었고 그것이 일어나 나를 해하고자 하면 내가 그 수
염을 잡고 그것을 쳐 죽였었나이다 36 주의 종이 사자
와 곰도 쳤은즉 사시는 하나님의 군대를 모욕한 이 할
례 없는 블레셋 사람이리이까 그가 그 짐승의 하나와
같이 되리이다

Key	뜨인 돌로 단번에 골리앗을 쳐 죽이고 이스라엘을 구원한 하나님의 마음에 합한 다윗은 어떻게 예수 그리스도를 증거하는가?

블레셋의 골리앗이 하나님의 군대인 이스라엘 군대를 마음껏 모욕하고 있을 때, 아버지의 보냄으로 형들에게 갔던 다윗이 하나님의 군대를 모욕하는 골리앗과 싸우겠다고 자원을 하였습니다.
골리앗과 싸우겠다는 다윗의 말에 사울 왕은 너의 용기는 좋다마는 너는 골리앗과 싸우기에 능치 못한 어린 소년이요 골리앗은 어려서부터 훈련받은 군인이라고 하며 다윗을 만류하였습니다.

그러자 다윗이 사울 왕에게 왕이여 내가 아비의 양을 지킬 때에 사자나 곰이 와서 양떼에서 새끼를 움키면 내가 따라가서 그것을 치고 그 입에서 새끼를 건져 내었습니다. 사자가 나를 해하고자 하면 내가 그 수염을 잡고 그것을 쳐 죽였습니다. 내가 사자와 곰도 쳤은 즉 사시는 하나님의 군대를 모욕한 이 할례 없는 블레셋 사람을 능히 이길 수 있습니다. 대적 골리앗은 내가 죽인 짐승의 하나와 같이 내 손에 죽을 것입니다 라고 대답합니다.

다윗은 아버지의 양을 기를 때에 사자나 곰이 와서 양떼에서 새끼를 움키면 끝까지 따라가서 사자나 곰을 치고 그 입에서 건져냈습니다. 다윗은 아버지의 양들을 칠 때, 목숨을 걸고 아버지의 양을 지켰습니다.

요 5:39 너희가 성경에서 영생을 얻는줄 생각하고
성경을 상고하거니와
이 성경이 곧 내게 대하여 증거하는 것이로다

주님은 이 성경이 곧 내게 대하여 증거하는 것이라고 분명히 말씀하고 있지요?
오늘은 "골리앗을 죽인 다윗" 을 통해 하나님의 구원의 확증인 예수 그리스도 만나게 될 것입니다.

1. 만군의 여호와의 이름으로 대적자를 죽이러 가는 다윗

삼상 17:45 다윗이 블레셋 사람에게 이르되
너는 칼과 창과 단창으로 내게 오거니와
나는 만군의 여호와의 이름
곧 네가 모욕하는 이스라엘 군대의
하나님의 이름으로 네게 가노라

다윗이 하나님의 이름을 모욕한 골리앗을 죽이러 갈 때 만군의 여호와의 이름, 곧 이스라엘 군대의 하나님의 이름으로 갔습니다.

다윗-דָּוִד〈다위드〉 ❶ 다윗 (David)
다위드 라는 말은 두목(우두머리), 가장 사랑받는 자라는 뜻입니다.

두목(우두머리)인 다윗이 만군의 여호와의 이름을 모욕하는 골리앗을 죽이러 갔습니다. 그러면 골리앗을 죽이러 간 우두머리인 다윗은 무엇을 말할까요?

골 1:15 그는 보이지 아니하시는 하나님의 형상이요
모든 창조물보다 먼저 나신 자니
골 1:16 만물이 그에게 창조되되 하늘과 땅에서 보이는 것들과
보이지 않는 것들과 혹은 보좌들이나 주관들이나
정사들이나 권세들이나 만물이 다 그로 말미암고
그를 위하여 창조되었고

골 1:17 또한 그가 만물보다 먼저 계시고 만물이 그 안에 함께 섰느니라
골 1:18 **그는 몸인 교회의 머리라 그가 근본이요** 죽은 자들 가운데서 먼저 나신 자니 **이는 친히 만물의 으뜸이 되려 하심이요**

초림으로 오신 주님은 보이지 아니하시는 하나님의 형상이요 모든 창조물보다 먼저 나신 분이시므로 우두머리시며 하나님의 본체로서 만물이 다 그로 말미암아 창조되었으니 만물의 우두머리입니다.

그리고 초림으로 오신 주님은 보좌들이나 주관들이나 정사들이나 권세들이나 만물이 다 그로 말미암고 그를 위하여 창조되었으니 우두머리입니다. 그는 교회의 머리요 그가 근본이시니 우두머리입니다.

골 2:10(하) 그는 **모든 정사와 권세의 머리시라**

초림으로 오신 주님은 모든 정사와 권세의 머리시니 우두머리이십니다.

계 1:5(상) 또 충성된 증인으로 죽은 자들 가운데서 먼저 나시고 **땅의 임금들의 머리가 되신 예수 그리스도**로 말미암아 은혜와 평강이 너희에게 있기를 원하노라

예수 그리스도는 땅의 임금들의 머리가 되셨으니 머리 중의 머리이신 우두머리입니다. 그러므로 골리앗을 죽여 이스라엘을 구원한 우두머리인 다윗은 분명히 예수 그리스도를 예표하고 있는 것입니다.

다윗의 이름의 뜻은 가장 사랑 받는 자라는 뜻입니다.

마 3:17 하늘로서 소리가 있어 말씀하시되 **이는 내 사랑하는 아들이요 내 기뻐하는 자라 하시니라**

사랑하는 아들이요 기뻐하는 자이시기에 초림으로 오신 주님은 가

장 사랑받는 자인 것입니다. 우두머리이며 가장 사랑받는 자인 다윗이 만군의 여호와의 이름을 모욕하는 골리앗을 죽이기 위해 나아갔으므로 머리 중의 머리인 우두머리이시며 가장 사랑받는 주님이 만군의 여호와의 이름을 모욕하는 자를 죽이기 위해 나아가야 하는 것입니다.

마 21:9 앞에서 가고 뒤에서 따르는 무리가 소리 질러 가로되
호산나 다윗의 자손이여 찬송하리로다
주의 이름으로 오시는이여 가장 높은 곳에서 호산나 하더라

예수 그리스도께서 십자가를 지시기 위해 예루살렘에 입성하실 때 주의 이름으로 오셨습니다. 여기서 주의 이름은 만군의 여호와의 이름을 말씀하는 것이므로 예수 그리스도께서 세상 임금을 멸해 버리기 위해 예루살렘에 입성하실 때 만군의 여호와, 곧 주의 이름으로 오신 것입니다.

우두머리요 가장 사랑 받는 자인 다윗은 하나님을 모욕하는 골리앗을 죽이러 갈 때 만군의 여호와의 이름으로 갔습니다.

그래서 주님은 이 성경이 내게 대하여 증거하는 것이라고 말씀하신 것입니다.

2. 뜨인 돌로 하나님을 대적하는 자를 멸해버린 다윗

삼상 17:48 블레셋 사람이 일어나 다윗에게로 마주 가까이 올 때에
다윗이 블레셋 사람에게로 마주 그 항오를 향하여
빨리 달리며
삼상 17:49 손을 주머니에 넣어 돌을 취하여 물매로 던져
블레셋 사람의 이마를 치매

돌이 그 이마에 박히니 땅에 엎드러지니라

골리앗을 죽이기 위해 달리던 다윗이 손을 주머니에 넣어 돌을 취하여 달려오는 골리앗을 향해 물매로 돌을 던졌습니다. 다윗이 던진 돌이 쏜살같이 날아가 골리앗의 이마에 정확히 맞았고 이마에 박혔습니다. 다윗이 던진 돌에 맞은 골리앗은 거친 숨을 내쉬며 고목나무 쓰러지듯 쓰러졌습니다.

삼상 17:50 다윗이 이같이 물매와 돌로 블레셋 사람을 이기고
그를 쳐 죽였으나 자기 손에는 칼이 없었더라

우두머리요 가장 사랑 받는 자인 다윗이 만군의 여호와의 이름을 모욕한 골리앗을 칼과 창으로 죽인 것이 아닙니다. 그렇게 큰소리치며 만군의 여호와의 이름을 모욕하던 골리앗은 우두머리요 가장 사랑 받는 자인 다윗이 던진 뜨인 돌 한방에 죽었습니다.

요 12:31 이제 이 세상의 심판이 이르렀으니
이 세상 임금이 쫓겨나리라
요 12:32 내가 땅에서 들리면 모든 사람을 내게로 이끌겠노라 하시니
요 12:33 이렇게 말씀하심은
자기가 어떠한 죽음으로 죽을 것을 보이심이라

주님께서 이제 이 세상의 심판이 이르렀으니 이 세상 임금이 쫓겨나리라 내가 땅에서 들리면 모든 사람을 내게로 이끌겠노라 이렇게 말씀하심은 자기가 어떠한 죽음으로 죽을 것을 보이심이라고 하셨습니다.

만군의 여호와의 이름을 모욕하던 골리앗이 우두머리요 가장 사랑 받는 자인 다윗의 칼과 창이 아닌 그가 던진 뜨인 돌에 의해 멸망을 당했습니다.

이것은 우두머리요 가장 사랑 받는 자인 예수께서 십자가에 못 박히시므로 뜨인 돌이 되시어 세상 임금에게 멸망을 선포하신 것입니다. 그래서 성경은 십자가에 못 박히시므로 뜨인 돌 되시어 세상 임금인 마귀를 멸하시는 예수 그리스도에 대해 이렇게 증거하고 있습니다.

> **요일 3:8(하)** 하나님의 아들이 나타나신 것은
> **마귀의 일을 멸하려 하심이라**

3. 뜨인 돌로 대적하는 자를 멸하여 이스라엘의 구원자가 된다

> **삼상 17:47 또 여호와의 구원하심이 칼과 창에 있지 아니함을**
> **이 무리로 알게 하리라** 전쟁은 여호와께 속한 것인즉
> 그가 너희를 우리 손에 붙이시리라

우두머리요 가장 사랑받는 자인 다윗이 여호와의 이름을 모욕하는 골리앗을 죽여 여호와의 구원하심이 칼과 창에 있지 아니함을 보여주겠다고 말합니다.

만물의 우두머리요 하나님의 가장 사랑받는 주님께서 십자가의 죽음을 통해 사단을 멸하시고 멸망 가운데 있는 인간을 구원하실 것에 대해 이렇게 말씀하셨습니다.

> **요12:31 이제 이 세상의 심판이 이르렀으니**
> **이 세상 임금이 쫓겨나리라**
> 요12:32 **내가 땅에서 들리면 모든 사람을 내게로 이끌겠노라 하시니**
> 요12:33 이렇게 말씀하심은
> **자기가 어떠한 죽음으로 죽을 것을 보이심이라**

만물의 우두머리요 하나님의 가장 사랑받는 주님께서 십자가에 못 박히시므로 뜨인 돌이 되시어 마귀를 멸하고 우리를 구원하셨습니다.

그래서 우두머리요 가장 사랑받는 다윗이 뜨인 돌을 통해 여호와의 구원하심이 칼과 창에 있지 아니함을 보여 주었고 우두머리요 가장 사랑받는 예수께서 십자가에 못 박히시므로 뜨인 돌 되셔서 하나님의 구원하심이 칼과 창에 있지 아니함을 보여 주셨던 것입니다.

4. 대적하는 자를 멸하는 구원자는 하나님의 마음에 합한 자이다

행 13:22 폐하시고 다윗을 왕으로 세우시고 증거하여 가라사대
내가 이새의 아들 다윗을 만나니 내 마음에 합한 사람이라
내 뜻을 다 이루게 하리라 하시더니
행 13:23 하나님이 약속하신대로 **이 사람의 씨에서**
이스라엘을 위하여 구주를 세우셨으니 곧 예수라

내가 이새의 아들 다윗을 만나니 내 마음에 합한 사람이라 내 뜻을 다 이루게 하리라고 하셨고 하나님이 약속하신대로 이 사람의 씨에서 이스라엘을 위하여 구주를 세우셨으니 곧 예수라고 하였습니다.

그러므로 초림으로 오신 예수 그리스도께서 하나님의 마음에 합한 자로서 하나님의 가장 사랑 받는 자입니다. 근본 하나님의 본체시나 하나님과 동등됨을 취할 것으로 여기지 아니하시며 하늘 보좌를 버리시고 자기를 낮추어 사람의 모양으로 오셔서 십자가에 죽기까지 복종하신 예수 그리스도가 하나님의 마음에 합한 자입니다. 그래서 하나님은 예수 그리스도를 통해서 하나님의 뜻을 다 이루십니다.

그러면 예수 그리스도를 통해서 다 이루실 하나님의 뜻은 무엇일까요?

마 18:14 이와 같이 이 소자 중에 하나라도 잃어지는 것은
하늘에 계신 너희 아버지의 뜻이 아니니라

하나님의 뜻은 한 사람도 지옥에 가지 않는 것입니다.

요 6:39 나를 보내신 이의 뜻을 행하려 함이니라
나를 보내신 이의 뜻은 내게 주신 자 중에
내가 하나도 잃어버리지 아니하고
마지막 날에 다시 살리는 이것이니라

초림의 주님은 아버지의 뜻을 행하러 오셨기 때문에 아버지께서 주신 자 중에 하나도 잃어버리지 않고 마지막 날에 다시 살리십니다. 그래서 다윗은 아버지의 양을 기를 때에 사자나 곰이 와서 양에서 새끼를 움키면 끝까지 따라가서 사자나 곰을 치고 그 입에서 건져 냈다고 말한 것입니다.

눅 22:41 저희를 떠나 돌 던질만큼 가서 무릎을 꿇고 기도하여
눅 22:42 가라사대 **아버지여 만일 아버지의 뜻이어든**
이 잔을 내게서 옮기시옵소서 그러나 내 원대로 마옵시고
아버지의 원대로 되기를 원하나이다 하시니
눅 22:43 사자가 하늘로부터 예수께 나타나 힘을 돕더라

아버지여, 만일 아버지의 뜻이어든 이 잔을 내게서 옮기시옵소서 그러나 내 원대로 마옵시고 아버지의 원대로 되기를 원하나이다 라고 기도하신 후 예수 그리스도께서 십자가에 못 박혀 죽으셨습니다.

그러므로 우두머리요 가장 사랑하는 자인 예수께서 십자가에 못 박혀 죽으시는 것이 하나님의 아버지의 뜻이었습니다. 예수 그리스도

는 아버지께서 맡겨 주신 자 중에 한 사람도 지옥가지 않기를 원하시는 아버지의 뜻을 이루기 위해 십자가에 못 박혀 죽으셨습니다.

행13:22~23절을 다시 봅니다.

> **행 13:22** 폐하시고 다윗을 왕으로 세우시고 증거하여 가라사대
> **내가 이새의 아들 다윗을 만나니 내 마음에 합한 사람이라**
> 내 뜻을 다 이루게 하리라 하시더니
> 행 13:23 하나님이 약속하신대로 **이 사람의 씨에서**
> **이스라엘을 위하여 구주를 세우셨으니 곧 예수라**

우두머리요 가장 사랑하는 자인 예수께서 십자가에 못 박혀 죽으심으로 하나님의 뜻을 다 이루시지요?

> **요 19:30** 예수께서 신 포도주를 받으신 후 가라사대
> **다 이루었다 하시고 머리를 숙이시고 영혼이 돌아가시니라**

우두머리요 가장 사랑받는 예수께서 십자가에 못박혀 죽으심으로 하나님 아버지의 뜻을 다 이룹니다. 그래서 다 이루었다고 하시며 머리를 숙이시고 영혼이 돌아가신 것입니다.

사랑하는 성노 여러분!
우두머리요 가장 사랑하는 자인 다윗은 골리앗과 싸울 때 여호와의 구원하심이 칼과 창에 있지 아니함을 이 무리로 알게 하겠다고 외치며 뜨인 돌로 하나님을 대적하는 자인 골리앗을 멸하여 이스라엘을 구원함으로 하나님의 마음에 합한 자가 되었던 것입니다.

우두머리요 가장 사랑하는 자인 예수께서 십자가에 못 박혀 죽으심으로 뜨인 돌이 되시어 하나님을 대적하고 세상 임금 노릇하는 사

단을 멸하고 이스라엘을 구원함으로 하나님의 뜻을 다 이룬 하나님의 마음에 합한 자이셨습니다.

그래서 주님은 이 성경이 내게 대하여 증거하신 것이라고 하셨고 모세와 모든 선지자들이 내게 대하여 증거했다고 말씀하신 것입니다.

Point	만군의 여호와의 이름을 모욕하던 골리앗이 우두머리요 가장 사랑받는 자인 다윗이 던진 뜨인 돌에 의해 멸망당한 것은 만물의 우두머리로서 하나님의 마음에 합한 자이며 가장 사랑받는 자인 예수께서 십자가에 못 박혀 뜨인 돌이 되셔서 지극히 높으신 하나님과 비기겠다고 하나님을 모욕하고 세상 임금 노릇하는 사단을 멸해버리고 멸망가운데 있는 인간을 구원하실 것을 증거하신 것이다.

12

아브라함과 이삭

창세기 22:9~12

창 22:9 하나님이 그에게 지시하신 곳에 이른지라 이에
아브라함이 그곳에 단을 쌓고 나무를 벌여놓고 그
아들 이삭을 결박하여 단 나무 위에 놓고 10 손을
내밀어 칼을 잡고 그 아들을 잡으려 하더니 11 여
호와의 사자가 하늘에서부터 그를 불러 가라사대
아브라함아 아브라함아 하시는지라 아브라함이 가
로되 내가 여기 있나이다 하매 12 사자가 가라사대
그 아이에게 네 손을 대지 말라 아무 일도 그에게
하지 말라 네가 네 아들 네 독자라도 내게 아끼지
아니하였으니 내가 이제야 네가 하나님을 경외하는
줄을 아노라

Key	아브라함이 독자 이삭을 아끼지 아니하고 하나님께 드렸다가 죽은 자 가운데서 다시 받은 것은 무엇을 말하는가?

여호와께서 아브라함에게 너의 사랑하는 독자 이삭을 데리고 모리아 땅으로 가서 내가 지시하는 산에서 이삭을 번제로 드리라고 하셨습니다. 아브라함은 하나님의 말씀대로 모리아 땅으로 가 그 곳에 단을 쌓고 나무를 벌여놓고 이삭을 결박하여 단 나무 위에 놓고 손을 내밀어 칼을 잡고 그 아들을 잡으려 하였습니다.

그때 여호와의 사자가 하늘에서부터 아브라함을 불러 그 아이에게 네 손을 대지 말라 아무 일도 그에게 하지 말라 네가 네 아들 네 독자라도 내게 아끼지 아니하였으니 내가 이제야 네가 하나님을 경외하는 줄을 아노라고 하였습니다.
아브라함은 하나님의 말씀대로 이삭을 결박하여 번제로 드렸습니다.
이삭은 자신을 결박하여 하나님께 드리려는 아버지의 뜻대로 번제로 드려졌습니다.

"아브라함과 이삭을 통해 증거된 예수 그리스도" 라는 제목의 말씀을 들으심으로 우리의 유일한 구원자이신 예수 그리스도를 만나는 복된 시간이 될 줄로 믿습니다.

1. 아들을 아끼지 아니하고 드린 아브라함은 무엇을 말할까요?

창 22:12 사자가 가라사대 그 아이에게 네 손을 대지 말라
아무 일도 그에게 하지 말라
네가 네 아들 네 독자라도 내게 아끼지 아니하였으니
내가 이제야 네가 하나님을 경외하는 줄을 아노라

아브라함이 이삭을 결박하여 단 나무 위에 놓고 이삭을 잡기위해 칼을 들어 내려치려는 순간 여호와의 사자가 아브라함아 아브라함아 그 아이에게 네 손을 대지 말라 아무 일도 그에게 하지 말라 네가 네 아들 네 독자라도 내게 아끼지 아니하였으니 내가 이제야 네가 하나님을 경외하는 줄을 아노라고 말했습니다.

아브라함이 100세에 낳은 독자 이삭을 아끼지 아니하고 드린 것은 무엇을 말씀하시기 위한 것이었을까요?

롬 8:29 하나님이 미리 아신 자들로
또한 그 아들의 형상을 본받게 하기 위하여 미리 정하셨으니
이는 그로 많은 형제 중에서 맏아들이 되게 하려 하심이니라
롬 8:30 또 미리 정하신 그들을 또한 부르시고 부르신 그들을 또한
의롭다 하시고 의롭다하신 그들을 또한 영화롭게 하셨느니라

하나님이 미리 아신 자들로 그 아들의 형상을 본받게 하기 위하여 미리 정하셨는데 이는 예수 그리스도로 많은 형제 중에서 맏아들이 되게 하려 하심이었습니다.

그리고 하나님께서 미리 정하신 그들을 부르시고 부르신 그들을 의롭다 하시고 의롭다 하신 그들을 또한 영화롭게 하셨습니다.

롬 8:31 그런즉 이 일에 대하여 우리가 무슨 말 하리요
만일 하나님이 우리를 위하시면 누가 우리를 대적하리요

하나님이 우리를 구원하시기로 미리 정하시고 죄 용서하시기로 미리 정하시고 미리 정하신 그들을 부르시고 부르신 그들을 의롭다 하시고 의롭다 하신 그들을 또한 영화롭게 하신 이 일에 대하여 우리가 무슨 말 하리요 하나님이 우리를 위하시면 누가 우리를 대적

하리요 라고 말합니다.

롬 8:32 자기 아들을 아끼지 아니하시고
우리 모든 사람을 위하여 **내어 주신 이가**
어찌 그 아들과 함께
모든 것을 우리에게 은사로 주지 아니하시겠느뇨

하나님이 우리를 구원하시기 위해 하나님의 아들 예수 그리스도를 아끼지 아니하고 내어주셨습니다.

행 2:23 그가 하나님의 정하신 뜻과
미리 아신대로 내어 준 바 되었거늘
너희가 법 없는 자들의 손을 빌어 못 박아 죽였으나

하나님이 정하신 뜻과 미리 아신대로 예수 그리스도를 아끼지 아니하시고 내어준 바 되었습니다.

롬 4:25 예수는 우리 범죄함을 위하여 **내어줌이 되고**
또한 우리를 의롭다 하심을 위하여 **살아 나셨느니라**

아브라함이 독자 이삭을 아끼지 아니하고 하나님께 드린 것은 하나님이 우리를 구원하시기 위해 예수 그리스도를 아끼지 아니하고 내어 주실 것을 말씀하신 것입니다.

2. 자기 목숨을 아끼지 아니한 이삭은 무엇을 말할까요?

창 22:12 사자가 가라사대 그 아이에게 네 손을 대지 말라
아무 일도 그에게 하지 말라 네가
네 아들 네 독자라도 내게 아끼지 아니하였으니
내가 이제야 네가 하나님을 경외하는 줄을 아노라

아브라함은 독자 이삭을 아끼지 아니하고 하나님께 드렸습니다. 그러면 이삭은 하나님께 무엇을 드린 것인가요?

요 10:14 나는 선한 목자라 내가 내 양을 알고 양도 나를 아는 것이
요 10:15 아버지께서 **나를 아시고** 내가 아버지를 아는 것 같으니
나는 양을 위하여 목숨을 버리노라

주님은 선한 목자로서 양들을 위하여 목숨을 버린다고 하셨습니다.

요일 3:16 그가 우리를 위하여 목숨을 버리셨으니
우리가 이로써 사랑을 알고
우리도 형제들을 위하여 목숨을 버리는 것이 마땅하니라

주님은 선한 목자로서 우리를 위하여 목숨을 버리셨습니다.

엡 5:2 그리스도께서 너희를 사랑하신 것 같이
너희도 사랑 가운데서 행하라
그는 우리를 위하여 자신을 버리사
향기로운 제물과 생축으로 하나님께 드리셨느니라

그리스도께서 우리를 위하여 자신을 버리사 향기로운 제물과 생축으로 하나님께 드리셨다고 했습니다.

갈 2:20 내가 그리스도와 함께 십자가에 못 박혔나니
그런즉 이제는 내가 산 것이 아니요
오직 내 안에 그리스도께서 사신 것이라
이제 내가 육체 가운데 사는 것은 나를 사랑하사
나를 위하여 자기 몸을 버리신
하나님의 아들을 믿는 믿음 안에서 사는 것이라

아브라함이 독자 이삭을 아끼지 아니하고 내어 주었던 것처럼 하나님은 독생자 예수 그리스도를 아끼지 아니하고 내어 주셨습니다.

아브라함이 이삭을 아끼지 아니하고 내어주자 이삭은 생축이 되어 목숨(몸)을 버리고 결박되어 번제 단 위에 올려 졌습니다. 하나님이 독생자 예수를 아끼지 아니하고 내어주자 예수 그리스도는 생축이 되어 선한 목자로서 양들을 위하여 목숨(몸)을 버리셨습니다.

3.아들을 아끼지 아니한 아브라함과 자신의 목숨을 버린 이삭

히 11:18 저에게 이미 말씀하시기를 네 자손이라 칭할 자는 **이삭으로 말미암으리라 하셨으니**
히 11:19 저가 하나님이 능히 죽은 자 가운데서 다시 살리실 줄로 생각한지라 비유컨대 **죽은 자 가운데서 도로 받은 것이니라**

하나님이 아브라함에게 이삭을 번제로 드리라고 하셨을 때 아브라함은 하나님이 능히 죽은 자 가운데서 다시 살리실 줄로 생각했습니다.
이삭은 실제로는 죽지 않았지만 결박되어 나무위에 올려졌기 때문에 모형적으로는 죽은 것입니다. 이삭은 예수 그리스도의 모형이며 예표이기 때문에 모형적으로 죽어야지 실제로 죽었다 살아날 수가 없는 것입니다. 그래서 죽은 자 가운데서 도로 받은 것이라고 하였습니다. 그러나 예수 그리스도는 모형이 아니고 실체이기 때문에 죽었다가 살아나는 것입니다.

행 13:30 하나님이 죽은 자 가운데서 저를 살리신지라

하나님은 인류의 죄를 위하여 아들 예수 그리스도를 아끼지 아니하고 내어 주셨으며 그 아들을 죽은 자 가운데서 살리셨습니다.

이삭은 예수 그리스도의 모형이었기 때문에 비유컨대 죽은 자 가운데서 도로 받은 것이고 예수 그리스도는 실체이기 때문에 죽은 자

가운데서 실제로 살아 나셨습니다.

요 10:17 **아버지께서 나를 사랑하시는 것은**
내가 다시 목숨을 얻기 위하여 목숨을 버림이라
요 10:18 이를 내게서 빼앗는 자가 있는 것이 아니라
내가 스스로 버리노라
나는 버릴 권세도 있고 다시 얻을 권세도 있으니
이 계명은 내 아버지에게서 받았노라 하시니라

아브라함은 독자를 아끼지 않고 드렸으며 이삭은 자기 목숨을 아끼지 않고 아버지의 뜻대로 버렸습니다. 하나님은 독생자를 아끼지 아니하고 내어 주셨으며 예수 그리스도는 자기 목숨을 아끼지 않고 아버지의 뜻대로 버렸습니다. 아멘!

독자를 아끼지 않고 드림으로 죽은 자 가운데서 독자 이삭을 다시 받은 아브라함 !
자기 목숨을 아끼지 않고 드림으로 죽지 않고 다시 사는 이삭 !
독생자를 아끼지 아니하고 십자가에 내어주심으로 온 인류의 죄를 사하시고 죽은 자 가운데서 예수 그리스도를 살려내시는 하나님 !
자기 목숨을 아끼지 않고 드려 십자가에 못 박혀 죽음으로 온 인류의 죄를 사하시고 삼일 만에 부활하사 죽은 자 가운데서 다시 사신 예수 그리스도!

사랑하는 성도 여러분!
아브라함은 독자를 아끼지 않고 드림으로 죽은 자 가운데서 독자 이삭을 다시 받았습니다. 이삭은 아버지의 뜻대로 자기 목숨을 아끼지 않고 드림으로 죽지 않고 다시 살았습니다.

하나님은 독생자를 아끼지 아니하고 십자가에 내어주심으로 온 인

류의 죄를 사하시고 죽은 자 가운데서 예수 그리스도를 살려내셨습니다.
예수 그리스도는 아버지의 뜻대로 자기 목숨을 아끼지 않고 드려 십자가에 못 박혀 죽음으로 온 인류의 죄를 사하시고 삼일 만에 부활하사 죽은 자 가운데서 다시 살아 나셨습니다.

그러므로 하나님은 아브라함과 독자 이삭을 통해 하나님과 독생자 예수 그리스도를 통한 십자가의 복음을 정확히 증거하셨습니다.

Point	아브라함이 독자를 아끼지 않고 드리며 이삭이 자기 목숨을 아끼지 않고 아버지 뜻대로 버린 것은 독생자를 아끼지 아니하고 십자가에 내어 주심으로 온 인류의 죄를 사하고 죽은 자 가운데서 예수 그리스도를 살려내는 하나님과 자기 목숨을 아끼지 않고 드려 십자가에 못 박혀 죽음으로 온 인류의 죄를 사하시고 사흘 만에 부활하사 죽은 자 가운데서 다시 사신 예수 그리스도를 증거하신 것이다.

13

숨겨져 양육된 모세

출애굽기2:1~2 히브리서11:23

출 2:1 레위 족속중 한 사람이 가서 레위 여자에게 장가
들었더니 2 그 여자가 잉태하여 아들을 낳아 그
준수함을 보고 그를 석달을 숨겼더니
히 11:23 믿음으로 모세가 났을 때에 그 부모가 아름다운
아이임을 보고 석달 동안 숨겨 임금의 명령을 무
서워 아니하였으며

Key	모세가 숨겨져 양육되었다가 이스라엘의 지도자가 되었고 요아스가 여호세바에게 숨겨 양육되다가 후일 남왕국 유다의 왕이 된 것은 무엇을 말하는가?

형제들의 미움으로 애굽에 팔렸던 요셉이 애굽의 총리가 되어 기근으로 죽어가던 형제들을 애굽으로 이주시켰습니다. 세월이 지나 요셉과 그 시대의 모든 사람들은 다 죽었고 이스라엘 백성들은 생육이 중다하고 번식하고 창성하고 심히 강대하여 온 땅에 가득하였습니다.

그때 요셉을 알지 못하는 새 왕이 등장하여 이스라엘 백성들의 번성을 두려워하여 학대하기 시작하였으며 이스라엘 백성들은 학대를 받을수록 더욱 번성하고 창성해 갔습니다. 급기야 요셉을 알지 못하는 애굽 왕은 이스라엘 중에 아들이 태어나면 죽이라는 유아학살 명령을 내렸습니다. 그 무렵 모세가 태어났는데 그 부모가 석 달을 숨겨서 키웠습니다.

사랑하는 성도 여러분!
이스라엘의 영도자가 될 모세가 숨겨져 양육되었지요?
그러므로 숨겨져 양육되는 하나님의 복음의 세계가 있습니다. 모든 성경이 예수 그리스도를 증거하니 숨겨져 양육되어 이스라엘의 영도자가 된 모세를 통해서도 예수 그리스도를 증거하고 있는 것입니다.
오늘은 "숨겨져 양육된 모세" 를 통해 하나님의 구원의 비밀인 예수 그리스도를 확증 받게 될 줄로 믿습니다.

1. 숨겨져 양육된 모세를 통해 증거된 예수 그리스도

출 2:1 레위 족속 중 한 사람이 가서 레위 여자에게 장가 들었더니

출 2:2 그 여자가 잉태하여 **아들을 낳아 그 준수함을 보고**
그를 석달을 숨겼더니

레위 족속 중 한 사람이 레위 여자에게 장가 들었더니 그 여자가 잉태하여 아들을 낳아 그 준수함을 보고 석 달을 숨겼습니다.

히 11:23 믿음으로 모세가 났을 때에
그 부모가 아름다운 아이임을 보고 석달 동안 숨겨
임금의 명령을 무서워 아니하였으며

모세가 났을 때에 임금의 명령을 무서워 아니하고 그 부모가 석달 동안 숨겼습니다. 그러므로 숨겨져 양육하는 복음의 세계가 있습니다.

마 2:13 저희가 떠난 후에 **주의 사자가 요셉에게 현몽하여 가로되**
헤롯이 아기를 찾아 죽이려하니
일어나 아기와 그의 모친을 데리고 애굽으로 피하여
내가 네게 이르기까지 거기 있으라 하시니
마 2:14 요셉이 일어나서 **밤에 아기와 그의 모친을 데리고**
애굽으로 떠나가
마 2:15 **헤롯이 죽기까지 거기 있었으니**
이는 주께서 선지자로 말씀하신바
애굽에서 내 아들을 불렀다 함을 이루려 하심이니라

하나님께서 동방 박사에게 현몽하여 헤롯에게 돌아가지 말라고 하시자 동방 박사들은 왔던 길이 아닌 다른 길을 통해 고국으로 돌아갔습니다.
그때 하나님께서 요셉에게 현몽하여 헤롯이 아기를 찾아 죽이려하니 예수와 마리아를 데리고 애굽으로 피하여 하나님께서 다시 말씀하실 때까지 거기 있으라고 하였습니다. 요셉은 하나님의 말씀을 듣고 아기 예수와 마리아를 데리고 그 밤에 애굽으로 피신했습니다.
동방박사들은 꿈을 꾸고 하나님의 지시로 다른 길을 통해 고국으로 돌아갔고 요셉도 꿈을 꾸고 예수와 마리아를 데리고 애굽으로 피신했습니다. 그 후 헤롯은 동방박사에게 속은 것을 알았습니다.

> **마 2:16** 이에 **헤롯이 박사들에게 속은 줄을 알고** 심히 노하여
> 사람을 보내어 베들레헴과 그 모든 지경 안에 있는 사내아이
> 를 박사들에게 자세히 알아 본 그 때를 표준 하여
> **두 살부터 그 아래로 다 죽이니**

모세는 유아 학살 명령이 내려졌을 때 숨겨져 양육되었고 예수 그리스도는 유아 학살 명령이 내려졌을 때 숨겨져 양육 되었습니다. 그러므로 유아 학살 명령이 내려졌을 때 숨겨져 양육된 모세는 유아 학살 명령이 내려졌을 때 숨겨져 양육될 예수 그리스도의 모형인 것입니다.

그래서 주님은 요5:39절에서 이 성경이 내게 대하여 증거하는 것이라고 말씀하신 것입니다.

2. 이스라엘의 구원자가 된 모세를 통해 증거된 예수 그리스도

> **행 7:25** 저는 그 형제들이 **하나님께서 자기의 손을 빌어**
> **구원하여 주시는 것을 깨달으리라고 생각하였으나**
> 저희가 깨닫지 못하였더라

숨겨져 양육되었던 모세가 하나님의 특별한 역사로 바로의 왕궁에서 성장하게 되었습니다. 그때 모세는 하나님께서 자기의 손을 빌어 구원하여 주시는 것을 이스라엘 백성들이 깨달으리라고 생각하였으나 그들은 깨닫지 못하였습니다.
모세는 이스라엘 백성들을 구원하려다가 살인자가 되어 미디안 광야로 도망가 40년을 양을 치며 살고 있었습니다.

행 7:34 내 백성이 애굽에서 괴로움 받음을 내가 정녕히 보고
그 탄식하는 소리를 듣고
저희를 구원하려고 내려왔노니
시방 내가 너를 애굽으로 보내리라 하시니라

하나님께서 이스라엘을 구원하려다 죄인이 되어 미디안 광야에 40년을 숨어서 살던 모세를 이스라엘을 구원하기 위해 애굽에 보내셨으며 애굽으로 하나님의 보냄을 받은 모세는 바로 왕을 박살내 버리고 이스라엘 백성들을 해방시켰습니다.

요 12:31 이제 이 세상의 심판이 이르렀으니
이 세상 임금이 쫓겨나리라
요 12:32 **내가 땅에서 들리면 모든 사람을 내게로 이끌겠노라** 하시니
요 12:33 이렇게 말씀하심은
자기가 어떠한 죽음으로 죽을 것을 보이심이러라

예수 그리스도께서 자신의 십자가의 죽음을 말씀하시며 이제 이 세상의 심판이 이르렀으니 이 세상 임금이 쫓겨나리라 내가 땅에서 들리면 모든 사람을 내게로 이끌겠노라고 하셨습니다.

숨겨져 양육되었고 미디안 광야에서 40년 숨어서 살던 모세는 바로 왕을 박살내 버리고 이스라엘 백성들을 구원했습니다.
애굽에 숨겨져 양육되었고 이스라엘 땅에서 공생애 전 까지 숨겨져 있던 예수 그리스도는 세상 임금인 사단을 멸해 버리고 이 세상을 구원했습니다.

그러므로 애굽에 숨겨져 양육되었던 모세가 바로 왕을 박살내 버리고 이스라엘 백성들을 구원한 것은 애굽에 숨겨져 양육되었고 이스라엘 땅에서 공생애 전 까지 숨겨져 있다가 세상 임금인 사단을 멸

해 버리고 이 세상을 구원할 예수 그리스도를 증거한 것입니다.

그래서 주님은 이 성경이 내게 대하여 증거한다고 말씀하신 것입니다.

3. 숨겨서 양육된 자가 왕이 됨을 통해 증거된 예수 그리스도

왕하 11:1 아하시야의 모친 **아달랴가** 그 아들의 죽은 것을 보고
일어나 왕의 씨를 진멸하였으나
왕하 11:2 요람 왕의 딸 아하시야의 누이 여호세바가
아하시야의 아들 **요아스를** 왕자들의 죽임을 당하는 중에서
도적하여 내고 저와 그 유모를 **침실에 숨겨**
아달랴를 피하여 죽임을 당치 않게 한지라
왕하 11:3 **요아스가 저와 함께 여호와의 전에 육년을 숨어 있는 동안에** 아달랴가 나라를 다스렸더라

아달랴는 북 이스라엘의 아합 왕과 이세벨 사이에서 태어나 북이스라엘의 아합 왕과 남왕국 유다의 여호사밧 왕의 정략 결혼으로 남왕국 유다 여호람 왕의 아내가 되었습니다.
아달랴는 여호람 왕을 이어 유다의 왕이 되었던 아들 아하시야가 죽자 왕의 씨를 왕궁에서 진멸하였습니다.

그때 아하시야의 누이 여호세바가 아하시야의 아들 요아스를 왕자들이 죽임을 당하는 중에서 빼내어 유모와 함께 침실에 숨겨 죽임을 당치 않게 하였습니다. 요아스가 여호와의 전에 숨겨져 양육되는 동안 아합과 이세벨의 딸 아달랴는 자신이 왕이 되기 위해 손자들을 다 죽여 버리고 왕이 되어 6년 동안 남왕국 유다를 다스렸습니다.

왕하 11:4 제 칠년에 여호야다가 보내어

가리 사람의 백부장들과 호위병의 백부장들을 불러 데리고
여호와의 전으로 들어가서 저희와 언약을 세우고
저희로 여호와의 전에서 맹세케 한 후에 왕자를 보이고

요아스 왕자가 여호와의 전에 6년을 숨겨져 자라자 제7년에 여호야다 제사장이 백부장들과 호위병의 백부장들을 불러 여호와의 전으로 들어가서 맹세케 한 후 6년 동안 숨겨져 양육되었던 요아스 왕자를 보여 주었습니다.

왕하 11:12 여호야다가 왕자를 인도하여 내어 면류관을 씌우며
율법 책을 주고 **기름을 부어 왕을 삼으매**
무리가 박수하며 **왕의 만세를 부르니라**

여호야다 제사장이 왕자를 인도하여 내어 면류관을 씌우며 율법 책을 주고 기름을 부어 왕을 삼으매 시위대가 박수치며 환호성을 지르며 요아스 왕 만세를 불렀습니다.

왕하 11:20 온 국민이 즐거워하고 성중이 평온하더라
아달랴를 무리가 왕궁에서 칼로 죽였었더라
왕하 11:21 **요아스가 위에 나아갈 때에 나이 칠세였더라**

요아스가 왕이 되자 온 국민이 즐거워하고 성중이 평온하였고 손자들을 죽이고 왕이 되었던 아달랴를 무리가 왕궁에서 칼로 죽였습니다. 죽음의 위협에서 숨겨져 양육 받았던 요아스가 7살에 남 왕국 유다의 왕이 되었습니다.

예수께서 초림으로 오셨을 때 헤롯이 죽이려 함으로 애굽으로 피하여 숨겨져 양육 되었던 예수 그리스도께서 십자가를 지시기 위해 예루살렘에 입성하실 때 사람들이 이렇게 외쳤습니다.

요 12:13 종려나무 가지를 가지고 맞으러 나가 외치되
호산나 찬송하리로다 주의 이름으로 오시는이
곧 **이스라엘의 왕이시여** 하더라
요 12:14 예수는 한 어린 나귀를 만나서 타시니
요 12:15 이는 기록된바 시온 딸아 두려워 말라 보라
너의 왕이 나귀새끼를 타고 오신다 함과 같더라

숨겨져 양육되었던 요아스가 왕으로 등극하였듯이 숨겨져 양육받았던 예수 그리스도께서 왕으로 등극하셨습니다. 그러므로 숨겨져 양육된 예수 그리스도가 곧 왕이십니다.

마 2:2 **유대인의 왕으로 나신 이가 어디 계시뇨**
우리가 동방에서 그의 별을 보고 그에게 경배하러 왔노라

하나님의 본체이셨던 예수 그리스도께서 성령으로 잉태하여 오셨을 때 동방 박사들이 예루살렘에 유대인의 왕으로 나신 이가 어디 계시냐고 말한 것을 볼 때 숨겨져 양육된 예수 그리스도께서 분명히 왕이십니다.

요아스가 숨겨져 양육되어 왕으로 등극하였지요?
예수 그리스도께서 숨겨져 양육되어 왕으로 등극하였지요?

요아스가 왕족으로 태어나 숨겨져 양육되어 왕으로 등극하였습니다. 예수께서도 왕족으로 나셔서 하늘의 세계에서 감추어져 있다가 성령으로 잉태하여 초림으로 오셔서 숨겨져 양육되어 어린 나귀를 타시고 예루살렘에 입성하시어 왕으로 등극하였던 것입니다. 그러므로 숨겨져 양육된 예수 그리스도께서 곧 왕이십니다.

마 16:28 진실로 너희에게 이르노니
여기 섰는 사람 중에 죽기 전에
인자가 그 왕권을 가지고 오는 것을 볼 자들도 있느니라

장차 재림하시는 주님은 왕이시기 때문에 왕권을 가지고 오십니다. 그러므로 숨겨져 양육되어 왕으로 등극한 요아스는 예수 그리스도께서 숨겨져 양육되어 왕으로 등극한다는 것을 증거한 것입니다.

그래서 주님은 요5:39절에서 이 성경이 내게 대하여 증거한다고 말씀하신 것입니다.

4. 우리는 왕이신 주님과 함께 왕노릇하게 됩니다

계 20:4 또 내가 보좌들을 보니 거기 앉은 자들이 있어
심판하는 권세를 받았더라
또 내가 보니 예수의 증거와 하나님의 말씀을 인하여
목 베임을 받은 자의 영혼들과
또 짐승과 그의 우상에게 경배하지도 아니하고
이마와 손에 그의 표를 받지도 아니한 자들이
살아서 그리스도로 더불어 천년 동안 왕노릇 하니
계 20:6 이 첫째 부활에 참예하는 자들은 복이 있고 거룩하도다
둘째 사망이 그들을 다스리는 권세가 없고
도리어 그들이 하나님과 그리스도의 제사장이 되어
천년 동안 그리스도로 더불어 왕노릇 하리라

예수 그리스도께서 왕권을 가지고 재림하시어 천년왕국이 이루어지면 우리는 그리스도로 더불어 천년동안 왕 노릇 합니다.

계 22:5 다시 밤이 없겠고 등불과 햇빛이 쓸데 없으니
이는 주 하나님이 저희에게 비취심이라
저희기 세세토록 왕노릇하리로다

천년왕국이 끝나고 잠시 놓임 받은 사단이 영원히 멸망 받고 나면 우리는 그리스도와 더불어 세세토록 왕 노릇 합니다.

그러므로 우리도 창세 전에 선택되어 예수 그리스도 안에 감추어져 있다가 때가 되어 하나님의 부르심으로 예수 그리스도를 믿었고 지금 세상 가운데 예수 그리스도를 믿고 있으나 우리의 왕권은 세상에서는 감추어져 있는 것입니다.

지금 세상에서 감추어져 있는 우리의 왕권은 예수 그리스도께서 만왕의 왕으로 재림하시면 우리도 천년왕국에서 그리스도와 더불어 왕 노릇하게 될 것이며 또한 천년왕국이 끝나고 잠시 놓임 받은 사단이 영원히 멸망받고 나면 우리는 그리스도와 더불어 세세토록 왕 노릇 하게 될 것입니다.

Point	애굽에서 숨겨져 양육되었고 미디안 광야에서 40년동안 숨어서 살던 모세가 바로 왕을 박살내 버리고 이스라엘 백성들을 구원한 것은 숨겨져 양육된 자가 왕이 되는 세계를 말한 것으로서 애굽에 숨겨져 양육되었던 예수 그리스도께서 세상 임금인 사단을 멸해버리고 이스라엘을 구원할 것을 증거한 것이다. 그리고 예수께서 왕족으로 나셔서 하늘의 세계에서 감추어져 있다가 성령으로 잉태하여 초림으로 오셔서 어린 나귀를 타고 예루살렘에 입성하셔서 왕으로 등극하신 것과 예수께서 왕이시기 때문에 왕권을 가지고 재림하셔서 천년왕국이 이루어지면 우리도 천년왕국에서 왕으로 등극하게 될 것을 증거하신 것이다.

14

이해할 수 없는 욥의 고난

욥기 1:1

욥 1:1 우스 땅에 욥이라 이름하는 사람이 있었는데
그 사람은 순전하고 정직하여 하나님을 경외하
며 악에서 떠난 자더라

Key	아무런 죄도 없이 엄청난 고통을 겪다가 이를 이겨내고 승리한 욥은 어떻게 그리스도를 증거하고 있는가?

우스 땅에 욥이라는 사람이 있었는데 그는 순전하고 정직하여 하나님을 경외하며 악에서 떠난 자이었습니다.

순전- תָּם〈탐〉 ❶완전한 ❷완벽한

정직- יָשָׁר〈야샤르〉 ❶곧은 ❷정직한 ❸올바른

경외- יָרֵא〈야레〉 ❶경외하는(자) ❷두려워하는(자)

악- רַע〈라〉 ❶나쁜 ❷악 ❸악한 것

욥은 완전히 완벽하여 곧고 정직하고 올바름으로 하나님을 경외하여 악한 것에서 떠난 자이였습니다. 그런 욥이 아무런 죄도 없이 상상할 수 없을 만큼 고통을 받았습니다. 욥은 아무런 죄도 없이 모든 재산을 잃어 버렸고 열 자녀를 다 잃었으며 온 몸에 악창이 나서 고통을 받았고 아내와 친구들에게 멸시와 온갖 조롱을 받았습니다.
욥이 악에서 떠나 하나님을 완벽하게 잘 믿었는데 이런 엄청난 고난을 받은 것이 사람의 이성으로 이해가 되십니까?

욥- אִיּוֹב〈이요브〉는 이예브(אָיַב)에서 유래했는데,
❶괴롭힘을 받는 ❷고통 당하는 이란 뜻입니다.

완전히 완벽하여 곧고 정직하고 올바름으로 하나님을 경외하여 악에서 떠난 자인 욥의 이름이 괴롭힘을 받는, 고통 당하는 이란 뜻인데 이해가 되십니까?
이해가 안 되시면 다음 말씀을 잘 들어 보시기 바랍니다.

히 7:26 이러한 대제사장은 우리에게 합당하니
거룩하고 악이 없고 더러움이 없고
죄인에게서 떠나 계시고 하늘보다 높이 되신 자라

주님은 거룩하고 악이 없고 더러움이 없으며 죄인에게서 떠나 계신데 그 주님이 우리의 죄를 짊어지시고 온갖 괴롭힘과 고통을 당하셨습니다. 그래서 성경은 주님을 이렇게 증거하고 있습니다.

요 5:39 너희가 성경에서 영생을 얻는 줄 생각하고 성경을 상고하거니와
이 성경이 곧 내게 대하여 증거 하는 것이로다
요 5:46 모세를 믿었더면 또 나를 믿었으리니
이는 그가 내게 대하여 기록하였음이라
눅 24:27 이에 **모세와 및 모든 선지자의 글로 시작하여**
모든 성경에 쓴바 자기에 관한 것을 자세히 설명하시니라
눅 24:44 또 이르시되 내가 너희와 함께 있을 때에
너희에게 말한바 곧 **모세의 율법과 선지자의 글과 시편에**
나를 가리켜 기록된 모든 것이 이루어져야 하리라 한 말이
이것이라 하시고

천 번을 말하고 만 번을 말해도 하나님의 말씀인 성경은 예수 그리스도를 증거하는 책입니다.

히 1:1 옛적에 선지자들로 **여러 부분과 여러 모양으로**
우리 조상들에게 말씀하신 하나님이
히 1:2 **이 모든 날 마지막에 아들로 우리에게 말씀하셨으니**
이 아들을 만유의 후사로 세우시고
또 저로 말미암아 모든 세계를 지으셨느니라

하나님께서 선지자들을 통해 여러 부분과 여러 모양으로 말씀하신 것은 하나님의 아들인 예수 그리스도를 증거하기 위한 것이었습니다.

고후 3:14 그러나 저희 마음이 완고하여 오늘까지라도

구약을 읽을 때에 그 수건이 오히려 벗어지지 아니하고
있으니 **그 수건은 그리스도 안에서 없어질 것이라**
고후 3:15 오늘까지 모세의 글을 읽을 때에 수건이
오히려 그 마음을 덮었도다
고후 3:16 **그러나 언제든지 주께로 돌아가면 그 수건이 벗어지리라**

그러므로 그리스도께 돌아가야만 순전하고 정직하여 하나님을 경외하며 악에서 떠난 자인 욥이 받은 고난과 고통, 슬픔이 무엇을 말씀하기 위한 것인지 이해가 됩니다. 따라서 우리는 성경을 통해 오직 예수 그리스도만을 알려고 해야 합니다.

아무런 죄도 없이 온갖 고통과 멸시와 슬픔을 당했던 "이해할 수 없는 욥의 고난" 을 통해 예수 그리스도를 만나는 복되고 복된 시간이 될 줄 믿습니다.

1. 아무런 죄도 없이 모든 재산을 잃어버리고 가난하게 된 욥

욥 1:3 그 소유물은 양이 칠천이요 약대가 삼천이요 소가 오백 겨리요
암나귀가 오백이며 종도 많이 있었으니
이 사람은 동방 사람 중에 가장 큰 자라

욥은 양 7000마리, 약대 3000마리, 소 1000마리, 암나귀가 500마리이었으며 종도 많아 동방 사람 중에 가장 큰 부자로서 완전히 완벽하여 곧고 정직하고 올바름으로 하나님을 경외하여 악에서 떠나 하나님을 믿고 있었습니다. 그러던 어느 날이었습니다.

욥 1:6 하루는 하나님의 아들들이 와서 여호와 앞에 섰고
사단도 그들 가운데 왔는지라

하나님의 아들들이 와서 여호와 앞에 섰고 사단도 하나님의 아들들

가운데 와서 여호와 앞에 섰습니다.

욥 1:7 여호와께서 사단에게 이르시되 네가 어디서 왔느냐
사단이 여호와께 대답하여 가로되
땅에 두루 돌아 여기 저기 다녀 왔나이다

여호와께서 사단에게 네가 어디서 왔느냐고 물으시자 사단이 땅에 두루 돌아 여기 저기 다녀 왔나이다 라고 대답을 합니다.

욥 1:8 여호와께서 사단에게 이르시되 네가 내 종 욥을 유의하여
보았느냐 그와 같이 순전하고 정직하여 하나님을 경외하며
악에서 떠난 자가 세상에 없느니라

여호와께서 사단에게 내 종 욥을 유의하여 보았느냐 그와 같이 순전하고 정직하여 나를 경외하며 악에서 떠난 자가 세상에 없다고 말씀하십니다.

욥 1:9 사단이 여호와께 대답하여 가로되 욥이 어찌 까닭 없이
하나님을 경외하리이까
욥 1:10 주께서 그와 그 집과 그 모든 소유물을 산울로 두르심이
아니니이까 주께서 그 손으로 하는 바를 복되게 하사
그 소유물로 땅에 널리게 하셨음이니이다
욥 1:11 이제 주의 손을 펴서 그의 모든 소유물을 치소서
그리하시면 정녕 대면하여 주를 욕하리이다

완벽하게 하나님을 경외하는 욥을 칭찬하는 하나님께 사단이 말하기를 욥이 어찌 까닭없이 하나님을 경외하리이까 하나님께서 그에게 복을 주셨으니 하나님을 완벽하게 잘 믿는 것이고 재산을 다 잃어버리면 하나님을 대면하여 욕힐 것이라고 하였습니다.

욥 1:12 여호와께서 사단에게 이르시되 내가 그의 소유물을 다
네 손에 붙이노라 오직 그의 몸에는 네 손을 대지 말지니라
사단이 곧 여호와 앞에서 물러가니라

욥이 재산을 다 잃어버리면 하나님을 대면하여 욕할 것이라는 사단의 말에 여호와께서 자신있게 내가 욥의 소유물을 다 네 손에 붙이노라 오직 그의 몸에는 네 손을 대지 말지니라고 하시자 사단이 곧 여호와 앞에서 물러갔습니다.

욥 1:13 하루는 욥의 자녀들이 그 맏형의 집에서 식물을 먹으며
포도주를 마실 때에
욥 1:14 사자가 욥에게 와서 고하되 소는 밭을 갈고
나귀는 그 곁에서 풀을 먹는데
욥 1:15 스바 사람이 갑자기 이르러 그것들을 빼앗고 칼로 종을
죽였나이다 나만 홀로 피한고로 주인께 고하러 왔나이다
욥 1:16 그가 아직 말할 때에 또 한 사람이 와서 고하되
하나님의 불이 하늘에서 내려와서 양과 종을 살라
버렸나이다 나만 홀로 피한고로 주인께 고하러 왔나이다
욥 1:17 그가 아직 말할 때에 또 한 사람이 와서 고하되
갈대아 사람이 세 떼를 지어 갑자기 약대에게 달려들어
그것을 빼앗으며 칼로 종을 죽였나이다
나만 홀로 피한고로 주인께 고하러 왔나이다

사랑하는 성도 여러분!
완전히 완벽하여 곧고 정직하고 올바름으로 하나님을 경외하여 악한 것에서 떠난 욥이 아무런 죄도 없이 그 엄청난 재산을 다 잃어버렸습니다. 많은 사람들은 욥이 당한 고난에 대해 왜 하나님께서 이렇게 하셨을까 하고 궁금해 합니다. 여러분도 궁금하시지요?

욥이 자신의 죄에 의해서가 아니고 하나님의 어떤 뜻에 의해서 재산을 다 잃어버린 것입니다. 왜 하나님은 아무런 죄도 없는 욥을 모든 재산을 다 잃어버리고 가난하게 하셨을까요?
그 해답이 여기에 있습니다.

고후 8:9 우리 **주 예수 그리스도**의 은혜를 너희가 알거니와

부요하신 자로서 **너희를 위하여 가난하게 되심은**
그의 가난함을 인하여 너희로 부요케 하려 하심이니라

우리 주 예수 그리스도의 은혜를 너희가 알거니와 부요하신 자로서 너희를 위하여 가난하게 되심은 그의 가난함을 인하여 너희로 부요케 하려 하심이었습니다.
욥은 완전히 완벽하여 곧고 정직하고 올바름으로 하나님을 경외하여 악한 것에서 떠난 자이었습니다. 그러면 완벽하게 악에서 떠난 자가 누구입니까?

히 7:26 이러한 대제사장은 우리에게 합당하니
거룩하고 악이 없고 더러움이 없고 죄인에게서 떠나 계시고
하늘보다 높이 되신 자라

주님은 거룩하고 악이 없고 더러움이 없고 죄인에게서 떠나 계신 분이십니다. 그 주님이 부요하신 자로서 우리를 위하여 가난하게 되심은 주님의 가난함을 인하여 우리로 부요케 하기 위함이었습니다.
그래서 악에서 완벽하게 떠난 욥이 하나님의 어떤 계획에 의해 모든 재산을 잃고 가난하게 되었던 것입니다. 이제 악에서 완전히 떠난 욥의 고난이 하나님께서 무엇을 말씀하시기 위한 것이었는지 이해가 되셨지요?

그러므로 요5:39절에서 이 성경이 내게 대하여 증거하신 것이라고 하셨고 그리스도께 돌아가면 수건이 벗어지리라고 말씀하신 것입니다.

2. 아무런 죄도 없이 자녀를 다 잃은 욥

욥 1:18 그가 아직 말할 때에 또 한 사람이 와서 고하되 주인의 자녀들이 그 맏형의 집에서 식물을 먹으며 포도주를 마시더니

욥 1:19 거친 들에서 대풍이 와서 집 네 모퉁이를 치매
그 소년들 위에 무너지므로 그들이 죽었나이다
나만 홀로 피한고로 주인께 고하러 왔나이다 한지라

욥의 자녀들이 다 죽었는데 욥의 죄에 의해 죽은 것이 아니고 하나님의 어떤 뜻에 의해 사단의 역사로 욥의 자녀들이 다 죽었던 것입니다.

창 3:6 여자가 그 나무를 본즉 먹음직도 하고 보암직도 하고 지혜롭게
할 만큼 탐스럽기도 한 나무인지라 **여자가 그 실과를 따먹고**
자기와 함께한 남편에게도 주매 그도 먹은지라

간교한 뱀에게 속은 하와가 선악과를 먹고 아담에게도 주니 아담도 선악과를 먹었습니다.

창 3:19 네가 얼굴에 땀이 흘러야 식물을 먹고 필경은 흙으로
돌아 가리니 그 속에서 네가 취함을 입었음이라
너는 흙이니 흙으로 돌아갈 것이니라 하시니라

하나님의 자녀들이 다 죽었는데 하나님의 죄에 의해서가 아니고 사단의 역사에 의해 하나님의 자녀들이 다 죽었습니다. 완전히 완벽하여 곧고 정직하고 올바름으로 하나님을 경외하여 악한 것에서 떠난 욥이 자신의 죄 때문이 아니라 사단의 역사에 의해 자녀들을 다 잃어 버렸습니다.
그것은 악이 없고 더러움이 없는 하나님의 본체이신 예수 그리스도께서 자신의 죄 때문이 아니라 사단의 역사에 의해 자녀들을 다 잃어버린 것을 말씀하고 있는 것입니다. 자신의 죄 때문이 아니라 사단의 역사에 의해 자녀를 다 잃어버린 주님은 이렇게 말씀합니다.

눅 19:10 인자의 온 것은 잃어버린 자를 찾아 구원하려 함이니라

그래서 이 성경이 곧 내게 대하여 증거하는 것이라고 하신 것입니다.

3. 아무런 죄도 없이 병들어 고통하는 욥

욥 2:1 또 하루는 하나님의 아들들이 와서 여호와 앞에 서고
사단도 그들 가운데 와서 여호와 앞에 서니
욥 2:2 여호와께서 사단에게 이르시되 네가 어디서 왔느냐
사단이 여호와께 대답하여 가로되
땅에 두루 돌아 여기 저기 다녀 왔나이다

욥이 재산을 다 잃어버리고 자녀를 잃어버리고 고통하고 있을 때 또 사단이 여호와 앞에 왔습니다.

욥 2:3 여호와께서 사단에게 이르시되 네가 내 종 욥을 유의하여 보았느냐 그와 같이 순전하고 정직하여 하나님을 경외하며 악에서 떠난 자가 세상에 없느니라 네가 나를 격동하여 **까닭 없이** 그를 치게 하였어도 그**가 오히려 자기의 순전을 굳게 지켰느니라**

여호와께서 사단에게 네가 내 종 욥을 유의하여 보았느냐 욥과 같이 순전하고 정직하여 하나님을 경외하며 악에서 떠난 자가 세상에 없느니라 네가 나를 격동하여 까닭 없이 그를 치게 하였어도 욥이 오히려 자기의 순전을 굳게 지켰느니라고 말씀하셨습니다.

욥 2:4 사단이 여호와께 대답하여 가로되 가죽으로 가죽을 바꾸오니
사람이 그 모든 소유물로 자기의 생명을 바꾸올찌라
욥 2:5 **이제 주의 손을 펴서 그의 뼈와 살을 치소서**
그리하시면 정녕 대면하여 주를 욕하리이다

사단이 대답하기를 사람이 소유물로 어떻게 생명과 바꾸겠습니까? 하나님께서 욥의 뼈와 살을 지셔서 병들게 하면 욥이 하나님을 향해 욕할 것입니다 라고 말합니다.

욥 2:6 여호와께서 사단에게 이르시되 내가 그를 네 손에 붙이노라

오직 그의 생명은 해하지 말찌니라
욥 2:7 사단이 이에 여호와 앞에서 물러가서 **욥을 쳐서 그 발바닥에서 정수리까지 악창이 나게 한지라**

사랑하는 성도 여러분!
완전히 완벽하여 곧고 정직하고 올바름으로 하나님을 경외하여 악에서 떠난 자이었던 욥은 자신의 죄와 상관없이 재산을 다 잃어버리고 가난하게 되었고 열 자녀를 다 잃어 버렸고 온 몸에 난 악창으로 심한 고통을 받았습니다. 이것은 무엇을 말씀하기 위한 것이었을까요?

히 4:15 우리에게 있는 **대제사장은 우리 연약함을 체휼하지 아니하는 자가 아니요** 모든 일에 우리와 한결 같이 시험을 받은 자로되 죄는 없으시니라

우리에게 있는 대제사장은 우리 연약함을 체휼하지 아니하는 자가 아니요 모든 일에 우리와 한결같이 시험을 받은 자로되 죄는 없으신 분이십니다. 주님은 아무런 죄도 없이 부요한 자로서 가난하게 되셨고 자기의 형상을 따라 지은 자녀를 다 잃어 버렸고 우리의 질고를 짊어지심으로 우리의 연약함을 다 담당하셨습니다.

욥은 자신의 죄와 상관없이 재산을 다 잃어버리고 가난하게 되었고 열 자녀를 다 잃어 버렸고 온 몸에 난 악창으로 심한 고통을 받았습니다. 그래서 주님은 이 성경이 내게 대하여 증거한다고 말씀하신 것입니다.

욥이 아무런 죄도 없이 재산을 다 잃어버리고 가난하게 되었으며 열 자녀를 다 잃어 버렸고 온 몸에 난 악창으로 인한 심한 고통으로 슬퍼하고 있을 때 친구 엘리바스가 욥을 찾아와 이렇게 말합니다.

욥 4:7 생각하여 보라 **죄 없이 망한 자가 누구인가**
정직한 자의 끊어짐이 어디 있는가

사랑하는 성도 여러분!
욥은 정말로 아무런 죄도 없이 고통을 받았는데도 욥의 친구 엘리바스는 죄 없이 망한 자가 누구인가, 정직한 자의 끊어짐이 어디 있느냐고 말합니다. 그래서 초림으로 오실 주님을 사53:4절은 이렇게 말씀합니다.

사 53:4 그는 실로 우리의 질고를 지고 우리의 슬픔을 당하였거늘
우리는 생각하기를 그는 징벌을 받아서 하나님에게 맞으며
고난을 당한다 하였노라

그는 우리의 질고를 지고 우리의 슬픔을 당하였거늘 우리는 생각하기를 그는 징벌을 받아서 하나님에게 맞으며 고난을 당한다 하였노라고 말하였습니다.

마 8:17 이는 선지자 이사야로 하신 말씀에
우리 연약한 것을 친히 담당하시고 병을 짊어지셨도다 함을
이루려 하심이더라

주님께서 아무런 죄도 없이 우리의 질고를 지고 우리의 슬픔을 당하신 것은 우리 연약한 것을 친히 담당하시고 병을 짊어 지셨도다 함을 이루신 것입니다.

주님은 아무런 죄도 없이 우리를 부요케 하기 위해 가난하게 되었고 사녀를 다 잃어버렸으며 우리의 질고를 지고 슬픔을 당하셨는데 사람들은 그가 죄 때문에 징벌을 받아서 하나님에게 맞으며 고난을 당한다고 하였습니다.

그래서 욥이 아무런 죄도 없이 모든 재산을 다 잃어버리고 가난하게 되었고 열 자녀를 다 잃어버리고 온 몸에 난 악창으로 고통 중에 슬퍼하고 있을 때 친구들이 찾아와 죄 없이 망한 자가 누구인가, 정직한 자의 끊어짐이 어디 있느냐고 한 것입니다.

사랑하는 성도 여러분!
아무 죄도 없는 욥이 당했던 고난을 통해 아무 죄도 없이 예수 그리스도께서 우리의 모든 연약함을 대신하여 친히 담당하셨음을 확증받은 줄로 믿습니다.

Point	악에서 완벽하게 떠난 욥이 자신의 죄와는 상관없이 하나님의 어떤 계획에 의해 모든 재산을 다 잃어버리고 가난하게 되었고 열 자녀를 다 잃어버렸으며 온 몸에 악창으로 심하게 고통받은 것은 예수께서 아무런 죄도 없이 부요한 자로서 가난하게 되었고 사단의 역사에 의해 자기의 형상을 따라 지음 받은 자녀를 다 잃어버렸으며 우리의 질고를 짊어지심으로 우리의 연약함을 체휼하셨음을 증거하신 것이다.

15

아론의 살구나무 지팡이

민수기 17:8

민 17:8 이튿날 모세가 증거의 장막에 들어가 본즉 레위
집을 위하여 낸 아론의 지팡이에 움이 돋고 순이 나
고 꽃이 피어서 살구 열매가 열렸더라

Key	살구나무는 무엇을 말하고 그 지팡이에 움이 돋고 순이 나서 꽃이 피고 열매가 열린 것은 어떻게 그리스도를 증거하고 있는가?

민 16:3 그들이 모여서 모세와 아론을 거스려 그들에게 이르되
너희가 분수에 지나도다 회중이 다 각각 거룩하고
여호와께서도 그들 중에 계시거늘
너희가 어찌하여 여호와의 총회 위에 스스로 높이느뇨
민 16:13 네가 우리를 젖과 꿀이 흐르는 땅에서 이끌어 내어
광야에서 죽이려 함이 어찌 작은 일이기에
오히려 스스로 우리 위에 왕이 되려 하느냐

고라 일당이 당을 짓고 모세를 거스려 너희가 어찌하여 여호와의 총회 위에 스스로 높아져 우리 위에 스스로 왕이 되려 하느냐고 말합니다.

민 17:1 여호와께서 모세에게 일러 가라사대
민 17:2 너는 이스라엘 자손에게 고하여 그들 중에서 각 종족을 따라
지팡이 하나씩 취하되 곧 그들의 종족대로
그 모든 족장에게서 **지팡이** 열 둘을 취하고
그 사람들의 이름을 각각 **그 지팡이에 쓰되**
민 17:3 **레위의 지팡이에는 아론의 이름을 쓰라** 이는 그들의 종족의
각 두령이 지팡이 하나씩 있어야 할 것임이니라
민 17:4 그 **지팡이를** 회막 안에서 내가 너희와 만나는 곳인 증거궤
앞에 두라
민 17:5 내가 택한 자의 **지팡이에는 싹이 나리니**
이것으로 이스라엘 자손이
너희를 대하여 원망하는 말을 내 앞에서 그치게 하리라

하나님께서 모세에게 말씀하시기를 모세야, 너는 이스라엘 자손에게 명하여 각 종족을 따라 지팡이 열 둘을 취하고 그 사람들의 이름

을 그 지팡이에 쓰되 레위의 지팡이에는 아론의 이름을 쓰라 그리고 그 지팡이를 회막 안 증거궤 앞에 두라 내가 택한 자의 지팡이에는 싹이 나리니 이것으로 이스라엘 자손이 너희를 대하여 원망하는 말을 내 앞에서 그치게 할 것이라고 하셨습니다.
모세는 하나님의 말씀대로 지팡이에 각 지파의 이름을 써서 증거장막 안에 두었습니다.

> **민 17:8** 이튿날 모세가 증거의 장막에 들어가 본즉 레위 집을 위하여
> 낸 아론의 **지팡이에 움이 돋고** 순이 나고 꽃이 피어서
> **살구 열매가 열렸더라**

지팡이를 증거 장막에 둔 다음날 레위 집을 위하여 낸 아론의 지팡이에 움이 돋고 순이 나고 꽃이 피어서 살구 열매가 열려 있었습니다.

사랑하는 성도 여러분!
요5:39에서 이 성경이 곧 내게 대하여 증거하는 것이라고 하셨으니 "아론의 살구나무 지팡이"를 통해 보화중의 보화인 예수 그리스도를 만나게 될 것입니다.

1. 지팡이는 무엇인가?

> **창 49:10 홀이 유다를 떠나지 아니하며 치리자의 지팡이가**
> 그 발 사이에서 떠나지 아니하시기를 실로가 오시기까지
> 미치리니 그에게 모든 백성이 복종하리로다

홀– שֵׁבֶט〈세베트〉 ❶막내기 ❷시팡이 ❸곤봉 ❹부족 ❺지파

홀은 막대기, 지팡이, 곤봉으로 부족이나 지파를 다스리는 것을 말합니다.

에 4:11 왕의 신복과 왕의 각 도 백성이 다 알거니와 무론 남녀하고
부름을 받지 아니하고 안뜰에 들어가서 왕에게 나아가면
오직 죽이는 법이요 **왕이 그 자에게 금홀을 내어 밀어야
살 것이라** 이제 내가 부름을 입어 왕에게 나아가지 못한지가
이미 삼십일이라 하라

만약 누구든지 부름 받지 않고 왕에게 나아갔다가 왕이 홀을 내밀지 않으면 죽임을 당하지만 왕이 홀을 내밀면 살 수 있다고 하였습니다. 왕이 가진 홀(지팡이)에 따라 죽고 사는 문제가 결정된다는 것입니다. 그러므로 홀(지팡이)은 제왕적 통치권을 가진 치리자의 지팡이로서 아무도 침범할 수 없는 왕의 권위와 권세와 능력을 말합니다.

2. 살구나무는 무엇을 말하는가?

민 17:8 이튿날 모세가 증거의 장막에 들어가 본즉 레위 집을 위하여
내 아론의 **지팡이에** 움이 돋고 순이 나고 꽃이 피어서
살구 열매가 열렸더라

레위 집을 위하여 낸 아론의 지팡이에 움이 돋고 순이 나고 꽃이 피어서 살구 열매가 열려 있었습니다.

살구나무- שָׁקֵד〈샤케드〉 ❶아먼드(편도) ❷아먼드 나무

샤케드의 동의어는- שָׁקַד〈샤카드〉 ❶지켜보다 ❷감시하다 ❸경계하다 ❹깨어있다

살구나무(샤케드)는 잠들지 않고 깨어있어 지키는 나무라는 뜻입니다.

그러면 잠들지 않고 깨어 있어 지키는 살구나무는 무엇을 말씀할까요?

시 121:3 여호와께서 너로 실족지 않게 하시며
너를 지키시는 자가 졸지 아니하시리로다
시 121:4 이스라엘을 지키시는 자는 **졸지도 아니하고 주무시지도**
아니하시리로다

시편 저자는 여호와께서 너로 실족지 않게 하시고 너를 지키시는 자가 졸지 아니하시며 이스라엘을 지키시는 자는 졸지도 아니하고 주무시지도 아니하신다고 하였습니다.

잠들지 않고 깨어있어 지키는 나무인 살구나무(샤케드)는 졸지도 않으시고 주무시지도 않으시며 항상 깨어 우리를 지켜 주시는 여호와 하나님을 말씀합니다.

출 25:31 너는 정금으로 **등대를 쳐서 만들되** 그 밑판과 줄기와 잔과
꽃받침과 꽃을 한 덩이로 연하게 하고
출 25:32 가지 여섯을 등대 곁에서 나오게 하되 그 세 가지는
이편으로 나오고 그 세 가지는 저편으로 나오게 하며
출 25:33 이편 가지에 **살구꽃 형상의 잔 셋과** 꽃받침과 꽃이 있게
하고 저편 가지에도 **살구꽃 형상의 잔 셋과** 꽃받침과
꽃이 있게 하여 등대에서 나온 여섯 가지를 같게 할찌며
출 25:34 등대 줄기에는 **살구꽃 형상의 잔 넷과** 꽃받침과
꽃이 있게 하고
출 25:35 등대에서 나온 여섯 가지를 위하여 꽃받침이 있게 하되
두 가지 아래 한 꽃받침이 있어 줄기와 연하게 하며
또 두 가지 아래 한 꽃받침이 있어 줄기와 연하게 하며
또 두 가지 아래 한 꽃받침이 있어 줄기와 연하게 하고
출 25:36 그 꽃받침과 가지를 줄기와 연하게 하여 전부를 정금으로
쳐 만들고
출 25:37 **등잔 일곱을 만들어** 그 위에 두어 앞을 **비추게 하며**

성막의 등잔을 깨어있는 나무인 살구나무 꽃 형상을 따라 만들어 항상 등불을 켜 비추게 하라고 하셨습니다. 그래서 살구나무는 잠들지 않고 깨어있어 지키는 나무라고 하는 것입니다.

> **요일 1:5** 우리가 저에게서 듣고 너희에게 전하는 소식이 이것이니 **곧 하나님은 빛이시라** 그에게는 어두움이 조금도 없으시니라

하나님은 빛이십니다.

> **요 12:46 나는 빛으로 세상에 왔나니** 무릇 나를 믿는 자로 어두움에 거하지 않게 하려 함이로라

하나님의 본체로 계셨던 주님이 육신을 입으시고 세상에 빛으로 오셨습니다.

> **계 21:23** 그 성은 해나 달의 비췸이 쓸데 없으니 이는 하나님의 영광이 비취고 **어린 양이 그 등이 되심이라**

어린 양이신 예수 그리스도께서 영원무궁한 천국에서 그 등이 되신다고 했습니다. 그러므로 대제사장 아론의 살구나무 지팡이는 영원히 잠들지 않고 깨어있는 빛 되신 예수 그리스도를 말씀합니다.

3. 움이 돋고 순(싹)이 난 살구나무

> **민 17:8** 이튿날 모세가 증거의 장막에 들어가 본즉 레위 집을 위하여 낸 아론의 **지팡이에 움이 돋고 순이 나고** 꽃이 피어서 **살구 열매가 열렸더라**

지팡이를 증거 장막에 둔 다음 날, 레위 집을 위하여 낸 아론의 지팡이에 움이 돋고 순이 났습니다. 다른 지팡이에는 싹이 나지 않고

대제사장 아론의 지팡이에만 순이 난 것은 무엇을 말씀할까요?

사 53:1 우리의 전한 것을 누가 믿었느뇨
여호와의 팔이 뉘게 나타났느뇨
사 53:2 **그는 주 앞에서 자라나기를 연한 순 같고** 마른 땅에서 나온
줄기 같아서 고운 모양도 없고 풍채도 없은즉 우리의 보기에
흠모할만한 아름다운 것이 없도다

초림으로 오실 예수 그리스도를 말씀하시면서 그는 주 앞에서 자라나기를 연한 순 같다고 하였습니다.

사 4:2 그 날에 **여호와의 싹이 아름답고 영화로울 것이요**
그 땅의 소산은 이스라엘의 피난한 자를 위하여
영화롭고 아름다울 것이며

그 날에 여호와의 싹(순)이 아름답고 영화로울 것이라고 했습니다. 주 앞에서 자라나기를 연한 순 같은 여호와의 아름답고 영화로운 싹은 어디서 날까요?

사 11:1 이새의 줄기에서 한 싹이 나며
그 뿌리에서 한 가지가 나서 결실할 것이요

주 앞에서 자라나기를 연한 순 같은 여호와의 아름답고 영화로운 싹은 이새의 줄기에서 납니다. 그래서 성경은 이렇게 말씀합니다.

마 1:20 이 일을 생각할 때에 주의 사자가 현몽하여 가로되
다윗의 자손 요셉아 네 아내 마리아 데려오기를 무서워 말라
저에게 잉태된 자는 성령으로 된 것이라
마 1:21 **아들을 낳으리니 이름을 예수라 하라** 이는 그가 자기 백성을
저희 죄에서 구원할 자이심이라 하니라
마 1:22 이 모든 일의 된 것은 주께서 선지자로 하신 말씀을

이루려 하심이니 가라사대
마 1:23 보라 처녀가 잉태하여 아들을 낳을 것이요
그 이름은 임마누엘이라 하리라 하셨으니
이를 번역한즉 하나님이 우리와 함께 계시다 함이라
마 1:24 요셉이 잠을 깨어 일어나서 주의 사자의 분부대로 행하여
그 아내를 데려 왔으나
마 1:25 아들을 낳기까지 동침치 아니하더니 **낳으매**
이름을 예수라 하니라

초림의 주님은 분명히 이새의 줄기에서 나와 다윗의 자손으로 오셨습니다. 그러므로 대제사장 아론의 지팡이에만 순이 난 것은 아름답고 영화로운 여호와의 싹(순)이 이새의 줄기에서 나와 대제사장이 되실 예수 그리스도를 말씀하신 것입니다.

4. 꽃이 핀 살구나무

민 17:8 이튿날 모세가 증거의 장막에 들어가 본즉 레위 집을 위하여
낸 아론의 **지팡이에** 움이 돋고 순이 나고 **꽃이 피어서** 살구
열매가 열렸더라

졸지도 않으시고 주무시지도 않고 깨어있는 살구나무에 꽃이 피었는데 깨어있는 살구나무에 꽃이 핀 것은 무엇을 말씀할까요?

마 6:29 그러나 내가 너희에게 말하노니 **솔로몬의 모든 영광으로도**
입은 것이 이 꽃 하나만 같지 못하였느니라

꽃이 핀 것은 영광을 말하는 것인데 대제사장 아론의 지팡이에만 꽃이 피어 있었습니다.

요 12:23 예수께서 대답하여 가라사대
인자의 영광을 얻을 때가 왔도다

요 12:24 내가 진실로 진실로 너희에게 이르노니 한 알의 밀이
땅에 떨어져 죽지 아니하면 한 알 그대로 있고
죽으면 많은 열매를 맺느니라

예수께서 십자가에 못 박혀 죽으실 것을 말씀하시며 인자의 영광을 얻을 때가 왔다고 하셨습니다.

히 2:9 오직 우리가 천사들보다 잠간 동안 못하게 하심을 입은 자
곧 죽음의 고난 받으심을 인하여 영광과 존귀로 관 쓰신
예수를 보니 이를 행하심은 하나님의 은혜로 말미암아
모든 사람을 위하여 죽음을 맛보려 하심이라

예수께서 죽음의 고난 받으심을 인하여 영광과 존귀로 관을 쓰셨다고 했습니다. 그러므로 주님께서 십자가에 못 박혀 죽으시고 부활하시는 것은 영광과 존귀로 관을 쓰시는 것을 말합니다.

다른 지팡이에는 싹이 나지 않고 대제사장 아론의 지팡이에만 순(싹)이 나고 꽃이 핀 것은 대제사장 되시어 십자가에 못 박혀 죽으심으로 영광과 존귀의 관을 쓰실 예수 그리스도를 말한 것입니다.

5. 열매가 열린 살구나무

민 17:8 이튿날 모세가 증거의 장막에 들어가 본즉 레위 집을 위하여
낸 아론의 **지팡이에** 움이 돋고 순이 나고 꽃이 피어서
살구 열매가 열렸더라

살구나무는 이른 봄에 가장 먼저 꽃이 피며 모든 열매 중에 가장 먼저 열매가 익는 첫 열매를 맺는 나무입니다.

고전 15:3 내가 받은 것을 먼저 너희에게 전하였노니

이는 성경대로 **그리스도께서 우리 죄를 위하여 죽으시고**
고전 15:4 **장사 지낸바 되었다가 성경대로 사흘 만에 다시 살아나사**

대제사장되신 예수 그리스도께서 우리의 죄를 위하여 죽으시고 장사 지낸바 되었다가 다시 살아나셨습니다.

고전 15:12 **그리스도께서 죽은 자 가운데서 다시 살아나셨다**
전파되었거늘 너희 중에서 어떤 이들은 어찌하여
죽은 자 가운데서 부활이 없다 하느냐

그리스도께서 죽은 자 가운데서 다시 살아나셨습니다.

고전 15:20 그러나 이제 그리스도께서 죽은 자 가운데서
다시 살아 **잠자는 자들의 첫 열매가 되셨도다**

대제사장 아론의 지팡이에만 움이 돋고 순이 나고 꽃이 피어서 살구 열매가 열린 것은 대제사장 되시어 십자가의 죽음을 통해 영광 받으시고 그 죽음을 이기시고 부활하시어 잠자는 자들의 첫 열매가 되실 예수 그리스도를 증거한 것입니다.

5. 언제 아론의 지팡이에 순이 나고 꽃이 피어 살구 열매가 열렸는가?

고라 일당이 당을 짓고 모세를 거슬려 너희가 어찌하여 여호와의 총회 위에 스스로 높아져 우리 위에 스스로 왕이 되려 하느냐고 할 때에 레위 집을 위하여 낸 대제사장 아론의 지팡이에 움이 돋고 순이 나고 꽃이 피어서 살구 열매가 열렸습니다.
스스로 높아져 왕이라는 증거로 레위 지파인 대제사장 아론의 지팡이에만 움이 돋고 순이 나고 꽃이 피어서 살구 열매가 열린 것입니다.

그러면 스스로 높아지신 왕은 누구일까요?

출 3:14 하나님이 모세에게 이르시되 **나는 스스로 있는 자니라**
또 이르시되 너는 이스라엘 자손에게 이같이 이르기를
스스로 있는 자가 나를 너희에게 보내셨다 하라
시 24:10 영광의 왕이 뉘시뇨
만군의 여호와께서 곧 영광의 왕이시로다(셀라)
시 74:12 하나님은 예로부터 나의 왕이시라
인간에 구원을 베푸셨나이다
시 95:3 대저 여호와는 크신 하나님이시오
모든 신 위에 크신 왕이시로다

하나님께서는 스스로 있는 자이시며 왕이라고 하였습니다.

요일 1:2 이 생명이 나타내신바 된지라 이 영원한 생명을 우리가
보았고 증거하여 너희에게 전하노니 이는
아버지와 함께 계시다가 우리에게 나타내신바 된 자니라

초림으로 오신 주님은 아버지와 함께 계시다가 우리에게 나타내신 바 되셨기 때문에 그를 근본 하나님의 본체라고 하였습니다.

고라 일당이 모세와 아론을 거스려 너희가 왜 우리 위에 스스로 높아 졌느냐 너희가 왜 우리의 왕이 되려느냐고 했을 때 대제사장인 아론의 지팡이에만 움이 돋고 순이 나고 꽃이 피어서 살구 열매가 열렸습니다. 그래서 대제사장이 스스로 높아지신 왕이라는 것입니다.

히 8:1 이제 하는 말의 중요한 것은 **이러한 대제사장이 우리에게**
있는 것이라 그가 하늘에서 위엄의 보좌 우편에 앉으셨으니
히 8:2 성소와 참 장막에 부리는 자라
이 장막은 주께서 베푸신 것이요 사람이 한 것이 아니니라
히 8:3 대제사장마다 예물과 제사 드림을 위하여 세운 자니

이러므로 저도 무슨 드릴 것이 있어야 할찌니라
히 8:4 **예수께서 만일 땅에 계셨더면 제사장이 되지 아니하셨을 것이
니** 이는 율법을 좇아 예물을 드리는 제사장이 있음이라

초림으로 오신 예수 그리스도께서는 자기의 피로 우리의 죄를 대속하신 대제사장이시며 하나님의 본체로서 스스로 높아지신 만왕의 왕이십니다.

Point	살구나무는 잠들지 않고 깨어 있어 지키는 나무로서 졸지도 않고 주무시지도 않고 깨어 우리를 지켜 주시는 하나님을 말한다. 그리고 그 지팡이에 움이 돋고 순이 나서 꽃이 피고 열매가 열린 것은 주 앞에 자라나기를 연한 순 같은 다윗의 자손으로 오신 예수께서 십자가에 못 박혀 죽으심으로 영광과 존귀로 관을 쓰시며 그 죽음을 이기시고 부활하심으로 잠자는 자들의 첫 열매가 되실 것을 말한 것이다. 또한 초림으로 오신 예수께서 우리의 죄를 대속하신 대제사장이시며 하나님의 본체로서 스스로 높아지신 만왕의 왕이심을 증거한 것이다.

16

죄 없는 죄인

창세기 39:19~20

창 39:19 주인이 그 아내가 자기에게 고하기를 당신의 종
이 내게 이같이 행하였다 하는 말을 듣고 심히 노한
지라 20 이에 요셉의 주인이 그를 잡아 옥에 넣으니
그 옥은 왕의 죄수를 가두는 곳이었더라

Key	요셉이 보디발의 아내의 동침 요구를 거절하고 옥에 갇힌 것과 아담이 선악과를 받아먹고 하와와 더불어 에덴에서 추방된 것은 어떻게 그리스도를 증거하고 있는가?

눅 24:27 이에 **모세와 및 모든 선지자의 글로 시작하여**
모든 성경에 쓴바 자기에 관한 것을 자세히 설명하시니라

천 번을 말하고 만 번을 말해도 하나님의 말씀인 성경은 예수 그리스도를 증거하는 책입니다. 그러므로 오늘 본문의 요셉이 죄 없는 죄인된 것도 하나님의 구원의 비밀인 예수 그리스도를 증거하고 있겠지요?

고후 3:15 오늘까지 모세의 글을 읽을 때에
수건이 오히려 그 마음을 덮었도다
고후 3:16 그러나 **언제든지 주께로 돌아가면 그 수건이 벗어지리라**

사랑하는 성도 여러분!
구약 성경을 읽을 때 예수 그리스도께 돌아가면 수건이 벗어집니다. 우리 마음을 덮었던 수건이 벗어져 "죄 없는 죄인" 을 통해 증거된 예수 그리스도를 만나게 될 것입니다.

1. 거절함으로 죄 없는 죄인이 되는 세계

창 39:7 그 후에 그 주인의 처가 요셉에게 눈짓하다가
동침하기를 청하니
창 39:8 **요셉이 거절하며** 자기 주인의 처에게 이르되 나의 주인이
가중 제반 소유를 간섭지 아니하고 다 내 손에 위임하였으니
창 39:9 이 집에는 나보다 큰이가 없으며 **주인이 아무 것도**
내게 금하지 아니하였어도 금한 것은 당신뿐이니

당신은 자기 아내임이라
그런즉 내가 어찌 이 큰 악을 행하여 하나님께 득죄 하리이까

요셉은 음란한 육체를 보여주며 동침을 요구하는 보디발의 아내의 말에 내가 어찌 이 큰 악을 행하여 하나님께 득죄 하리이까 라고 하면서 보디발의 아내의 동침요구를 단호하게 거절하였습니다.

창 39:12 그 여인이 그 옷을 잡고 가로되 **나와 동침하자**
요셉이 자기 옷을 그 손에 버리고 **도망하여 나가매**

보디발의 아내가 계속 동침을 요구하자 요셉은 그 동침 요구를 단호히 거절하고 옷을 버려두고 도망쳐 버립니다. 그러자 보디발의 아내는 돌변하여 남편에게 고하기를 요셉이 자신을 겁간하려 들어왔다가 소리 지르자 이 옷을 버려두고 도망하여 나갔다고 거짓말을 하였습니다.

창 39:19 주인이 그 아내가 자기에게 고하기를 당신의 종이
내게 이같이 행하였다 하는 말을 듣고 심히 노한지라
창 39:20 이에 **요셉의 주인이 그를 잡아 옥에 넣으니**
그 옥은 왕의 죄수를 가두는 곳이었더라

보디발의 아내는 요셉이 끝까지 자신과 동침하기를 거절하자 요셉이 자기를 겁간하려 했다고 거짓 증거하여 요셉을 죄인으로 만들어 버렸습니다. 요셉은 보디발의 아내의 동침 요구에 내가 어찌 이 큰 악을 행하여 하나님께 득죄 하리이까 라고 하면서 동침 요구를 끝까지 거절하였다가 죄인이 되었습니다. 요셉은 보디발의 아내의 동침을 거절함으로 보디발의 아내의 음란한 죄를 뒤집어쓰고 죄인이 된 것입니다.
그러면 요셉은 죄 있는 죄인인가요? 아니면 죄 없는 죄인인가요?

요셉은 음란을 끝까지 거절하다가 죄를 뒤집어쓰고 죄 없는 죄인이 된 것입니다.

> **단 3:16** 사드락과 메삭과 아벳느고가 왕에게 대답하여 가로되
> 느부갓네살이여 우리가 이 일에 대하여
> 왕에게 대답할 필요가 없나이다
> 단 3:17 만일 그럴 것이면 왕이여 우리가 섬기는 우리 하나님이
> 우리를 극렬히 타는 풀무 가운데서 능히 건져내시겠고
> 왕의 손에서도 건져내시리이다
> 단 3:18 그리 아니하실찌라도 왕이여 우리가 왕의 신들을 섬기지도
> 아니하고 왕의 세우신 금 신상에게 절하지도 아니할 줄을
> 아옵소서

자신이 세운 금 신상에 절하라는 느부갓네살 왕의 명령을 사드락과 메삭과 아벳느고가 끝까지 거절하다가 죄인이 되었듯이 끝까지 거절함으로 죄 없는 죄인이 되는 세계가 있다는 것입니다.
요셉은 보디발의 아내의 동침을 끝까지 거절하다가 보디발의 아내의 음란한 죄를 뒤집어쓰고 죄없는 죄인이 되었습니다.

> **요 19:10** 빌라도가 가로되 내게 말하지 아니하느냐
> **내가 너를 놓을 권세도 있고**
> **십자가에 못 박을 권세도 있는줄 알지 못하느냐**

초림으로 오신 주님은 놓을 권세도 있고 십자가에 못 박을 권세도 있다고 하면서 너는 어디서 왔느냐고 묻는 빌라도의 요구를 끝까지 거절함으로 우리 인간의 음란한(우상숭배) 죄를 뒤집어쓰고 죄인이 되었습니다. 주님이 죄가 있어서 죄인이 된 것이 아니고 우리 인간의 우상숭배(음란)한 죄를 뒤집어쓰고 죄인이 되었습니다.
그러므로 주님은 죄 없는 죄인이지요?

고후 5:21 하나님이 죄를 알지도 못하신 자로 우리를 대신하여
죄를 삼으신 것은 **우리로 하여금 저의 안에서**
하나님의 의가 되게 하려 하심이니라

하나님은 죄를 알지도 못하신 주님께 우리의 모든 죄를 전가시켜 죄 없는 죄인이 되게 하시어 우리로 하여금 그 안에서 하나님의 의가 되게 하셨습니다.

그러므로 요셉이 보디발의 아내의 동침요구를 끝까지 거절하고 모든 죄를 뒤집어쓰고 죄 없는 죄인이 된 것은 우리의 모든 죄를 짊어지시고 죄 없는 죄인되신 예수 그리스도를 증거한 것입니다.

2. 죄인의 요구를 들어줌으로 죄 없는 죄인이 되는 세계

창 3:6 여자가 그 나무를 본즉 먹음직도 하고 보암직도 하고 지혜롭게
할 만큼 탐스럽기도 한 나무인지라 **여자가 그 실과를 따먹고**
자기와 함께한 남편에게도 주매 그도 먹은지라

하와가 선악과를 먹으면 하나님과 같이 된다는 뱀의 말을 들은 후 선악과를 따먹고 자기와 함께한 남편에게 줄 때 그도 먹었다고 하였는데 이 사건을 성경은 이렇게 말씀하고 있습니다.

롬 5:14 아담으로부터 모세까지 아담의 범죄와 같은
죄를 짓지 아니한 자들 위에도 **사망이 왕 노릇**하였나니
아담은 오실 자의 표상이라

아담은 선악과를 먹으라고 건네주는 죄인된 하와의 요구를 들어줌으로 하와와 똑같은 죄인이 되었습니다. 아담은 하와의 요구대로 선악과를 먹음으로 하와와 똑같은 죄인이 되었기 때문에 오실 자의

표상(모형)이라고 하는 것입니다.

롬 5:17 **한 사람의 범죄를 인하여 사망이 그 한 사람으로 말미암아 왕노릇 하였은즉** 더욱 은혜와 의의 선물을 넘치게 받는자들이 **한 분 예수 그리스도로 말미암아 생명 안에서 왕 노릇 하리로다**

예수 그리스도께서 아담과 같이 죄인된 인간의 요구를 들어줌으로 인간의 죄를 넘겨받아 죄인이 되어 우리에게 생명을 주신 것입니다.

그러므로 한 사람의 범죄를 인하여 사망이 그 한 사람으로 말미암아 왕노릇 한 것처럼 더욱 은혜와 의의 선물을 넘치게 받는 자들이 한 분 예수 그리스도로 말미암아 생명 안에서 왕노릇 하는 것입니다.

아담이 죄인된 하와의 요구대로 선악과를 받아먹은 것은 의의 한 행동으로 예수께서 인류의 죄를 짊어지는 것을 말합니다. 그래서 아담을 오실 자의 표상이라고 하는 것입니다. 주님은 죄인인 우리의 죄를 짊어지심으로 죄없는 죄인이 되었습니다.

사 53:6 우리는 다 양 같아서 그릇 행하여 각기 제 길로 갔거늘 **여호와께서는 우리 무리의 죄악을 그에게 담당시키셨도다**

주님은 우리의 모든 죄를 담당시키시는 하나님의 요구에 순종하심으로 우리와 똑같은 죄인이 되시어 죄 없는 죄인이 되었습니다.

사 53:10 **여호와께서 그로 상함을 받게 하시기를 원하사 질고를 당케 하셨은즉** 그 영혼을 속건 제물로 드리기에 이르면 그가 그 씨를 보게 되며 그 날은 길 것이요 **또 그의 손으로 여호와의 뜻을 성취하리로다**

주님으로 하여금 상함과 질고를 받기 원하셨던 하나님의 요구대로 예수께서는 우리의 죄를 전가 받아 죄 없는 죄인이 되어 그의 손으로 여호와의 뜻을 성취하셨습니다.

사 53:11 가라사대 그가 자기 영혼의 수고한 것을 보고
만족히 여길 것이라 나의 의로운 종이 자기 지식으로 많은
사람을 의롭게 하며 **또 그들의 죄악을 친히 담당하리라**

요셉은 보디발의 요구대로 감옥에 갇혀 보디발의 아내의 모든 죄를 친히 담당하여 죄 없는 죄인이 된 것처럼 주님은 하나님의 요구대로 우리의 모든 죄를 친히 담당하시어 죄 없는 죄인이 되셨습니다.

히 4:15 우리에게 있는 대제사장은 우리 연약함을 체휼하지 아니하는
자가 아니요 모든 일에 우리와 한결같이 시험을 받은 자로되
죄는 없으시니라

요셉은 죄인이 되어 온갖 수모를 당하고 감옥에 갇혔으나 죄는 없었던 것처럼 주님도 죄인이 되어 모든 일에 우리와 한결같이 시험을 받은 자로되 죄는 없으십니다. 그러므로 죄 없는 죄인된 요셉은 죄 없는 죄인되신 예수 그리스도를 증거하고 있습니다.

3. 순종함으로 죄 없는 죄인이 되는 세계

창 39:8 요셉이 거절하며 자기 주인의 처에게 이르되
나의 주인이 가중 제반 소유를` 간섭지 아니하고
다 내 손에 위임하였으니
창 39:9 이 집에는 나보다 큰이가 없으며
주인이 아무 것도 내게 금하지 아니하였어도
금한 것은 당신 뿐이니 당신은 자기 아내임이라
그런즉 내가 어찌 이 큰 악을 행하여 하나님께 득죄하리이까

요셉이 동침을 요구하는 보디발의 아내에게 주인이 아무 것도 내게 금하지 아니하였어도 금한 것은 당신 뿐이니 당신은 자기 아내임이라 그런즉 내가 어찌 이 큰 악을 행하여 하나님께 득죄하리이까 라고 말하였으나 보디발의 아내는 요셉에게 끈질기게 동침을 요구했습니다.

창 39:10 여인이 날마다 요셉에게 청하였으나 요셉이 듣지 아니하여
동침하지 아니할 뿐더러 함께 있지도 아니하니라
창 39:12 그 여인이 그 옷을 잡고 가로되 나와 동침하자
요셉이 자기 옷을 그 손에 버리고 도망하여 나가매

요셉은 보디발이 자신에게 금한 보디발의 아내가 동침하자고 옷을 벗기자 옷을 벗은 채로 도망쳐 버렸습니다.

사랑하는 성도 여러분!
왜 요셉이 보디발의 아내의 요구를 요셉은 단호하게 거절하였을까요? 요셉이 보디발의 아내의 요구를 단호하게 거절한 것은 요셉이 보디발의 명령에 온전히 순종했기 때문입니다. 요셉은 보디발의 명령에 온전히 순종함으로 죄인이 되었습니다.

롬 5:19(하) 한 사람의 순종하심으로 많은 사람이 의인이 되리라

한 사람의 순종하심으로 많은 사람이 의인이 되리라는 말씀처럼 요셉은 보디발의 말에 순종하여 보디발의 아내와 동침 요구를 거절하여 죄인이 되었습니다. 이것이 한 사람의 순종하심으로 많은 사람이 의인이 되는 비밀입니다.

주님은 하나님의 말씀에 순종함으로 자신이 죄인이 되어 많은 사람을 의인되게 하셨습니다. 그러므로 요셉이 보디발의 말에 순종함으

로 죄인이 되어 음란한 보디발의 아내가 의롭게 되었다는 것입니다. 보디발의 말에 순종함으로 음란한 보디발의 아내의 죄를 짊어진 요셉은 우상숭배(음란)한 우리의 죄를 짊어지신 예수 그리스도의 확실한 모형입니다.

요셉은 보디발이 금한 명령에 순종하여 하나님께 악을 행치 않음으로 죄 없는 죄인이 되었습니다. 요셉은 죄를 짓지 아니하였으나 보디발의 아내의 죄를 짊어지고 죄 없는 죄인이 된 것입니다.

주님은 죄인이 아니지만 우리의 죄를 짊어지고 죄 없는 죄인이 되었기 때문에 주님께서 우리의 죄를 대속하셨다고 하는 것입니다. 그러므로 보디발의 명령에 순종하여 죄 없는 죄인이 된 요셉은 100% 예수 그리스도의 모형입니다.

보디발의 아내는 자신의 행위로 남편에게 의롭게 된 것이 아니라 자신의 죄를 보디발이 요셉에게 전가시켜 줌으로 의롭게 되었습니다. 우리는 우리의 행위로 의롭게 된 것이 아니고 하나님께서 우리의 죄를 예수 그리스도께 전가시켜 주심으로 의롭게 되었습니다.

보디발의 아내는 자신의 행위로 남편에게 의롭다함을 받은 것이 아니고 요셉이 모든 죄를 짊어져 주었기 때문에 의롭다함을 받은 것입니다. 우리는 주님이 우리의 모든 죄를 짊어지셨기 때문에 의롭다 함을 받은 것입니다.

갈 2:16 사람이 의롭게 되는 것은 율법의 행위에서 난 것이 아니요
오직 예수 그리스도를 믿음으로 말미암는 줄 아는고로
우리도 그리스도 예수를 믿나니
이는 우리가 율법의 행위에서 아니고

그리스도를 믿음으로서 의롭다 함을 얻으려 함이라
율법의 행위로서는 의롭다 함을 얻을 육체가 없느니라

사람이 의롭게 되는 것은 율법의 행위에서 난 것이 아니요 오직 예수 그리스도를 믿음으로 말미암는 줄 아는 고로 우리도 그리스도 예수를 믿나니 이는 우리가 율법의 행위로써가 아니고 그리스도를 믿음으로 의롭다 함을 얻으려 함이라 율법의 행위로는 의롭다 함을 얻을 육체가 없다고 하였습니다.

사랑하는 성도 여러분!
우리가 의롭게 된 것은 우리의 행위로 의롭게 된 것이 아니고 주님께서 우리를 죄를 짊어지시고 죄 없는 죄인이 되셔서 우리의 죄를 도말해 주셨기 때문입니다.
그러므로 요셉이 보디발의 아내의 음란한 죄를 짊어지고 죄 없는 죄인이 된 것은 우리의 음란한(우상숭배) 죄를 짊어지심으로 죄 없는 죄인이 되신 예수 그리스도를 증거한 복음중의 복음입니다.

주님은 죄를 거절하심으로 죄 없는 죄인이 되셨습니다. 주님은 죄인인 우리 영혼의 요구를 들어주심으로 죄 없는 죄인이 되셨습니다. 주님은 우리의 죄를 자신의 몸에 전가시키는 하나님께 순종하심으로 죄없는 죄인이 되셨습니다.
그러면 왜 주님이 죄 없는 죄인이 되었을까요?

요일 3:5 그가 우리 죄를 없이 하려고 나타내신바 된 것을
너희가 아나니 **그에게는 죄가 없느니라**

주님은 우리 죄를 없게 하시려고 죄를 거절하심으로 죄 없는 죄인이 되셨습니다. 주님은 우리 죄를 없게 하시려고 죄인인 우리 영혼

의 요구를 들어주심으로 죄 없는 죄인이 되셨습니다.

주님은 우리 죄를 없게 하시려고 우리의 죄를 자신의 몸에 전가시키므로 하나님께 순종하여 죄 없는 죄인이 되셨습니다.

Point	요셉이 보디발의 아내의 동침요구를 끝까지 거절하고 모든 죄를 뒤집어쓰고 죄없는 죄인이 된 것은 우리의 모든 죄를 짊어지시고 죄 없는 죄인되신 예수 그리스도를 증거한 것이다. 그리고 아담이 선악과를 먹으라고 건네주는 죄인 하와의 요구를 들어줌으로 하와와 똑같이 죄인된 것은 예수께서 죄인된 인간의 요구를 들어주므로 인간의 죄를 전가받아 죄인이 되어 우리에게 생명을 주신 것을 증거한 것이다.

17
포도원 상속자의 죽음

열왕기상 21:13

왕상 21:13 때에 비류 두 사람이 들어와서 그 앞에 앉고 백성 앞에서 나봇에게 대하여 증거를 지어 이르기를 나봇이 하나님과 왕을 저주하였다 하매 무리가 저를 성 밖으로 끌고 나가서 돌로 쳐 죽이고

Key	포도원 상속자 나봇과 포도원 주인의 아들이 죽임당한 것은 무엇을 증거하고 있는가?

어느 날 아합 왕이 나봇의 포도원을 보고 욕심이 생겨 나봇에게 제안하기를 네 포도원이 왕궁 곁에 가까이 있으니 내게 주어 정원을 삼게 하라 그러면 그 대신에 그보다 더 아름다운 포도원을 네게 줄 것이요 만일 돈으로 받기를 원하면 그 값을 돈으로 주리라고 하였습니다.

포도원을 달라는 아합 왕의 말에 나봇이 말하기를 왕이여 이 포도원은 열조로부터 상속 받은 것이니 내 열조의 유업을 왕에게 주기를 여호와께서 금하신다고 하였습니다.

나봇의 포도원을 욕심냈다가 자기의 뜻대로 되지 않자 고민에 빠진 아합이 식음을 전폐하고 누워 있자 이세벨이 아합에게 당신은 이 나라의 왕이십니다 왕이 뭐 그런 것을 가지고 고민하시고 식사를 안 하십니까? 일어나 식사를 하시고 마음을 즐겁게 하시면 내가 나봇의 포도원을 왕께 드리겠습니다 라고 하였습니다.

그리고 이세벨은 나봇이 사는 성(城)의 장로들과 귀인들에게 왕의 이름으로 편지를 쓰고 인(印)을 쳤는데 그 편지의 내용은 이렇습니다.

왕상 21:9 그 편지 사연에 이르기를 금식을 선포하고
나봇을 백성 가운데 높이 앉힌 후에
왕상 21:10 비류 두 사람을 그 앞에 마주 앉히고
저에게 대하여 증거 하기를
네가 하나님과 왕을 저주하였다 하게하고
곧 저를 끌고 나가서 돌로 쳐 죽이라 하였더라

금식을 선포하고 나봇을 백성 가운데 높이 앉힌 후에 비류 두 사람을 그 앞에 마주 앉혀서 나봇이 하나님과 왕을 저주하였다고 거짓 증거하게 하여 왕에게 포도원을 주지 아니한 나봇을 끌고 나가서 돌로 쳐 죽이라고 하였습니다.

왕상 21:11 그 성 사람 곧 그 성에 사는 장로와 귀인들이
이세벨의 분부 곧 저가 자기들에게 보낸 편지에
쓴 대로 하여
왕상 21:12 금식을 선포하고 **나봇을 백성 가운데 높이 앉히매**

유대인의 장로와 귀인들은 이세벨의 말대로 금식을 선포하고 나봇을 백성 가운데 높이 앉혔습니다. 그러면 이세벨의 말대로 금식을 선포하고 나봇을 죽이기 위해 앞장섰던 장로와 귀인들은 누구를 말할까요?

계 2:9 내가 네 환난과 궁핍을 아노니 실상은 네가 부요한 자니라
자칭 유대인이라 하는 자들의 훼방도 아노니
실상은 유대인이 아니요 사단의 회라
계 3:9 (상) 보라 사단의 회 곧 자칭 유대인이라

이세벨이 세운 계략대로 금식을 선포하고 포도원 상속자 나봇을 죽이는데 앞장 선 장로들과 귀인들은 자칭 유대인이나 실상은 사단의 회(會)였습니다. 그래서 예수님 당시 예수를 죽이려고 앞장섰던 대제사장들과 장로들과 서기관들도 사단의 회(會)였던 것입니다.

막 15:1 새벽에 **대제사장들이 즉시 장로들과 서기관들**
곧 온 공회로 더불어 의논하고
예수를 결박하여 끌고 가서 빌라도에게 넘겨주니

사단의 회(會)인 대제사장들이 즉시 장로들과 서기관들 곧 온 공회로 더불어 의논하고 예수를 결박하여 끌고 가서 빌라도에게 넘겨주

었습니다.
이세벨의 지시대로 열조의 포도원 상속자 나봇을 죽이기 위해 앞장섰던 장로와 귀인들은 사단의 회(會)였듯이 하늘의 상속자 예수 그리스도를 죽이기 위해 앞장섰던 대제사장들과 장로들과 서기관들도 사단의 회(會)였습니다.

오늘은 "포도원 상속자의 죽음" 을 통해 하나님의 구원의 비밀인 예수 그리스도를 만나게 될 줄로 믿습니다.

1. 열조의 포도원 상속자는 죽임을 당한다

왕상 21:13 때에 비류 두 사람이 들어와서
그 앞에 앉고 백성 앞에서
나봇에게 대하여 증거를 지어 이르기를
나봇이 하나님과 왕을 저주하였다 하매
무리가 저를 성 밖으로 끌고 나가서 돌로 쳐 죽이고

이세벨은 나봇을 죽이고 포도원을 빼앗기 위해 거짓 증인을 세워 나봇을 죽이라고 아합 왕의 이름으로 편지를 쓰고 인을 쳐 나봇이 사는 지경의 장로들에게 보냈습니다. 편지를 받은 장로와 귀인들은 이세벨의 말대로 금식을 선포하고 나봇을 백성들 앞에 높이 앉혔습니다.
그때 거짓 증인 두 사람이 나서더니 나봇이 하나님과 왕을 저주하는 것을 우리가 똑똑히 들었습니다 라고 거짓 증거를 합니다. 나봇이 하나님과 왕을 저주하였다고 하자 무리가 나봇을 성 밖으로 끌고 나가서 돌로 쳐 죽였습니다.

나봇은 열조로부터 상속받은 포도원 때문에 죽었지요?
이세벨은 나봇이 열조의 포도원 상속자이었기 때문에 죽였던 것입니다. 나봇이 열조의 포도원 상속자가 아니었으면 간교한 이세벨의 꾀에 죽임 당하지 않았을 것입니다.
눅20:9절부터 보면 어떤 사람이 포도원을 만들어 농부들에게 세를 주고 먼 타국에 가 오랫동안 있었습니다. 오랫동안 포도원 세를 받지 않은 주인이 때가 되자 포도원 소출의 얼마를 받기 위해 한 종을 보냈습니다. 그런데 포도원 농사를 맡은 농부들은 포도원 주인이 보낸 종들을 심히 때리고 능욕하고 돌려보내자 아들을 보냅니다.

눅 20:13 포도원 주인이 가로되 어찌할꼬
내 사랑하는 아들을 보내리니
저희가 혹 그는 공경하리라 하였더니
눅 20:14 농부들이 그를 보고 서로 의논하여 가로되
이는 상속자니 죽이고 그 유업을 우리의 것으로 만들자 하고
눅 20:15(상) **포도원 밖에 내어 쫓아 죽였느니라**

포도원 주인이 말하기를 이번에는 포도원 상속자인 내 아들이 가면 그들이 내 아들은 공경하기에 세를 줄 것이라 여겨 아들을 보냈습니다. 그런데 포도원 주인의 생각과는 반대로 농부들은 주인의 아들이 오자 이는 주인의 상속자니 죽이고 그 유업을 자신들이 차지하자고 하며 주인의 아들을 죽였습니다.

나봇이 포도원 상속자이니 죽임을 당했고 포도원 주인의 아들이 포도원 상속자이니 죽임을 당했지요? 그러므로 하나님의 복음의 세계에서 포도원 상속자는 죽임을 당하는 것입니다.

2. 포도원 상속자는 성 밖에 끌려 나가 죽는다

왕상 21:13 때에 비류 두 사람이 들어와서
그 앞에 앉고 백성 앞에서
나봇에게 대하여 증거를 지어 이르기를
나봇이 하나님과 왕을 저주하였다 하매

무리가 저를 성 밖으로 끌고 나가서 돌로 쳐 죽이고

두 사람의 거짓 증인을 세워 나봇이 하나님과 왕을 저주하였다고 하자 무리가 나봇을 성 밖으로 끌고 나가서 돌로 쳐 죽였습니다. 포도원 상속자 나봇은 열조로부터 상속 받은 포도원을 끝까지 지키려다 죽임 당했습니다. 포도원 상속자 나봇을 어디서 죽입니까?
나봇을 무리가 성 밖으로 끌고 나가서 돌로 쳐 죽였습니다.

눅 20:14 농부들이 그를 보고 서로 의논하여 가로되
이는 상속자니 죽이고 그 유업을 우리의 것으로 만들자 하고
눅 20:15 **포도원 밖에 내어 쫓아 죽였느니라**

포도원 주인이 아들을 보내자 농부들이 이는 상속자니 죽이고 포도원을 우리 것으로 만들자고 하면서 그 상속자를 포도원 밖에 내어 쫓아 죽였습니다. 포도원 상속자 나봇을 성 밖으로 끌고 가서 죽였고 포도원 상속자 아들을 포도원 밖에 끌어내 죽였습니다.

히 13:12 그러므로 **예수도 자기 피로써 백성을 거룩케 하려고**
성문 밖에서 고난을 받으셨느니라

3. 죽음으로서 포도원 빼앗으려했던 자들을 죽이는 포도원 상속자

아합은 나봇이 죽었다는 말을 듣고 자신이 그렇게 욕심을 내었던 나봇의 포도원을 취하러 갑니다.

왕상 21:17 여호와의 말씀이 디셉 사람 엘리야에게 임하여 가라사대
왕상 21:18 너는 일어나 내려가서
사마리아에 거하는 이스라엘 왕 아합을 만나라
저가 나봇의 포도원을 취하러 그리로 내려갔나니

그때 여호와께서 엘리야에게 말씀하시기를 엘리야야, 너는 일어나 내려가서 사마리아에 거하는 이스라엘 왕 아합을 만나라 아합이 지금 나봇의 포도원을 취하러 그리로 내려갔느니라고 하셨습니다.

왕상 21:19 너는 저에게 말하여 이르기를
여호와의 말씀이 네가 죽이고 또 빼앗았느냐 하셨다 하고
또 저에게 이르기를 여호와의 말씀이
개들이 나봇의 피를 핥은 곳에서
개들이 네 피 곧 네 몸의 피도 핥으리라 하셨다 하라

그리고 아합 왕에게 네가 죽이고 또 빼앗았느냐 개들이 나봇의 피를 핥은 곳에서 네 피 곧 네 몸의 피도 핥으리라고 하셨습니다.

왕상 21:20 (상) 아합이 엘리야에게 이르되
나의 대적이여 네가 나를 찾았느냐

엘리야가 하나님의 말씀을 듣고 아합을 찾아가자, 아합은 엘리야에게 나의 대적 엘리야여 네가 나를 왜 찾았느냐고 합니다.

왕상 21:20 (중) 대답하되 내가 찾았노라
네가 스스로 팔려 여호와 보시기에 악을 행하였으므로
왕상 21:21 여호와의 말씀이 내가 재앙을 네게 내려
너를 쓸어 버리되네게 속한 남자는
이스라엘 가운데 매인 자나 놓인 자를 다 멸할 것이요

네가 스스로 팔려 여호와 보시기에 악을 행하였으므로 여호와께서 재앙을 네게 내려 너를 쓸어버리되 네게 속한 남자는 이스라엘 가운데 매인 자나 놓인 자를 다 멸할 것이라고 엘리야가 말하였습니다.

왕상 21:22 또 네 집으로 느밧의 아들 **여로보암의 집처럼 되게 하고**
아히야의 아들 **바아사의 집처럼 되게 하리니**
이는 네가 나의 노를 격동하고
이스라엘로 범죄케 한 까닭이니라 하셨고

아합이여, 왕이 하나님의 노를 격동하고 이스라엘로 범죄케 하였기 때문에 왕은 여로보암의 집과 바아사의 집처럼 처참하게 망할 것입니다.

왕상 21:23 이세벨에게 대하여도 여호와께서 말씀하여 가라사대
개들이 이스르엘 성 곁에서 이세벨을 먹을찌라

하나님께서 아합을 죽이는 날, 개들이 아합의 피를 핥으며 개들이 이세벨의 몸을 뜯어 먹을 것이라고 하였습니다.
정말 그렇게 되는지 말씀을 잘 들으시기 바랍니다.

왕상 22:34 한 사람이 **우연히 활을 당기어**
이스라엘 왕의 갑옷 솔기를 쏜지라
왕이 그 병거 모는 자에게 이르되 내가 부상하였으니
네 손을 돌이켜 나로 군중에서 나가게 하라 하였으나
왕상 22:35 이 날에 전쟁이 맹렬하였으므로 왕이 병거 가운데 붙들려
서서 아람 사람을 막다가 **저녁에 이르러 죽었는데**
상처의 피가 흘러 병거 바닥에 고였더라

아합이 전쟁에 나가 일반 사병처럼 변장을 하고 사병들 속에 들어 있을 때 아람 군사가 우연히 활을 당기어 쏘았는데 정확히 아합이 맞았고 아합 왕이 화살에 맞았어도 그 날에 전쟁이 맹렬하여 아무도 아합 왕을 도와 줄 수가 없었습니다. 아람 군사가 우연히 쏜 화살에 맞은 아합은 저녁에 이르러 죽었는데 상처의 피가 흘러 병거 바닥에 고일 정도였습니다. 열조의 상속자 나봇을 죽인 죄로 하나님의 저주를 받아 아합이 죽었습니다.

왕상 22:36 해가 질 즈음에 군중에서 외치는 소리 있어 가로되
각기 성읍으로 각기 본향으로 하더라
왕상 22:37 **왕이 이미 죽으매 그 시체를 메어**
시미리아에 이르러 거기 장사하니라

왕상 22:38 그 병거를 사마리아 못에 씻으매 **개들이 그피를 핥았으니**
여호와의 하신 말씀과 같이 되었더라
거기는 창기들의 목욕하는 곳이었더라

아합이 죽자 개들이 그 피를 핥으므로 여호와의 말씀대로 되었습니다.

왕하 9:32 예후가 얼굴을 들어 창을 향하고 가로되 내 편이 될 자가
누구냐 누구냐 하니 두어 내시가 예후를 내다보는지라
왕하 9:33 가로되 **저를 내려 던지라 하니 내려던지매**
그 피가 담과 말에게 뛰더라 예후가 그 시체를 밟으니라

예후가 이세벨을 죽이기 위해서 찾아가 왕궁 내시들을 향해 누가 내편이 되겠느냐고 묻자, 두어 내시가 예후의 편이 되겠다는 신호를 보냈습니다. 내시들의 신호를 받은 예후가 내시들을 향해 이세벨을 내려 던지라고 하자 두 내시가 이세벨을 들어 창문 밖으로 던져버렸습니다. 내시가 이세벨을 던지니 그 피가 담과 말에게 튀었고 예후가 그 시체를 밟았습니다. 이세벨을 창밖으로 던져 죽여 버린 예후가 먹고 마시면서 말합니다.

왕하 9:34 예후가 들어가서 먹고 마시고 가로되
가서 이 저주 받은 계집을 찾아 장사하라
저는 왕의 딸이니라 하매
왕하 9:35 **가서 장사하려 한즉**
그 두골과 발과 손바닥 외에는 찾지 못한지라
왕하 9:36 돌아와서 고한대 예후가 가로되
이는 여호와께서 그 종 디셉 사람 엘리야로 말씀하신바라
이르시기를 **이스르엘 토지에서**
개들이 이세벨의 고기를 먹을찌라

예후의 말에 따라 이세벨을 장사하려고 하니 개들이 이세벨을 다 뜯어먹고 머리와 발과 손바닥만 남겨 놓았습니다. 그러므로 하나님께서 엘리야에게 하신 말씀대로 되었습니다.

열조의 포도원 상속자인 나봇을 죽임으로 아합과 이세벨은 처참한 멸망을 당했습니다.
포도원 상속자 나봇이 죽임을 당함으로 하나님께서 스스로 타락한 아합과 이세벨을 멸해버렸지요? 의로운 나봇이 포도원을 지키려다가 죽임을 당함으로 악한 아합과 이세벨을 하나님께서 죽여 버리신 것입니다.

눅 20:13 포도원 주인이 가로되 어찌할꼬
내 사랑하는 아들을 보내리니
저희가 혹 그는 공경하리라 하였더니
눅 20:14 농부들이 그를 보고 서로 의논하여 가로되
이는 상속자니 죽이고
그 유업을 우리의 것으로 만들자 하고
눅 20:15 포도원 밖에 내어쫓아 죽였느니라
그런즉 **포도원 주인이 이 사람들을 어떻게 하겠느뇨**
눅 20:16 **와서 그 농부들을 진멸하고**
포도원을 다른 사람들에게 주리라 하시니
사람들이 듣고 가로되 그렇게 되지 말아지이다 하거늘

포도원 상속자의 죽음으로 포도원 주인이 악한 농부들을 다 멸해버렸고 포도원 상속자 나봇의 죽음으로 스스로 타락한 악한 아합과 이세벨을 하나님이 멸해버렸습니다.

요 12:31 이제 **이 세상의 심판이 이르렀으니**
이 세상 임금이 쫓겨나리라
요 12:32 **내가 땅에서 들리면 모든 사람을 내게로 이끌겠노라** 하시니
요 12:33 이렇게 말씀하심은
자기가 어떠한 죽음으로 죽을 것을 보이심이러라

주님께서 십자가에 못 박혀 죽으실 것을 말씀하시며 이제 이 세상의 심판이 이르렀으니 이 세상 임금이 쫓겨나리라 내가 땅에서 들리면 모든 사람을 내게로 이끌겠노라고 말씀하셨습니다.

왜 주님이 포도원 상속자일까요?

마 20:1 천국은 마치 품군을 얻어 포도원에 들여보내려고
이른 아침에 나간 집 주인과 같으니

천국을 비유로 품군을 얻어 포도원에 들여보내려고 이른 아침에 나간 집 주인은 하나님을 말씀합니다.

마 21:28 그러나 너희 생각에는 어떠하뇨 한 사람이 두 아들이 있는데
맏아들에게 가서 이르되 **얘 오늘 포도원에 가서 일하라 하니**
마 21:29 대답하여 가로되 아버지여 가겠소이다 하더니 가지 아니하고
마 21:30 둘째 아들에게 가서 또 이같이 말하니 대답하여 가로되
싫소이다 하더니 **그 후에 뉘우치고 갔으니**

두 아들에게 포도원에 가서 일하라고 한 포도원 주인은 하나님을 말씀하고 있습니다. 자기의 뜻을 버리고 아버지의 뜻대로 포도원에 일하러 간 둘째 아들은 십자가의 죽음 앞에서 아버지여 할 수만 있으시면 이 잔을 내게서 옮겨주시옵소서 몸부림을 치시다가 아버지여 내 원대로 마옵시고 아버지의 뜻대로 하시옵소서라고 하며 십자가를 지시고 죽으신 예수 그리스도를 말씀하신 것입니다.
그래서 예수 그리스도께서 하늘의 포도원 상속자입니다.

포도원 상속자 나봇이 죽임을 당함으로 악한 아합과 이세벨을 하나님이 멸해버렸고 포도원 비유에서 포도원 상속자의 아들이 죽임 당함으로 악한 농부들을 주인이 다 멸해버렸지요?
하늘의 포도원 상속자 예수께서 죽임을 당함으로 악한 사단을 멸해버렸습니다. 그리고 예수 그리스도는 부활하여 하늘의 유업을 받았습니다.

죽음을 이기시고 부활하신 예수께서 악한 사단의 미혹에 넘어가 하나님이 주신 유업을 잃어버리고 죽음가운데 있었던 우리를 살려 냈습니다. 그러므로 우리는 그리스도와 함께 유업을 이을 자가 된 것입니다.

갈 3:29 너희가 그리스도께 속한 자면
곧 아브라함의 자손이요 **약속대로 유업을 이을 자니라**

Point	나봇과 포도원 주인의 아들이 상속자이기에 죽임을 당한 것은 예수께서 하늘의 포도원 상속자이시기 때문에 성문 밖에서 죽임 당할 것을 말씀한 것이며 포도원 상속자는 죽임을 당함으로 포도원을 빼앗으려 했던 자들을 죽이게 된다는 것을 증거한 것이다. 그러므로 포도원 상속자 나봇이 죽임을 당함으로 악한 아합과 이세벨을 하나님께서 멸하셨고 포도원 상속자 아들이 죽임을 당함으로 악한 농부들을 주인이 다 멸해버렸으며 하늘의 포도원 상속자인 예수께서 죽임을 당함으로 악한 사단을 멸해버린 것이다.

18

수가성 우물에서

요한복음 4:13~14

요 4:13 예수께서 대답하여 가라사대 이 물을 먹는 자마다
다시 목마르려니와 14 내가 주는 물을 먹는 자는 영원
히 목마르지 아니하리니 나의 주는 물은 그 속에서 영
생하도록 솟아나는 샘물이 되리라

Key	수가성 우물에서 예수 그리스도는 어떻게 자신을 친히 증거하셨는가?

요 5:39에서 이 성경이 곧 내게 대하여 증거하는 것이로다 라고 주님이 친히 말씀하셨고 요5:46은 모세가 내게 대하여 기록하였다고 주님이 친히 말씀하셨으며 눅24:27에서는 주님이 친히 모세와 및 모든 선지자의 글로 시작하여 모든 성경에 쓴 자기에 관한 것을 자세히 설명하셨고 눅24:44에서는 모세의 율법과 선지자의 글과 시편에 나를 가리켜 기록된 모든 것이 이루어져야 하리라 한 말이 이것이라고 주님이 친히 말씀하셨습니다. 그러므로 모든 성경은 예수 그리스도를 증거하고 있습니다.

요 8:12 예수께서 또 일러 가라사대 **나는 세상의 빛이니**
나를 따르는 자는 어두움에 다니지 아니하고
생명의 빛을 얻으리라
요 8:13 바리새인들이 가로되 네가 너를 위하여 증거하니
네 증거는 참되지 아니하도다

주님께서 나는 세상의 빛이니 나를 따르는 자는 어두움에 다니지 아니하고 생명의 빛을 얻으리라 하시고 자신을 세상의 빛이라 증거하였습니다. 그러자 바리새인들이 네가 너 자신을 위하여 증거하니 너의 증거는 참되지 않다고 반박합니다.

요 8:14 예수께서 대답하여 가라사대
내가 나를 위하여 증거하여도 내 증거가 참되니
나는 내가 어디서 오며 어디로 가는 것을 앎이어니와
너희는 내가 어디서 오며 어디로 가는 것을 알지 못하느니라

예수께서 내가 나를 위하여 증거하여도 내 증거가 참되니 나는 내가 어디서 오며 어디로 가는 것을 알기 때문에 내가 나를 위하여 증

거하여도 내 증거가 참되다고 하셨습니다.

요 8:17 너희 율법에도 두 사람의 증거가 참되다 기록하였으니
요 8:18 **내가 나를 위하여 증거하는 자가 되고**
나를 보내신 아버지도 **나를 위하여 증거하시느니라**

사랑하는 성도 여러분!
모세의 율법과 선지자들과 시편만이 예수 그리스도를 증거하는 것이 아니고 예수 그리스도도 자신을 증거하며 예수 그리스도를 보낸 아버지도 예수 그리스도를 증거하십니다. 그러므로 초림으로 오신 주님을 증거하는 4복음서인 마태, 마가, 누가, 요한복음은 주님이 친히 자신을 증거하신 복음 중의 복음입니다.

오늘은 "수가성 우물에서" 라는 제목으로 자신을 증거하신 예수 그리스도를 만남으로 주님께서 자신을 친히 증거하신 놀라운 복음에 감격하실 줄로 믿습니다.

1. 수가성 우물에서 여인에게 자신을 증거하는 예수 그리스도

요 4:7 사마리아 여자 하나가 물을 길러 왔으매
예수께서 물을 좀 달라 하시니
요 4:8 이는 제자들이 **먹을 것을 사러** 동네에 들어 갔음이러라

주님께서 사마리아에 있는 수가라 하는 동네에 이르시니 그 곳에 야곱의 우물이 있었습니다. 주님께서 행로에 곤하여 우물 곁에 그대로 앉으시니 육시, 즉 정오쯤 되었고 제자들은 먹을 것을 구하러 동네에 들어가고 없었습니다. 그때 사마리아 여자가 물을 길러 우물에 오자 주님께서 사마리아 여자에게 물을 좀 달라 하셨습니다.

요 4:9 **사마리아 여자가** 가로되 당신은 유대인으로서 어찌하여
사마리아 여자 나에게 물을 달라 하나이까 하니
이는 유대인이 사마리아인과 상종치 아니함이러라

주님께서 물을 좀 달라고 하자 사마리아 여자가 당신은 유대인으로서 우리와 상종치 않으면서 어찌하여 사마리아 여자인 나에게 물을 달라 하나이까 라고 말합니다.

요 4:10 예수께서 대답하여 가라사대 네가 **만일 하나님의 선물과**
또 네게 물 좀 달라 하는 이가 누구인줄 알았더면
네가 그에게 구하였을 것이요 **그가 생수를 네게 주었으리라**

주님은 여인에게 네가 만일 하나님의 선물과 또 네게 물 좀 달라 하는 이가 누구인줄 알았더면 네가 그에게 구하였을 것이요 그가 생수를 네게 주었을 것이다 라고 말씀하셨습니다.

요 4:11 여자가 가로되 주여 물 길을 그릇도 없고
이 우물은 깊은데 어디서 이 생수를 얻겠삽나이까
요 4:12 우리 조상 야곱이 이 우물을 우리에게 주었고
또 여기서 자기와 자기 아들들과 짐승이 다 먹었으니
당신이 야곱보다 더 크니이까

주님의 말씀에 그 여자가 당신은 물 길을 그릇도 없고 이 우물은 깊은데 어디서 이 생수를 얻어 내게 줄 수 있습니까 우리 조상 야곱이 이 우물을 우리에게 주었고 자기와 자기 아들들과 짐승이 다 먹었으니 당신이 야곱보다 더 크십니까 라고 반문합니다.

요 4:13 예수께서 대답하여 가라사대
이 물을 먹는 자마다 다시 목마르려니와
요 4:14 내가 주는 물을 먹는 자는 영원히 목마르지 아니하리니
나의 주는 물은 그 속에서 영생하도록 솟아나는 샘물이 되리라

이에 예수께서 이 물을 먹는 자마다 다시 목마르려니와 내가 주는 물을 먹는 자는 영원히 목마르지 아니하리니 나의 주는 물은 그 속에서 영생하도록 솟아나는 샘물이 되리라고 하셨습니다.

요 4:15 여자가 가로되 **주여 이런 물을 내게 주사 목마르지도 않고 또 여기 물 길러 오지도 않게 하옵소서**

그러자 사마리아 여자는 주여 이런 물을 내게 주사 목마르지도 않고 또 여기 물 길러 오지도 않게 하옵소서 라고 말합니다. 그리고 주님은 사마리아 여인과 남편에 대한 이야기와 예배에 관한 말씀을 하시니 사마리아 여자가 주님께 말합니다.

요 4:25 여자가 가로되 **메시야 곧 그리스도라** 하는 이가 오실 줄을 내가 아노니 **그가 오시면** 모든 것을 우리에게 고하시리이다

메시야 곧 그리스도라 하는 이가 오실 줄을 내가 아노니 메시야인 그리스도가 오시면 모든 것을 우리에게 알게 하실 것입니다.

요 4:26 예수께서 이르시되 **네게 말하는 내가 그로라** 하시니라

여인의 말에 주님은 네가 말하는 메시야 곧 그리스도가 바로 나다 메시야인 내가 너에게 주는 물은 네 속에서 영생하도록 솟아나는 샘물이 되리라고 말씀하셨습니다.

요 4:28 **여자가 물동이를 버려두고**
동네에 들어가서 사람들에게 이르되
요 4:29 나의 행한 모든 일을 내게 말한 사람을 와 보라
이는 그리스도가 아니냐 하니
요 4:30 저희가 동네에서 나와 예수께로 오더라

우물에 물 길러 왔다가 주님께서 자신이 메시야인 그리스도라고 증

거하자 여자가 물동이를 버려두고 동네에 들어가서 사람들에게 예수께서 그리스도라고 외쳤습니다.
주님은 자신이 영원히 목마르지 않는 생수의 근원이시기 때문에 수가성 우물에서 사마리아 여인에게 자신을 증거하기 위해 물을 좀 달라고 요구하시며 자신이 생수의 근원이심을 증거하셨습니다. 우물로 물을 길으러 온 여인은 주님이 생수의 근원이신 메시야임을 알고 동네에 뛰어 들어가 메시야 곧 그리스도를 만났다고 외쳤습니다.

사랑하는 성도 여러분!
수가성 우물에서 주님은 사마리아 여인에게 자신이 생수의 근원이심을 증거하셨습니다. 이것을 주님께서 자신을 증거하신 것이라고 하는 것입니다. 그래서 요8:18에서 주님은 내가 나를 위하여 증거하는 자가 되고 라고 말씀하셨던 것입니다.

2. 자신을 생수라고 증거하신 주님은 생명수 샘으로 인도하신다

계 7:15 그러므로 그들이 하나님의 보좌 앞에 있고
또 그의 성전에서 밤낮 하나님을 섬기매
보좌에 앉으신 이가 그들 위에 장막을 치시리니
계 7:16 저희가 다시 주리지도 아니하며 **목마르지도 아니하고**
해나 아무 뜨거운 기운에 상하지 아니할찌니
계 7:17 이는 보좌 가운데 계신 **어린 양이**
저희의 목자가 되사 생명수 샘으로 인도하시고
하나님께서 저희 눈에서 모든 눈물을 씻어 주실 것임이러라

하나님의 나라에 들어간 자는 주리지도 아니하며 목마르지도 아니합니다. 이는 보좌 가운데 계신 어린 양이 저희의 목자가 되사 생명수 샘으로 인도하시기 때문입니다. 자신이 영원히 목마르지 않는 생수라고 증거하신 주님은 저희의 목자가 되사 영원히 목마르지 않

는 생명수 샘으로 우리를 인도하십니다.

계 21:6 또 내게 말씀하시되 이루었도다
나는 알파와 오메가요 처음과 나중이라
내가 생명수 샘물로 목 마른 자에게 값 없이 주리니

주님은 알파와 오메가요 처음과 나중으로 영원히 목마르지 않는 생명수 샘물로 목마른 자에게 값없이 주십니다.

계 22:17 성령과 신부가 말씀하시기를 오라 하시는도다
듣는 자도 오라 할 것이요 **목마른 자도 올 것이요**
또 원하는 자는 값없이 생명수를 받으라 하시더라

목마른 자도 올 것이요 또 원하는 자는 값없이 생명수를 받으라고 하십니다.

사랑하는 성도 여러분!
주님이 생수의 근원이시고 주님만이 영원히 목마르지 않는 생명수입니다. 그러므로 우리는 하나님이 은혜의 선물로 주신 믿음으로 예수 그리스도를 믿어 값없이 생명수를 받았습니다.

요 4:10 네가 **만일 하나님의 선물과** 또 네게 물 좀 달라 하는 이가
누구인줄 알았더면 네가 그에게 구하였을 것이요
그가 생수를 네게 주었으리라

주님은 수가성 우물에 물 길러 온 여인에게 자신이 영원히 목마르지 않는 생수라고 친히 증거하셨습니다. 이것을 주님의 자기 증거라고 하는 것입니다.

3. 수가성 우물에서 제자들에게 자신을 증거하신 예수 그리스도

요 4:31 그 사이에 제자들이 청하여 가로되 **랍비여 잡수소서**

사마리아 여인이 수가성 우물에 물 길러 왔다가 주님의 자기 증거를 통해 주님께서 영원히 목마르지 아니하는 생수이심을 알고 주님을 전하러 성으로 뛰어 들어간 사이에 제자들이 양식을 구해왔습니다. 양식을 구해 온 제자들이 주님께 랍비여 잡수소서 우리가 먹을 양식을 구해왔습니다 라고 합니다.

요 4:32 가라사대 **내게는 너희가 알지 못하는 먹을 양식이 있느니라**

제자들의 말에 먹을 양식을 구해 오느라고 수고를 많이 했으나 내게는 너희가 알지 못하는 먹을 양식이 있다고 말씀하셨습니다.

요 4:33 제자들이 **서로 말하되 누가 잡수실 것을 갖다 드렸는가** 한 대

주님의 말씀에 우리가 양식을 구하러 간 사이에 벌써 누가 잡수실 것을 갖다 드렸는가 하고 의아해 할 때 주님께서 내게는 너희가 알지 못하는 먹을 양식이 있다고 하십니다.

요 4:34 예수께서 이르시되 **나의 양식은 나를 보내신 이의 뜻을 행하며 그의 일을 온전히 이루는 이것이니라**

누가 내게 먹을 양식을 갖다 준 것이 아니고 나의 양식은 나를 보내신 이의 뜻을 행하며 그의 일을 온전히 이루는 것이 너희가 알지 못하는 양식이라고 하셨습니다. 그러면 제자들도 알지 못했던 주님의 양식이 무엇일까요?

요 6:33 하나님의 떡은 하늘에서 내려 세상에게 생명을 주는 것이니라
요 6:34 저희가 가로되 주여 이 떡을 항상 우리에게 주소서
요 6:35 예수께서 가라사대 **내가 곧 생명의 떡이니**

내게 오는 자는 결코 주리지 아니할 터이요
나를 믿는 자는 영원히 목마르지 아니하리라

주님께서 하나님의 떡은 하늘에서 내려 세상에게 생명을 주는 것이라고 하시자 제자들은 주여 이 떡을 항상 우리에게 주소서라고 합니다. 그러자 내가 곧 생명의 떡이니 내게 오는 자는 결코 주리지 아니할 터이요 나를 믿는 자는 영원히 목마르지 않는다고 하셨습니다.

요 6:38 내가 하늘로서 내려온 것은 **내 뜻을 행하려 함이 아니요**
요 6:39 **나를 보내신 이의 뜻을 행하려 함이니라**
나를 보내신 이의 뜻은 내게 주신 자 중에 내가 하나도
잃어버리지 아니하고 마지막 날에 다시 살리는 이것이니라
요 6:40 **내 아버지의 뜻은** 아들을 보고 믿는 자마다 영생을 얻는
이것이니 마지막 날에 내가 이를 다시 살리리라 하시니라

내가 하늘로서 내려온 것은 내 뜻을 행하려 함이 아니요 나를 보내신 이의 뜻을 행하려 함이니라 나를 보내신 이의 뜻은 내게 주신 자 중에 내가 하나도 잃어버리지 아니하고 마지막 날에 다시 살리는 이것이니라 내 아버지의 뜻은 아들을 보고 믿는 자마다 영생을 얻는 이것이니 마지막 날에 내가 이를 다시 살리리라고 하셨습니다.

요 6:48 내가 곧 생명의 떡이로라
요 6:49 너희 조상들은 광야에서 만나를 먹었어도 죽었거니와
요 6:50 **이는 하늘로서 내려오는 떡이니**
사람으로 하여금 먹고 죽지 아니하게 하는 것이니라
요 6:51 **나는 하늘로서 내려온 산 떡이니**
사람이 이 떡을 먹으면 영생하리라
나의 줄 떡은 곧 세상의 생명을 위한 내 살이로라 하시니라

내가 곧 생명의 떡이로라 나는 하늘로서 내려온 산 떡이니 사람이 이 떡을 먹으면 영생하리라 나의 줄 떡은 곧 세상의 생명을 위한 내

살이라고 하십니다.

요 6:53 예수께서 이르시되 내가 진실로 진실로 너희에게 이르노니
인자의 살을 먹지 아니하고 인자의 피를 마시지 아니하면
너희 속에 생명이 없느니라
요 6:54 내 살을 먹고 내 피를 마시는 자는 영생을 가졌고
마지막 날에 내가 그를 다시 살리리니
요 6:55 **내 살은 참된 양식이요 내 피는 참된 음료로다**

예수께서 제자들에게 말씀하시기를 인자의 살을 먹지 아니하고 인자의 피를 마시지 아니하면 너희 속에 생명이 없느니라 내 살을 먹고 내 피를 마시는 자는 영생을 가졌고 마지막 날에 내가 그를 다시 살리리니 내 살은 참된 양식이요 내 피는 참된 음료라고 하셨습니다. 인자의 살을 먹고 인자의 피를 마시는 자는 그 속에 생명이 있습니다. 주님의 살을 먹고 주님의 피를 마시는 자는 영생을 가졌습니다.

요 6:56 내 살을 먹고 내 피를 마시는 자는
내 안에 거하고 나도 그 안에 거하나니
요 6:57 살아계신 아버지께서 나를 보내시매
내가 아버지로 인하여 사는 것 같이
나를 먹는 그 사람도 나로 인하여 살리라

사랑하는 성도 여러분!
주님은 수가성 우물에서 물을 길러 온 여인에게 자신이 영원히 목마르지 않는 생수의 근원이심을 증거하였습니다. 주님은 수가성 우물에서 먹을 양식을 구해온 제자들에게 내게는 너희가 알지 못하는 양식이 있다고 말씀하심으로 자신의 몸과 자신의 살이 영원히 죽지 않는 참된 양식임을 증거하셨습니다. 수가성 우물에서 자신이 영원히 목마르지 않는 생명수이며 자신의 몸이 참된 양식이라고 증거하신 주님이 이렇게 말씀합니다.

마 26:26 저희가 먹을 때에 예수께서 **떡을 가지사 축복하시고**
떼어 제자들을 주시며 가라사대 **받아 먹으라**
이것이 내 몸이니라 하시고
마 26:27 또 잔을 가지사 사례하시고 저희에게 주시며 가라사대
너희가 다 이것을 마시라
마 26:28 이것은 죄 사함을 얻게 하려고 많은 사람을 위하여
흘리는바 **나의 피 곧 언약의 피니라**

주님은 수가성 우물에서 인류의 죄를 짊어지고 십자가에서 못 박혀 죽는 자신의 살 만이 참된 양식이요 자신의 피 만이 참된 음료라는 것을 증거하신 것입니다.

그래서 요8:18절에서 주님은 '내가 나를 위하여 증거하는 자가 되고' 라고 말씀하셨던 것입니다.

Point	수가성 우물에서 사마리아 여인에게 주님은 자신이 영원히 목마르지 않는 생수의 근원이심을 친히 증거하셨고 양식을 구해온 제자들에게 내게는 너희가 알지 못하는 먹을 양식이 있다고 말씀하심으로써 자신의 몸과 살이 영원히 죽지 않는 참된 양식임을 친히 증거하셨던 것이다.

19

이삭과 같이 약속의 자녀라

갈라디아서 4:28

갈 4:28 형제들아 너희는 이삭과 같이 약속의 자녀라

Key	육체를 따라 낳은 이스마엘이 약속의 자녀인 이삭을 희롱하다가 어미와 함께 쫓겨난 것은 예수 그리스도를 어떻게 증거하고 있는가?

우리는 이삭과 같이 약속의 자녀입니다. 그러면 어떤 원리에 의해 우리가 이삭과 같이 약속의 자녀일까요?
오늘 "이삭과 같이 약속의 자녀" 라는 제목의 말씀을 들으실 때 우리의 유일한 구원자이신 예수 그리스도를 만나는 복된 시간이 될 줄로 믿습니다.

1. 사래를 멸시하는 여종 하갈

창 16:2 사래가 아브람에게 이르되
여호와께서 나의 생산을 허락지 아니하셨으니
원컨대 나의 여종과 동침하라
내가 혹 **그로 말미암아 자녀를 얻을까 하노라** 하매
아브람이 사래의 말을 들으니라

아이를 낳지 못하는 사래가 혹시 하갈을 통해 자녀를 얻을지도 모르니 여종인 하갈과 동침하라고 하자 아브람은 하갈과 동침하였습니다.

창 16:4 아브람이 하갈과 동침하였더니 하갈이 잉태하매
그가 자기의 잉태함을 깨닫고 그 여주인을 멸시한지라

사래의 여종 하갈은 아브람으로 인해 잉태하자 자기 주인인 사래를 멸시하였습니다.

멸은- קָלַל〈칼랄〉 ❶하찮다 ❷시시하다 ❸보잘 것 없다
시는- עַיִן〈아인〉 ❶눈

사래의 여종 하갈은 아브람으로 인해 잉태하자 상전인 사래를 하찮게 보았고 시시하게 보았고 보잘 것 없이 보았습니다.

창 16:5 사래가 아브람에게 이르되
나의 받는 욕은 당신이 받아야 옳도다
내가 나의 여종을 당신의 품에 두었거늘
그가 자기의 잉태함을 깨닫고 나를 멸시하니
당신과 나 사이에 여호와께서 판단하시기를 원하노라
창 16:6 아브람이 사래에게 이르되
그대의 여종은 그대의 수중에 있으니
그대의 눈에 좋은대로 그에게 행하라 하매
사래가 하갈을 학대하였더니
하갈이 사래의 앞에서 도망하였더라

종인 하갈이 아브람으로 인해 잉태하였다고 상전인 사래를 멸시하니 사래가 격동하게 됩니다.

잠 30:21 세상을 진동시키며 세상으로 견딜 수 없게 하는 것
서넛이 있나니
잠 30:22 곧 종이 임금된 것과 미련한 자가 배부른 것과
잠 30:23 꺼림을 받는 계집이 시집간 것과
계집 종이 주모를 이은 것이니라

세상으로 견딜 수 없게 하여 세상을 진동시키며 뒤집힐 일이 서넛이 있습니다. 신하가 임금된 것과 미련한 자가 음식으로 배부른 것과 꺼림을 받는 계집이 시집간 것과 여종이 안주인의 자리를 차지한 것이 세상을 진동하여 뒤집힐 일입니다.

여종 하갈이 안주인 사래의 자리를 차지한 것이지요?
이것이 세상을 진동하여 뒤집힐 일입니다.

벧후 2:10 육체를 따라 더러운 정욕 가운데서 행하며

주관하는 이를 멸시하는 자들에게
특별히 형벌하실 줄을 아시느니라
이들은 담대하고 고집하여 떨지 않고
영광 있는 자를 훼방하거니와

육체를 따라 아들을 낳은 하갈이 사래의 뒤를 이었다고 자기를 주관하는 사래를 멸시하였습니다. 이것은 여종이 안주인의 자리를 차지한 것으로 세상을 진동하여 뒤집힐 일입니다.

2. 육체를 따라 낳은 이스마엘

창 16:15 하갈이 아브람의 아들을 낳으매 아브람이 하갈의 낳은 그 아들을 이름하여 **이스마엘이라** 하였더라

아브라함으로 인해 잉태하였던 사래의 여종 하갈이 이스마엘을 낳았습니다.

갈 4:22 기록된바 **아브라함이 두 아들이 있으니** 하나는 **계집 종에게서** 하나는 자유하는 여자에게서 났다 하였으나

여종인 하갈이 낳은 아들은 이스마엘이고 자유하는 여자 사래가 낳은 아들은 이삭이지요?

갈 4:23 계집 종에게서는 육체를 따라 났고
자유하는 여자에게서는 약속으로 말미암았느니라

여종에게서 낳은 이스마엘은 육체를 따라 났고 자유하는 여자에게서 낳은 이삭은 약속으로 말미암아 낳았습니다.

갈 4:24 이것은 비유니 이 여자들은 두 언약이라

하나는 시내산으로부터 종을 낳은 자니 곧 하가라

하갈과 사래는 비유로서 두 언약을 말하고 있습니다.

갈 4:25 이 하가는 아라비아에 있는 시내산으로 지금 있는
예루살렘과 같은 데니 저가 그 자녀들로 더불어 종노릇하고
갈 4:26 **오직 위에 있는 예루살렘은 자유자니 곧 우리 어머니라**

여종인 하가는 시내산으로부터 종을 낳은 자로서 시내산 율법을 말하고 사래는 하늘 예루살렘의 예표로서 어머니를 말합니다.
그런데 여종인 하갈이 안주인 사래의 배려로 시집을 가 아이를 잉태함으로 안주인의 뒤를 이었다고 사래를 멸시하여 그녀의 마음을 격동시켜 견딜 수 없게 하였습니다. 이것이 여종이 안주인의 자리를 차지한 것으로 세상을 진동하여 뒤집힐 일입니다.

3. 약속을 통해 태어난 이삭

창 17:19(중) 네 아내 사라가 정녕 네게 아들을 낳으리니
너는 그 이름을 이삭이라 하라 내가 그와 내 언약을
세우리니 그의 후손에게 영원한 언약이 되리라

하나님께서 아브람 99세 때에 아들을 주시겠다고 하시며 그 아들의 이름을 이삭이라 하라고 하셨습니다.

창 21:1 여호와께서 그 말씀대로 사라를 권고하셨고
여호와께서 그 말씀대로 사라에게 행하셨으므로
창 21:2 **사라가 잉태하고** 하나님의 발씀하신 기한에 미쳐
늙은 아브라함에게 아들을 낳으니

경수가 끊긴 사라가 늙은 아브라함에게 하나님의 약속대로 아들을

낳았습니다.

창 21:3 아브라함이 그 낳은 아들
곧 **사라가 자기에게 낳은 아들을 이름하여 이삭이라 하였고**
창 21:5 아브라함이 그 아들 이삭을 낳을 때에 백세라

아브라함은 하나님의 약속대로 아들을 낳아 이름을 이삭이라고 하였는데 그 이삭은 하나님의 약속대로 태어난 아들입니다. 그러므로 갈4:28절의 말씀처럼 우리도 이삭과 같이 약속의 자녀라고 하였습니다.

4. 육체를 따라 낳은 자가 약속을 따라 난 자를 핍박하다가 어미와 함께 쫓겨났다

창 21:8 아이가 자라매 **젖을 떼고** 이삭의 **젖을 떼는 날에**
아브라함이 대연을 배설하였더라

이삭이 자라 젓 뗄 때가 되어 아브라함은 이삭을 위해 큰 잔치를 열었습니다.

창 21:9 사라가 본즉 아브라함의 아들 애굽 여인 하갈의 소생이
이삭을 희롱하는지라

잔치가 무르익고 있을 때 사라가 보니 하갈이 낳은 이스마엘이 이삭을 희롱하고 있었습니다.

희롱– צָחַק〈차하크〉 ❶비웃다❷가지고 놀다❸노리개 감으로 여기다

여종이 낳은 이스마엘은 약속의 자녀인 이삭을 노리개 감으로 여기

고 가지고 놀았습니다. 이것을 본 사라는 눈이 뒤집혔습니다. 이스마엘이 이삭을 희롱한 것은 이런 것을 말합니다.

마 27:28 그의 옷을 벗기고 홍포를 입히며
마 27:29 가시 면류관을 엮어 그 머리에 씌우고 갈대를 그 오른손에
들리고 **그 앞에서 무릎을 꿇고 희롱하여 가로되**
유대인의 왕이여 평안할찌어다 하며
마 27:30 그에게 침 뱉고 갈대를 빼앗아 그의 머리를 치더라

로마 군병들이 예수께 왕들이 입는 옷을 입히고 그 머리에 가시 면류관을 씌우고 오른 손에 갈대를 들게 하고 유대인의 왕이여 평안할찌어다 라고 하며 얼굴에 침을 뱉고 갈대를 빼앗아 머리를 쳤습니다. 이런 것을 희롱하는 것이라고 하는데 이스마엘도 이삭을 이렇게 희롱했다는 것입니다.

창 21:10 그가 아브라함에게 이르되
이 여종과 그 아들을 내어쫓으라
이 종의 아들은 내 아들 이삭과 함께 기업을 얻지 못하리라
하매

이것을 보고 사라가 아브라함에게 이 여종과 그 아들을 내어 쫓으라 이 종의 아들은 내 아들 이삭과 함께 기업을 얻지 못하리라고 말합니나.

창 21:11 아브라함이 그 아들을 위하여
그 일이 깊이 근심이 되었더니
창 21:12 하나님이 아브라함에게 이르시되
네 아이나 네 여종을 위하여 근심치 말고
사라가 네게 이른 말을 다 들으라
이삭에게서 나는 자라야 네 씨라 칭할 것임이니라

여종인 하갈이 자기의 주인인 사래를 멸시하여 사래를 격동시켰고

여종인 하갈이 낳은 이스마엘도 사래가 낳은 언약의 아들인 이삭을 희롱하여 사래를 격동시켰습니다.

그래서 이 여종과 그 아들을 내어 쫓으라 이 종의 아들은 내 아들 이삭과 함께 기업을 얻지 못하리라는 사라의 말에 따라 하갈과 이스마엘은 아브라함의 집에서 쫓겨납니다.
성경은 분명하고 정확하게 이렇게 증거하고 있습니다.

요 8:35 종은 영원히 집에 거하지 못하되 아들은 영원히 거하나니

종은 영원히 집에 거하지 못하므로 여종인 하갈과 이스마엘은 쫓겨나야 하는 것입니다. 왜 종이 영원히 집에 거하지 못하고 쫓겨납니까? 아들과 함께 유업을 얻지 못하기 때문에 쫓겨나야 하는 것입니다.

갈 4:29 그러나 **그 때에 육체를 따라 난 자가**
성령을 따라 난 자를 핍박한 것 같이 이제도 그러하도다
갈 4:30 그러나 성경이 무엇을 말하느뇨
계집 종과 그 아들을 내어 쫓으라
계집 종의 아들이 자유하는 여자의 아들로 더불어
유업을 얻지 못하리라 하였느니라

이스마엘은 육체를 따라 낳은 자이고 이삭은 성령을 따라 낳은 자인데 육체를 따라 낳은 자가 성령을 따라 낳은 자를 핍박하다가 어미와 함께 쫓겨남을 당하였습니다.

5. 성령을 따라 낳은 자

마 1:18 예수 그리스도의 나심은 이러하니라
그 모친 마리아가 요셉과 정혼하고 동거하기 전에
성령으로 잉태된 것이 나타났더니

마 1:19 그 남편 요셉은 의로운 사람이라 저를 드러내지 아니하고
가만히 끊고자하여
마 1:20 이 일을 생각할 때에 주의 사자가 현몽하여 가로되
다윗의 자손 요셉아 네 아내 마리아 데려오기를 무서워 말라
저에게 잉태된 자는 성령으로 된 것이라

예수 그리스도는 성령으로 잉태되어 오신 분이시므로 성령을 따라 낳은 자이십니다.

갈 4:4 때가 차매 **하나님이 그 아들을 보내사**
여자에게서 나게 하시고 율법 아래 나게 하신 것은
갈 4:5 율법 아래 있는 자들을 속량하시고
우리로 아들의 명분을 얻게 하려 하심이라

때가 차매 하나님이 그 아들을 보내사 여자에게서 나게 하시고 율법 아래 나게 하셨습니다. 하나님이 그 아들 예수 그리스도를 율법 아래 나게 하신 것은 율법 아래 있는 자들을 속량하시고 우리로 아들의 명분을 얻게 하려 하심이었습니다. 그러면 어떻게 우리로 아들의 명분을 얻게 하셨을까요?

갈 4:6 너희가 아들인고로
하나님이 그 아들의 영을 우리 마음 가운데 보내사
아바 아버지라 부르게 하셨느니라

우리 마음 가운데 그 아들의 영, 곧 성령을 보내 주셨기에 우리는 성령을 따라 낳은 자입니다. 이삭은 약속으로 말미암아 성령을 따라 낳은 자로서 기업을 얻을 자가 되었습니다. 이삭과 같이 약속의 자녀인 우리를 향해 이렇게 말씀합니다.

갈 4:7 그러므로 네가 이 후로는 종이 아니요 아들이니
아들이면 하나님으로 말미암아 유업을 이을 자니라

우리는 종이 아니요 아들이니 하나님으로 말미암아 유업을 이을 자입니다.

벧전 1:4 썩지 않고 더럽지 않고 쇠하지 아니하는 기업을 잇게 하시나니 **곧 너희를 위하여 하늘에 간직하신 것이라**

예수 그리스도는 성령으로 잉태하여 육신을 입으시고 세상에 오시어 종은 유업을 얻지 못하기에 죄의 종으로 있던 우리의 죄를 속량하시고 우리에게 성령을 주셔서 하나님의 아들이 되게 하심으로 하늘의 유업을 얻게 하셨습니다.

그래서 우리도 이삭과 같이 약속의 자녀라고 하신 것입니다.

Point	이스마엘은 육체를 따라 낳은 자이고 이삭은 성령을 따라 낳은 자인데 육체를 따라 낳은 자가 성령을 따라 낳은 자를 핍박하다가 어미와 함께 쫓겨난 것은 종은 아들과 함께 유업을 얻지 못하고 쫓겨나야 하는 것으로서 예수 그리스도께서 성령으로 잉태하여 육신을 입으시고 세상에 오셔서 죄의 종으로 있던 우리의 죄를 속량하시고 우리에게 성령을 주셔서 하나님의 아들이 되게 하시고 하늘의 유업을 얻게 하실 것을 증거한 것이다.

20

보냄 받은 자를 통해 얻는 생명양식

창세기 41:55~57

창 41:55 애굽 온 땅이 주리매 백성이 바로에게 부르짖어
양식을 구하는지라 바로가 애굽 모든 백성에게 이
르되 요셉에게 가서 그가 너희에게 이르는대로 하
라 하니라 56 온 지면에 기근이 있으매 요셉이 모
든 창고를 열고 애굽 백성에게 팔쌔 애굽 땅에 기근
이 심하며 57 각국 백성도 양식을 사려고 애굽으로
들어와 요셉에게 이르렀으니 기근이 온 세상에 심
함이었더라

Key	아버지의 보냄을 받은 요셉을 통해 기근으로 죽어가던 생명이 살 수 있는 양식을 얻은 것과 이스라엘 백성이 모세를 통해 하늘에서 내린 만나를 가나안에 들어갈 때까지 광야 40년 동안 먹은 것과 하나님의 보냄을 받은 엘리야를 통해 사르밧 과부가 양식을 얻은 것은 무엇을 말하는가?

사랑하는 성도 여러분!
오늘은 "보냄을 받은 자를 통해 얻는 생명 양식"을 통해 하나님의 구원의 비밀인 예수 그리스도를 만나는 복된 시간이 될 것입니다.

1. 보냄을 받은 요셉을 통해 얻은 생명 양식

창 37:12 그 형들이 세겜에 가서 아비의 양떼를 칠 때에
창 37:13 이스라엘이 요셉에게 이르되
네 형들이 세겜에서 양을 치지 아니하느냐
너를 그들에게로 보내리라
요셉이 아비에게 대답하되 **내가 그리하겠나이다**

야곱이 요셉을 형들에게 보내겠다고 할 때 요셉은 지체하지 않고 내가 그리하겠나이다 라고 대답하였습니다.

창 37:14 이스라엘이 그에게 이르되 가서 네 형들과 양떼가
다 잘 있는 여부를 보고 돌아와 내게 고하라 하고
그를 헤브론 골짜기에서 보내매 이에 세겜으로 가니라

요셉은 아버지 야곱의 보냄으로 헤브론 골짜기에서 형들이 있는 세겜으로 갔습니다. 요셉은 아버지의 보냄으로 형제들에게 갔다가 형제들에 의해 미디안 상인에게 노예로 팔렸고 감옥에 갇힙니다.
그러나 하나님의 역사로 요셉이 바로 왕의 꿈을 해석하므로 30세에

애굽의 총리가 됩니다. 요셉이 애굽의 총리가 되었을 때 요셉의 꿈 해석대로 애굽 온 땅은 7년 동안 풍년이 들었고 요셉은 애굽 각 성에 창고를 짓고 곡식을 저장하였습니다. 요셉의 꿈 해석대로 7년 동안 계속 되던 풍년이 그치고 8년째가 되자 애굽 땅은 물론이고 온 땅에 흉년이 들기 시작하였습니다.

창 41:54 요셉의 말과 같이 **일곱해 흉년이 들기 시작하매**
각국에는 기근이 있으나 애굽 온 땅에는 식물이 있더니

요셉의 말과 같이 7년 흉년이 들기 시작하여 각국에는 기근이 있으나 애굽 땅에는 7년 풍년에 요셉이 저축한 양식이 가득하였습니다.

창 41:55 애굽 온 땅이 주리매
백성이 바로에게 부르짖어 양식을 구하는지라
바로가 애굽 모든 백성에게 이르되
요셉에게 가서 그가 너희에게 이르는대로 하라 하니라

계속된 흉년에 굶주린 백성들이 바로 왕을 찾아와 우리가 먹을 양식이 없어 굶어 죽어가고 있으니 우리에게 양식을 주어 우리의 생명을 살게 해달라고 애원했습니다.
바로 왕은 백성들에게 너희는 요셉에게 가서 양식을 구하도록 하라 요셉이 너희에게 양식을 주어 너희를 살게 할 것이다 요셉에게 가야 너희가 먹을 양식이 있느니라 이 온 세상에 어디에도 양식이 없고 요셉에게만 있느니라고 하면서 요셉이 하라는 대로 하라고 명령했습니다.

창 41:56 온 지면에 기근이 있으매 **요셉이 모든 창고를 열고**
애굽 백성에게 팔 쌔 애굽 땅에 기근이 심하며
창 41:57 각국 백성도 양식을 사려고 애굽으로 들어와
요셉에게 이르렀으니 기근이 온 세상에 심함이었더라

요셉이 애굽 모든 창고를 열고 양식을 팔자 각국 백성들도 양식을 사기 위해 요셉에게 찾아 왔습니다.

사랑하는 성도 여러분!
세상 어디에도 양식이 없고 오직 요셉에게만 양식이 있었는데 아버지의 보냄을 받은 요셉으로 인해 애굽과 온 땅의 백성들이 생명을 얻는 양식을 얻게 되었습니다. 아버지의 보냄을 받은 자를 통해서만 세상의 모든 사람은 생명이 살 수 있는 양식을 얻게 되는 것입니다. 그래서 애굽의 모든 백성과 각국의 모든 백성들은 아버지의 보냄을 받은 요셉을 통해서 기근으로 죽어갈 때 생명 양식을 얻어 살게 되었습니다.

2. 보냄을 받은 모세를 통해 얻은 생명 양식

출 3:9 이제 이스라엘 자손의 부르짖음이 내게 달하고
애굽 사람이 그들을 괴롭게 하는 학대도 내가 보았으니
출 3:10 이제 **내가 너를 바로에게 보내어 너로 내 백성**
이스라엘 자손을 애굽에서 인도하여 내게 하리라

하나님이 이제 내가 너를 바로에게 보내어 너로 내 백성 이스라엘 자손을 애굽에서 인도하여 내게 하리라고 말씀하시면서 모세를 바로에게 보내어 애굽에서 학대받는 이스라엘 백성들을 해방시켜 젖과 꿀이 흐르는 가나안 땅을 가기 위해 광야로 이끌어 내셨습니다.

출 16:15 이스라엘 자손이 보고 그것이 무엇인지 알지 못하여
서로 이르되 이것이 무엇이냐 하니 **모세가 그들에게 이르되**
이는 여호와께서 너희에게 주어 먹게 하신 양식이라

광야에서 먹을 것이 없을 때 하나님께서 이스라엘 백성들에게 만나

를 내려 주셨습니다. 이스라엘 백성들은 만나를 보고 무엇인지 알지 못하여 서로 이르되 이것이 무엇이냐 하니 모세가 그들에게 이는 여호와께서 너희에게 주어 먹게 하신 양식이라고 말합니다.

출 16:31 이스라엘 족속이 그 이름을 **만나**라 하였으며
깟씨 같고도 희고 맛은 꿀 섞은 과자 같았더라

이스라엘 백성들이 여호와께서 주신 하늘 양식을 먹어보니 너무 너무 맛나(?) 그 이름을 '만나' 라고 하였습니다.

출 16:35 이스라엘 자손이 사람 사는 땅에 이르기까지
사십년 동안 만나를 먹되 곧 가나안 지경에 이르기까지
그들이 만나를 먹었더라

이스라엘 백성들은 하나님의 보내심을 받은 모세를 통해 하늘에서 내린 만나를 광야 40년 동안 가나안에 들어갈 때까지 먹었습니다. 그러면 하나님께서 만나를 어떻게 내려 주셨을까요?

시 78:24 저희에게 **만나를 비같이 내려 먹이시며**
하늘 양식으로 주셨나니
시 78:25 사람이 권세 있는 자의 떡을 먹음이여
하나님이 식물을 충족히 주셨도다

이스라엘 백성들은 하나님 아버지의 보내심을 받은 모세를 통해 광야 40년 동안 하늘에서 내린 생명의 양식을 먹었습니다. 따라서 하나님 아버지께서 보낸 자가 하늘의 생명 양식을 얻게 하는 자입니다.

3. 보냄을 받은 엘리야를 통해 얻은 생명 양식

왕상 17:9 너는 일어나 시돈에 속한 사르밧으로 가서 거기 유하라
내가 그곳 과부에게 명하여 너를 공궤하게 하였느니라

아합 왕의 우상 숭배로 이스라엘에 극심한 가뭄의 재앙이 내려졌을 때 엘리야는 하나님의 말씀대로 그릿 시냇가에 머물고 있었는데 극심한 가뭄에 그릿 시내도 말라 버렸습니다. 그릿 시내가 마르자 하나님께서 엘리야에게 너는 일어나 시돈에 속한 사르밧으로 가서 거기 유하라 내가 그곳 과부에게 명하여 너를 공궤하게 하였다고 말씀하셨습니다.

엘리야는 그곳 과부에게 명하여 너를 공궤하게 하겠다는 하나님의 말씀을 듣고 시돈에 속한 사르밧으로 가서 성문에 이를 때에 한 과부가 그곳에서 나무 가지를 줍고 있었습니다. 나뭇가지를 줍고 있는 여인에게 엘리야가 물을 조금 가져다가 나로 마시게 하라고 청하였습니다. 엘리야의 말에 저가 가지러 갈 때에 엘리야가 다시 불러 말하기를 올 때에 떡 한 조각을 내게로 가져오라고 하였습니다.

그러자 여인은 엘리야에게 당신의 하나님 여호와의 사심을 가리켜 맹세하노니 나는 떡이 없고 다만 통에 가루 한 움큼과 병에 기름 조금 밖에 없습니다. 내가 지금 나무 가지를 줍고 있는 것은 나와 내 아들을 위하여 음식을 만들어 먹고 죽으려는 것입니다 라고 대답했습니다.
여인의 절망적인 말을 들은 엘리야가 두려워 말고 가서 네 말대로 하려니와 먼저 그것으로 나를 위하여 작은 떡 하나를 만들어 내게로 가져오고 그 후에 너와 네 아들을 위하여 만들어 먹으라고 하였습니다. 그리고 이스라엘 하나님 여호와의 말씀에 나 여호와가 비를 지면에 내리는 날까지 그 통의 가루는 다하지 아니하고 그 병의 기름은 없어지지 아니하리라고 하였습니다.

왕상 17:15 저가 가서 엘리야의 말대로 하였더니
저와 엘리야와 식구가 여러 날 먹었으나

왕상 17:16 여호와께서 엘리야로 하신 말씀 같이 **통의 가루가 다하지 아니하고 병의 기름이 없어지지 아니하니라**

분명히 엘리야는 사르밧 과부의 가정에 보냄을 받았지요?

눅 4:25 내가 참으로 너희에게 이르노니 엘리야 시대에 하늘이 세 해 여섯 달을 닫히어 온 땅에 큰 흉년이 들었을 때에 이스라엘에 많은 과부가 있었으되
눅 4:26 **엘리야가 그 중 한 사람에게도 보내심을 받지 않고 오직 시돈 땅에 있는 사렙다의 한 과부에게 뿐이었으며**

사르밧 과부는 하나님의 보냄을 받은 엘리야를 통해 하늘 양식을 얻었습니다. 그러므로 하나님 아버지께서 보낸 자가 생명의 양식을 얻게 하는 자입니다.

4. 보냄을 받은 예수로 모든 자들이 얻는 생명의 양식

요 7:28 예수께서 성전에서 가르치시며 외쳐 가라사대 너희가 나를 알고 내가 어디서 온 것도 알거니와 **내가 스스로 온 것이 아니로라 나를 보내신 이는 참이시니** 너희는 그를 알지 못하나
요 7:29 나는 아노니 이는 내가 그에게서 났고 **그가 나를 보내셨음이니라**

초림의 주님은 스스로 온 것이 아니고 보냄을 받고 오셨습니다.

요 8:42 예수께서 가라사대 하나님이 너희 아버지였으면 너희가 나를 사랑하였으리니 이는 내가 하나님께로 나서 왔음이라 **나는 스스로 온 것이 아니요 아버지께서 나를 보내신 것이니라**

주님은 나는 스스로 온 것이 아니요 아버지께서 나를 보내신 것이

라고 분명히 말씀하셨지요?
스스로 온 것이 아니요 아버지의 보냄을 받고 오신 주님께서 다음과 같이 말씀합니다.

요 6:31 기록된바 하늘에서 저희에게 떡을 주어 먹게 하였다 함과
같이 **우리 조상들은 광야에서 만나를 먹었나이다**
요 6:32 예수께서 이르시되 내가 진실로 진실로 너희에게 이르노니
하늘에서 내린 떡은 모세가 준 것이 아니라
오직 내 아버지가 하늘에서 내린 참 떡을 너희에게 주시나니
요 6:33 **하나님의 떡은 하늘에서 내려 세상에게 생명을 주는 것이니라**

너희 조상들이 광야에서 먹었던 하늘에서 내린 떡(만나)은 모세가 준 것이 아니라 오직 나를 세상에 보낸 내 아버지가 하늘에서 내린 참 떡을 너희에게 주시나니 하나님의 떡은 하늘에서 내려 세상에게 생명을 주는 것이니라고 하셨습니다.

요 6:34 저희가 가로되 **주여 이 떡을 항상 우리에게 주소서**

하나님의 떡은 하늘에서 내려 세상에게 생명을 주는 것이라고 하실 때 모든 사람들이 이구동성으로 주여 이 떡을 항상 우리에게 주소서 라고 하자 다음과 같이 말씀합니다.

요 6:35 예수께서 가라사대 **내가 곧 생명의 떡이니**
내게 오는 자는 결코 주리지 아니할 터이요
나를 믿는 자는 영원히 목마르지 아니하리라

내가 곧 생명의 떡이니 내게 오는 자는 결코 주리지 아니할 터이요 나를 믿는 자는 영원히 목마르지 아니하리라고 하십니다.

요 6:38 내가 하늘로서 내려온 것은 내 뜻을 행하려 함이 아니요
요 6:39 나를 보내신 이의 뜻을 행하려 함이니라

나를 보내신 이의 뜻은 내게 주신 자 중에 내가 하나도 잃어버리지 아니하고 마지막 날에 다시 살리는 이 것이니라

요 6:40 **내 아버지의 뜻은** 아들을 보고 믿는 자마다 영생을 얻는 이것이니 마지막 날에 내가 이를 다시 살리리라 하시니라

내가 하늘로서 내려온 것은 내 뜻을 행하려 함이 아니요 나를 보내신 이의 뜻을 행하려 함이니라 나를 보내신 이의 뜻은 내게 주신 자 중에 내가 하나도 잃어버리지 아니하고 마지막 날에 다시 살리는 것이니라 내 아버지의 뜻은 아들을 보고 믿는 자마다 영생을 얻는 이것이니 마지막 날에 내가 이를 다시 살리리라고 하셨습니다.

요 6:41 자기가 **하늘로서 내려온 떡이라** 하시므로 유대인들이 예수께 대하여 수군거려

요 6:42 가로되 **이는 요셉의 아들 예수가 아니냐** 그 부모를 우리가 아는데 **제가 지금 어찌하여 하늘로서 내려왔다 하느냐**

요 6:43 예수께서 대답하여 가라사대 너희는 서로 수군거리지 말라

주님께서 하늘로서 내려온 떡이라 하시므로 유대인들이 이는 요셉의 아들 예수가 아니냐 그 부모를 우리가 아는데 저가 지금 어찌하여 하늘로서 내려왔다 하느냐고 수군거리자 너희는 서로 수군거리지 말라고 단호하게 말씀합니다.

요 6:47 진실로 진실로 너희에게 이르노니믿는 자는 영생을 가졌나니

요 6:48 **내가 곧 생명의 떡이로라**

요 6:49 너희 조상들은 광야에서 만나를 먹었어도 죽었거니와

요 6:50 **이는 하늘로서 내려오는 떡이니** 사람으로 하여금 먹고 죽지 아니하게 하는 것이니라

요 6:51 나는 하늘로서 내려온 산 떡이니 사람이 이 떡을 먹으면 영생하리라 나의 줄 떡은 곧 세상의 생명을 위한 내 살이로라 하시니라

내가 곧 생명의 떡이로다 너희 조상들은 광야에서 만나를 먹었어도 죽었거니와 이는 하늘로서 내려오는 떡이니 사람으로 하여금 먹고 죽지 아니하게 하는 것이니라 나는 하늘로서 내려온 산 떡이니 사람이 이 떡을 먹으면 영생하리라 나의 줄 떡은 곧 세상의 생명을 위한 내 살이라고 하십니다.

요 6:52 이러므로 유대인들이 서로 다투어 가로되
이 사람이 어찌 능히 제 살을 우리에게 주어 먹게 하겠느냐

이 사람이 어찌 능히 제 살을 우리에게 주어 먹게 하겠느냐는 유대인들의 말에 주님이 말씀합니다.

요 6:53 예수께서 이르시되 내가 진실로 진실로 너희에게 이르노니
인자의 살을 먹지 아니하고 인자의 피를 마시지 아니하면
너희 속에 생명이 없느니라
요 6:54 내 살을 먹고 내 피를 마시는 자는 영생을 가졌고 마지막 날
에 내가 그를 다시 살리리니
요 6:55 **내 살은 참된 양식이요 내 피는 참된 음료로다**

인자의 살을 먹지 아니하고 인자의 피를 마시지 아니하면 너희 속에 생명이 없느니라 내 살을 먹고 내 피를 마시는 자는 영생을 가졌고 마지막 날에 내가 그를 다시 살리리니 내 살은 참된 양식이요 내 피는 참된 음료라고 하셨습니다.

요 6:56 내 살을 먹고 내 피를 마시는 자는 내 안에 거하고
나도 그 안에 거하나니
요 6:57 **살아계신 아버지께서 나를 보내시매** 내가 아버지로 인하여
사는 것 같이 나를 먹는 그 사람도 나로 인하여 살리라
요 6:58 **이것은 하늘로서 내려온 떡이니** 조상들이 먹고도 죽은 그것과
같지 아니하여 **이 떡을 먹는 자는 영원히 살리라**

내 살을 먹고 내 피를 마시는 자는 내 안에 거하고 나도 그 안에 거하나니 살아계신 아버지께서 나를 보내시매 내가 아버지로 인하여 사는 것 같이 나를 먹는 그 사람도 나로 인하여 살리라 이것은 하늘로서 내려온 떡이니 조상들이 먹고도 죽은 그것과 같지 아니하여 이 떡을 먹는 자는 영원히 살리라고 하십니다.

아버지의 보냄을 받은 자가 하늘에서 내린 생명의 떡을 주는 자입니다. 그렇기에 세상 모든 사람은 하나님이 보낸 예수 그리스도를 통해서만 영원히 살 수 있는 하늘의 생명 양식을 얻을 수 있는 것입니다.

Point	보냄을 받은 요셉, 모세, 엘리야를 통해 생명 양식을 얻게 된 것은 하나님 아버지의 보냄을 받고 하늘에서 내린 생명의 떡이신 예수를 통해서만 세상의 모든 사람이 영원히 살 수 있는 생명양식을 얻을 수 있음을 증거하신 것이다.

21

말씀을 보내어

시편 107:20

시107:20 저가 그 말씀을 보내어 저희를 고치사
위경에서 건지시는도다

Key	말씀을 보내어 저희를 고치신다는 하나님의 약속은 어떻게 실현되었는가?

시107편은 구속함을 받은 자가 드리는 찬양을 기록한 내용입니다.

시 107:1 여호와께 감사하라 그는 선하시며
그 인자하심이 영원함이로다
시 107:2 **여호와께 구속함을 받은 자는 이 같이 말할찌어다**
여호와께서 대적의 손에서 저희를 구속하사
시 107:3 동서 남북 각 지방에서부터 모으셨도다

구속함을 받은 자는 여호와께 감사하라 그는 선하시며 그 인자하심이 영원함이로다 여호와께 구속함을 받은 자는 여호와께서 대적의 손에서 저희를 구속하사 동서남북 각 지방에서부터 모으셨다고 말하고 있습니다. 그리고 어떻게 구원받았는가를 상세히 말씀하고 있습니다.

시 107:20 저가 그 말씀을 보내어 저희를 고치사
위경에서 건지시는도다

여호와께서 말씀을 보내어 저희를 고치사 위경에서 건지시는도다 라고 구속함을 받은 자가 여호와를 찬양하고 있습니다.

사랑하는 성도 여러분!
성경은 예수 그리스도를 증거하는 책입니다.

눅 24:44 또 이르시되 내가 너희와 함께 있을 때에 너희에게 말한바 곧 **모세의 율법과 선지자의 글과 시편에 나를 가리켜 기록된 모든 것이 이루어져야 하리라** 한 말이 이것이라 하시고 모세의 율법과 선지자의 글과 시편도 우리를 죄와 사망에서 건지신 예수 그리스도를 말씀하고 있습니다. 모세의 율법과 선지자의 글과 시편을 통해 예수 그리스도를 말씀하고 있으니 오늘 본문인 시 107:20절을 통해서도 분명히 우리를 구원하신 예수 그리스도를 증거하는 줄로 믿습니다.

"말씀을 보내어" 라는 제목으로 하나님의 구원의 확증인 예수 그리스도를 만나게 될 것입니다.

1. 여호와께서 보내신 말씀

시 107:20 저가 그 말씀을 보내어 저희를 고치사
위경에서 건지시는도다

하나님은 말씀을 보내어 저희를 고치고 위경에서 건져 내십니다.
그러면 여호와께서 보내어 저희를 고치신 말씀은 무엇을 말할까요?

요 1:1 태초에 말씀이 계시니라 이 말씀이 하나님과 함께 계셨으니
이 말씀은 곧 하나님이시니라

태초에 말씀이 계셨고 이 말씀이 하나님과 함께 계셨으니 하나님과 함께 계신 말씀이 곧 하나님이십니다.

요 1:14 말씀이 육신이 되어 우리 가운데 거하시매
우리가 그 영광을 보니
아버지의 독생자의 영광이요 은혜와 진리가 충만하더라

태초에 말씀이 계셨고 하나님과 함께 계신 그 말씀이 육신이 되어 우리 가운데 거하시매 우리가 그 영광을 보니 아버지의 독생자의 영광이요 은혜와 진리가 충만하더라고 하였습니다.

예수 그리스도는 말씀이신 하나님이 육신이 되어 우리 가운데 오신 분입니다.

빌 2:6 그는 근본 하나님의 본체시나
하나님과 동등됨을 취할 것으로 여기지 아니하시고
빌 2:8 사람의 모양으로 나타나셨으매 자기를 낮추시고
죽기까지 복종하셨으니 곧 십자가에 죽으심이라

말씀이신 하나님이 육신이 되어 오신 분이 예수 그리스도이시기 때문에 그는 근본 하나님의 본체시라고 하는 것입니다. 그러므로 하나님의 본체이신 예수 그리스도께서 육신으로 오신 것은 여호와께서 우리를 고치시고 위경에서 건지시려고 그 말씀을 보내신 것입니다.

요 7:28 예수께서 성전에서 가르치시며 외쳐 가라사대
너희가 나를 알고 내가 어디서 온 것도 알거니와
내가 스스로 온 것이 아니로라 나를 보내신 이는 참이시니
너희는 그를 알지 못하나
요 7:29 나는 아노니 이는 내가 그에게서 났고
그가 나를 보내셨음이니라 하신대

내가 스스로 온 것이 아니라고 하시면서 나를 보내신 이는 참이시니 너희는 그를 알지 못하나 나는 아노니 이는 내가 그에게서 났고 그가 나를 보내셨다고 하셨습니다. 초림의 주님은 말씀이 육신이 되어 보냄을 받고 오신 것입니다.

요 8:42 예수께서 가라사대 하나님이 너희 아버지였으면 너희가
나를 사랑하였으리니 이는 내가 하나님께로 나서 왔음이라
나는 스스로 온 것이 아니요
아버지께서 나를 보내신 것이니라

주님은 나는 스스로 온 것이 아니요 아버지께서 나를 보내신 것이

니라고 하셨습니다.

사랑하는 성도 여러분!
하나님은 말씀을 보내어 고치사 위경에서 건지신다고 하셨던 대로 말씀을 보내셨으며 초림으로 오신 주님은 말씀이 육신이 되어 보내심을 받고 우리를 고치시고 위경에서 건지시기 위해 오신 분입니다. 그러므로 말씀이 육신이 되어 보내심을 받고 오신 주님은 우리를 고치시고 우리를 위경에서 건져 주십니다.

2. 말씀을 보내어 저희를 고치셨습니다

시 107:20 저가 그 말씀을 보내어 저희를 고치사
위경에서 건지시는도다

고치사– רָפָא〈라파〉 ❶고치다 ❷치료하다 ❸건강하게 하다

말씀을 보내어 저희를 고치사 위경에서 건지시듯 말씀이 육신이 되어 보냄을 받은 주님은 고치고 치료하여 건강하게 하셨습니다.

마 4:23 예수께서 온 갈릴리에 두루 다니사
저희 **회당에서 가르치시며 천국 복음을 전파하시며**
백성 중에 모든 병과 모든 약한 것을 고치시니
마 4:24 그의 소문이 온 수리아에 퍼진지라 사람들이 모든 앓는 자
곧 각색 병과 고통에 걸린 자 귀신 들린 자 간질하는 자
중풍병자들을 데려오니 **저희를 고치시더라**

예수께서 온 갈릴리에 두루 다니사 저희 회당에서 가르치시며 천국 복음을 전파하시며 백성 중에 모든 병과 모든 약한 것을 고치셨습니다.

그 소문을 듣고 사람들이 모든 앓는 자 곧 각색 병과 고통에 걸린 자, 귀신 들린 자, 간질하는 자, 중풍병자들을 예수께 데려오니 저희를 고치셨습니다.

시 107:20 저가 그 말씀을 보내어 저희를 고치사
마 8:16 저물매 사람들이 귀신 들린 자를 많이 데리고 예수께 오거늘
예수께서 말씀으로 귀신들을 쫓아 내시고
병든 자를 다 고치시니

말씀이 육신이 되어 오신 예수께서 말씀으로 귀신들을 쫓아 내시고 병든 자를 다 고치셨습니다.

마 9:35 예수께서 모든 성과 촌에 두루 다니사
저희 회당에서 가르치시며 천국 복음을 전파하시며
모든 병과 모든 약한 것을 고치시니라

말씀이 육신이 되어 오신 예수께서 모든 성과 촌에 두루 다니사 저희 회당에서 가르치시며 천국 복음을 전파하시며 모든 병과 모든 약한 것을 고치셨습니다.

마 19:1 예수께서 이 말씀을 마치시고 갈릴리에서 떠나
요단강 건너 유대 지경에 이르시니
마 19:2 큰 무리가 좇거늘 예수께서 거기서 **저희 병을 고치시더라**

말씀이 육신이 되어 오신 예수께서 큰 무리가 좇거늘 거기서 저희 병을 고치셨습니다.

눅 7:21 마침 그 때에 예수께서 질병과 고통과 및 악귀 들린 자를
많이 고치시며 또 많은 맹인을 보게 하신지라

말씀이 육신이 되어 오신 예수께서 질병과 고통과 악귀 들린 자를

많이 고치시며 또 많은 맹인을 보게 하셨습니다.

행 10:38 하나님이 나사렛 예수에게 성령과 능력을
기름붓듯 하셨으매 저가 두루 다니시며 착한 일을 행하시고
마귀에게 눌린 모든 자를 고치셨으니
이는 하나님이 함께 하셨음이라

하나님이 나사렛 예수에게 성령과 능력을 기름붓듯 하셨으매 저가 두루 다니시며 착한 일을 행하시고 마귀에게 눌린 모든 자를 고치셨으니 이는 하나님이 함께 하셨기 때문입니다.
이 외에도 성경의 수많은 곳에서 말씀이 육신이 되어 오신 예수 그리스도께서 병을 고치셨다고 증거하고 또 증거하고 있습니다.

그러면 왜 말씀이 육신이 되어 초림으로 오신 주님은 병들어 고통받는 자들을 고쳐 주셨으며 주님의 이름으로 병이 고쳐질까요?
시107:20절에서 저가 그 말씀을 보내어 저희를 고치사 라고 말씀하셨기 때문입니다. 말씀을 보내어 저희를 고치시니까 말씀이 육신이 되어 보냄을 받은 예수 그리스도의 이름으로 고쳐집니다.

행 4:9 만일 병인에게 행한 착한 일에 대하여 **이 사람이 어떻게**
구원을 얻었느냐고 오늘 우리에게 질문하면
행 4:10 너희와 모든 이스라엘 백성들은 알라 너희가 십자가에 못 박
고 하나님이 죽은자 가운데서 살리신 나사렛 **예수 그리스도**
의 이름으로 이 사람이 건강하게 되어 너희 앞에 섰느니라

시107:20절에서 말씀을 보내어 저희를 고치시니까 말씀이 육신이 되어 보냄을 받은 예수 그리스도의 이름으로 고쳐집니다. 그래서 주님은 이 성경이 내게 대하여 증거하는 것이라고 말씀하신 것입니다.

3. 말씀을 보내 고치심으로 위경에서 구원하셨습니다

시 107:20 저가 그 말씀을 보내어 저희를 고치사
위경에서 건지시는도다

위경– שַׁחִית〈쉐히트〉 ❶구덩이 ❷구멍 ❸함정
건지다– מָלַט〈말라트〉 ❶피하다 ❷도망하다 ❸구출(구원)하다

말씀을 보내어 고치고 치료하며 건강하게 하여 구덩이, 함정에서 구출(구원)해 냅니다.

마 9:22 예수께서 돌이켜 그를 보시며 가라사대 딸아 안심하라
네 믿음이 너를 구원하였다 하시니
여자가 그 시로 구원을 받으니라

하나님은 말씀을 보내어 저희를 고치사 위경에서 건지신다고 하였습니다. 말씀이 육신이 되어 보냄을 받은 예수 그리스도께서 열 두 해를 혈루증으로 앓는 여인을 고치시어 위경에서 건져주신 것입니다.

막 5:22 회당장 중 하나인 야이로라 하는 이가 와서
예수를 보고 발 아래 엎드리어
막 5:23 많이 간구하여 가로되 내 어린 딸이 죽게 되었사오니 오셔서
그 위에 손을 얹으사 **그로 구원을 얻어 살게 하소서** 하거늘

말씀을 보내어 저희를 고치시어 위경에서 건져내시니까 말씀이 육신이 되어 보냄을 받은 예수 그리스도께서 죽어가던 회당장 야이로의 딸을 고치시므로 위경에서 구원하셨습니다.

막 10:52 예수께서 이르시되 가라 **네 믿음이 너를 구원 하였느니라**
하시니 저가 곧 보게 되어 예수를 길에서 좇으니라

말씀을 보내어 저희를 고치시고 위경에서 건져내시니까 말씀이 육

신이 되어 보냄을 받은 예수 그리스도께서 맹인이요 거지인 바디매오를 고치시고 위경에서 구원하셨습니다.

사랑하는 성도 여러분!
시107:20절에서 하나님은 말씀을 보내사 저희를 고치시어 위경에서 건져(구원)낸다고 하신 것처럼 말씀이신 하나님이 보내심을 받아 육신을 입고 오시어 병든 자들을 고치시어 위경에서 건지심으로 구원하셨습니다.

> **눅 24:44** 또 이르시되 내가 너희와 함께 있을 때에 너희에게 말한바 곧 **모세의 율법과 선지자의 글과 시편에 나를 가리켜 기록된 모든 것이 이루어져야 하리라** 한 말이 이것이라 하시고

모세의 율법과 선지자의 글과 시편에 나를 가리켜 기록된 모든 것이 이루어져야 하리라 한 말이 이것이라고 하였습니다.

말씀이 육신이 되어 보내심을 받은 예수 그리스도로를 통해서만 질병에서 고침을 받고 위경에서 건짐을 받아 구원을 받습니다. 우리를 질병과 죽음의 위경에서 건져 구원하실 분은 말씀이 육신이 되어 보내심을 받은 예수 그리스도 한 분 밖에 없습니다.

Point	열두 해를 혈루증으로 앓는 여인과 회당장 야이로의 딸과 맹인 바디매오를 고치셔서 위경에서 구원하심으로 시107:20절의 말씀이 이루어진 것은 말씀이신 하나님이 육신이 되어 보내심을 받은 예수 그리스도로를 통해서만 질병에서 고침을 받고 위경에서 건짐을 받아 구원을 받게 됨을 증거한 것이다.

22

장막에 거하는 아들을 보냄

창세기 25:27, 28:5

창 25:27 그 아이들이 장성하매 에서는 익숙한 사냥군인고로
들사람이 되고 야곱은 종용한 사람인고로 장막에 거하
니 5 이에 이삭이 야곱을 보내었더니 밧단 아람으로
가서 라반에게 이르렀으니 라반은 아람 사람 브두엘의
아들이요 야곱과 에서의 어미 리브가의 오라비더라

Key	이삭이 장막에 거하는 아들 야곱을 신부를 얻기 위해 라반에게 보내었고 야곱이 장막에 거하는 요셉을 형들에게 보냈으며 이새가 장막에 거하는 다윗을 형들에게 보낸 사건은 어떻게 그리스도를 증거하고 있는가?

리브가가 이삭의 기도로 쌍태를 잉태하였는데 쌍태가 복중에서 싸웠습니다. 그러자 리브가가 이들이 태어나서도 이렇게 싸우면 내가 어찌할꼬 근심하며 하나님께 가서 물었습니다.

그때에 여호와께서 리브가에게 두 국민이 네 태중에 있구나 두 민족이 네 복중에서부터 나누이리라 이 족속이 저 족속보다 강하겠고 큰 자는 어린 자를 섬기리라고 말씀하셨습니다.

해산 기한이 되어 리브가가 쌍둥이를 낳았는데 먼저 나온 자는 붉고 전신이 갖옷 같아서 이름을 에서라 하였고 후에 나온 아우는 손으로 에서의 발꿈치를 잡았으므로 이름을 야곱이라 하였습니다.

창 25:27 그 아이들이 장성하매
에서는 익숙한 사냥군인고로 들사람이 되고
야곱은 종용한 사람인고로 장막에 거하니

에서는 외향적이어서 들사람이 되었고 야곱은 종용한 사람이어서 장막에 거하였습니다. 그런데 에서는 장자의 명분을 경홀히 여겨 팥죽 한 그릇으로 야곱에게 장자권을 팔아 버렸고 장자권을 산 야곱은 눈이 어두운 아버지 이삭에게 가서 에서가 받아야할 축복기도를 받았습니다. 이 일로 에서가 야곱을 죽이려는 것을 알고 이삭은 야곱을 밧단 아람 라반의 집으로 보냈습니다.

창 28:5 이에 **이삭이 야곱을 보내었더니**
밧단 아람으로 가서 라반에게 이르렀으니

라반은 아람 사람 브두엘의 아들이요
야곱과 에서의 어미 리브가의 오라비더라

그러므로 오늘은 "장막에 거하는 아들을 보냄" 을 통해 증거된 예수 그리스도를 살펴봄으로써 하나님의 구원의 비밀인 예수 그리스도를 만나는 복된 시간이 될 줄로 믿습니다.

1. 장막에 거하는 야곱을 보내는 아버지 이삭

창 27:41 그 **아비가 야곱에게 축복한 그 축복을 인하여**
에서가 야곱을 미워하여 심중에 이르기를
아버지를 곡할 때가 가까웠은즉
내가 내 아우 야곱을 죽이리라 하였더니

야곱은 에서가 사냥을 나간 틈을 이용하여 에서가 받아야할 축복기도를 아버지 이삭에게 받았습니다. 야곱이 아버지로부터 자기가 받아야할 축복기도를 받자 에서는 야곱을 죽이기로 결심하였습니다. 에서가 야곱을 죽이려는 것을 알고 아버지 이삭은 아들 야곱을 불러놓고 말합니다.

창 28:1 이삭이 야곱을 불러 그에게 축복하고 또 부탁하여 가로되
너는 가나안 사람의 딸들 중에서 아내를 취하지 말고
창 28:2 일어나 밧단 아람으로 가서 너의 외조부 브두엘 집에 이르러
거기서 너의 외삼촌 라반의 딸중에서 아내를 취하라

야곱아, 너는 가나안 사람의 딸들 중에서 아내를 취하지 말고 밧단 아람으로 가서 너의 외조부 브두엘 집에 이르러 거기서 너의 외삼촌 라반의 딸 중에서 아내를 취하라.

창 28:5 이에 **이삭이 야곱을 보내었더니**
밧단 아람으로 가서 라반에게 이르렀으니
라반은 아람 사람 브두엘의 아들이요
야곱과 에서의 어미 리브가의 오라비더라

에서는 들사람이었고 야곱은 종용한 사람이므로 장막에 거하였습니다. 아버지인 이삭이 둘 중에 누구를 보냈습니까?
장막에 거하는 야곱을 보냈습니다.
장막에 거하는 야곱을 보내면서 뭐라고 말했나요?
가나안 사람의 딸들 중에서 아내를 취하지 말고 너의 외조부 브두엘 집에 이르러 라반의 딸 중에서 아내를 취하라고 했습니다. 그러므로 아버지가 신부를 얻기 위해 장막에 거하는 아들을 보내는 하나님의 영의 세계가 있는 것입니다.

요 8:42 예수께서 가라사대 하나님이 너희 아버지였으면
너희가 나를 사랑하였으리니 이는 **내가 하나님께로 나서**
왔음이라 나는 스스로 온 것이 아니요
아버지께서 나를 보내신 것이니라

주님께서 나는 스스로 온 것이 아니요 아버지께서 나를 보내신 것이라고 하지요?

요일 1:2 이 생명이 나타내신바 된지라 이 영원한 생명을 우리가 보았고
증거하여 너희에게 전하노니
이는 아버지와 함께 계시다가 우리에게 나타내신바 된 자니라

예수 그리스도는 하나님께로 나서 하나님과 함께 계시다가 오신 분이시니 하나님의 장막에 계시던 예수 그리스도를 하나님께서 세상에 보내신 것입니다.

마 9:15 예수께서 저희에게 이르시되
혼인집 손님들이 **신랑과 함께 있을 동안에** 슬퍼할 수 있느뇨
그러나 신랑을 빼앗길 날이 이르리니
그 때에는 금식할 것이니라
마 25:1 그 때에 천국은 마치 등을 들고 **신랑을 맞으러** 나간
열 처녀와 같다 하리니

여기서 말하는 신랑은 예수 그리스도를 말하고 신부는 구원 받은 하나님의 백성인 우리를 말하는 것입니다. 하나님은 우리를 신부 삼기 위해 예수 그리스도를 세상에 보내신 것입니다. 그래서 주님은 요5:39절에서 이 성경이 내게 대하여 증거한다고 말씀하신 것입니다.

2. 장막에 거하는 요셉을 보내는 아버지 야곱

창 37:12 그 형들이 세겜에 가서 아비의 양떼를 칠 때에
창 37:13 이스라엘이 요셉에게 이르되
네 형들이 세겜에서 양을 치지 아니하느냐
너를 그들에게로 보내리라
요셉이 아비에게 대답하되 내가 그리하겠나이다

야곱이 요셉에게 네 형들이 세겜에서 양을 치지 아니하느냐 너를 그들에게로 보내리라고 하였습니다. 그러자 요셉이 즉시 내가 그리하겠나이다 라고 대답을 합니다.

창 37:14 이스라엘이 그에게 이르되
가서 네 형들과 양떼가 다 잘 있는 여부를 보고 돌아와
내게 고하라 하고 그를 헤브론 골짜기에서 보내매
이에 세겜으로 가니라

야곱은 장막에 거하던 요셉을 형제들이 있는 세겜으로 보냈습니다.

요셉은 지금 아버지 집에 있고 요셉의 형들은 아버지 집을 떠나 세겜에서 양을 치고 있습니다. 그러므로 아버지의 보냄을 받는 자는 아버지 집에 아버지와 함께 있다가 아버지를 떠나 있는 형제들에게 보냄을 받는 것입니다.
아버지의 보냄을 받은 요셉이 애굽에 가서 7년 흉년에 굶주려 죽어가던 자들을 양식으로 살려 냈습니다. 아버지의 보냄을 받은 요셉이 준 양식은 7년 흉년에 굶주려 죽어가던 자들에게 생명 양식이었습니다.

예수 그리스도는 아버지께로 나서 아버지와 함께 장막에 거하다가 아버지께서 보내시매 세상에 오신 분이십니다.

> **요 6:32** 예수께서 이르시되 내가 진실로 진실로 너희에게 이르노니
> **하늘에서 내린 떡은 모세가 준 것이 아니라**
> 오직 내 아버지가 하늘에서 **내린 참 떡을** 너희에게 주시나니
> 요 6:33 **하나님의 떡은**
> **하늘에서 내려 세상에게 생명을 주는 것이니라**
> 요 6:34 저희가 가로되 주여 이 떡을 항상 우리에게 주소서

주님께서 만나에 대해 말씀하시면서 하늘에서 내린 떡(만나)은 모세가 준 것이 아니라 오직 내 아버지가 하늘에서 내린 참 떡을 너희에게 주시나니 하나님의 떡은 하늘에서 내려 세상에게 생명을 주는 것이라고 하시자 저희가 주여 이 떡을 항상 우리에게 주소서라고 간청합니다.

> **요 6:35** 예수께서 가라사대 **내가 곧 생명의 떡이니**
> 내게 오는 자는 결코 주리지 아니할 터이요
> 나를 믿는 자는 영원히 목마르지 아니하리라

생명을 주는 떡을 달라는 제자들의 말에 주님께서 내가 곧 생명의

떡이니 내게 오는 자는 결코 주리지 아니할 터이요 나를 믿는 자는 영원히 목마르지 아니하리라고 말씀하셨습니다.

요 6:41 자기가 **하늘로서 내려온 떡이라 하시므로**
유대인들이 예수께 대하여 수군거려
요 6:42 가로되 이는 요셉의 아들 예수가 아니냐
그 부모를 우리가 아는데
제가 지금 어찌하여 하늘로서 내려왔다 하느냐

예수께서 하늘로서 내려온 떡이라 하시므로 주님이 말씀하신 뜻을 이해하지 못한 유대인들이 이는 요셉의 아들 예수가 아니냐 그 부모를 우리가 아는데 제가 지금 어찌하여 하늘로서 내려왔다 하느냐고 수군거렸습니다.

요 6:43 예수께서 대답하여 가라사대 **너희는 서로 수군거리지 말라**
요 6:44 나를 보내신 아버지께서 이끌지 아니하면
아무라도 내게 올 수 없으니
오는 그를 내가 마지막 날에 다시 살리리라

예수께서 수군거리는 그들에게 너희는 서로 수군거리지 말라 나를 보내신 아버지께서 이끌지 아니하면 아무라도 내게 올 수 없으니 오는 그를 내가 마지막 날에 다시 살리리라고 단호하게 말씀하셨습니다.

요 6:47 진실로 진실로 너희에게 이르노니 믿는 자는 영생을 가졌나니
요 6:48 **내가 곧 생명의 떡이로라**
요 6:49 **너희 조상들은 광야에서 만나를 먹었어도 죽었거니와**
요 6:50 이는 **하늘로서 내려오는 떡이니**
사람으로 하여금 먹고 죽지 아니하게 하는 것이니라

믿는 자는 영생을 가졌나니 내가 곧 생명의 떡이로다 너희 조상들은 광야에서 하늘에서 내린 만나를 먹었어도 죽었은데 나는 하늘로

서 내려오는 떡이니 사람으로 하여금 먹고 죽지 아니하게 하는 것이며 나는 너희를 죽지 않게 하려고 하늘에서 내려온 생명의 떡이라고 하셨습니다.

요 6:51 나는 하늘로서 내려온 산 떡이니
사람이 이 떡을 먹으면 영생하리라
나의 줄 떡은 곧 세상의 생명을 위한 내 살이로라 하시니라

나는 하늘로서 내려온 산 떡이니 사람이 이 떡을 먹으면 영생하리라 나의 줄 떡은 곧 세상의 생명을 위한 내 살이라고 하셨습니다.

그래서 마26:26절, 막14:22절, 눅22:19절에서 동일하게 저희가 먹을 때에 예수께서 떡을 가지사 축복하시고 떼어 제자들에게 주시며 받아 먹으라 이것이 내 몸이니라고 하셨습니다.

아버지와 장막에 함께 거하다가 아버지가 보낸 예수 그리스도의 몸이 세상에 주는 하늘에서 내려 온 생명의 떡입니다. 이 떡을 먹어야 생명이 있기 때문에 예수께서 떡을 가지사 축복하시고 떼어 제자들을 주시며 받아 먹으라 이것이 내 몸이라고 말씀하셨습니다.

아버지와 장막에 함께 거하다가 아버지 야곱이 형제들에게 보낸 요셉이 주는 양식이 생명 양식이었습니다. 아버지와 장막에 함께 거하다가 아버지가 보낸 예수 그리스도의 몸이 하늘에서 내려 온 생명의 떡이므로 생명 양식인 것입니다.

그래서 주님은 요5:39절에서 이 성경이 내게 대하여 증거한다고 말씀하셨습니다.

3. 장막에 거하는 다윗을 보내는 아버지 이새

삼상 17:17 이새가 그 아들 다윗에게 이르되
네 형들을 위하여 이 볶은 곡식 한 에바와
이 떡 열 덩이를 가지고 **진으로 속히 가서** 네 형들에게 주고
삼상 17:18 이 치스 열 덩이를 가져다가 그들의 천부장에게 주고
네 형들의 안부를 살피고 증표를 가져오라

이새의 아들들이 전쟁에 출전하고 있었는데 아버지 이새가 다윗을 형들에게 보내며 볶은 곡식 한 에바와 떡 열 덩이를 가지고 진으로 속히 가서 네 형들에게 주고 치스 열 덩이를 가져다가 그들의 천부장에게 주고 네 형들의 안부를 살피고 잘 있는 증표를 가져오라고 말합니다.

이새는 장막에 있는 다윗을 전쟁터에 나가 있는 형들에게 보냈지요? 아버지께로 나서 장막에 거하다가 아버지의 보냄으로 형제들이 있는 전쟁터에 간 다윗이 골리앗과 싸우게 되었습니다.

삼상 17:48 블레셋 사람이 일어나 다윗에게로 마주 가까이 올 때에
다윗이 블레셋 사람에게로
마주 그 항오를 향하여 빨리 달리며
삼상 17:49 손을 주머니에 넣어 **돌을 취하여** 물매로 던져
블레셋 사람의 이마를 치매
돌이 그 이마에 박히니 땅에 엎드러지니라

다윗이 골리앗을 향해 빨리 달리며 손을 주머니에 넣고 돌을 취하여 물매로 던져 골리앗의 이마를 치매 돌이 골리앗의 이마에 박히니 땅에 엎드러졌습니다. 아버지께로 나서 장막에 거하다가 아버지의 보냄으로 형제들에게 간 다윗이 뜨인 돌로 하나님을 모욕하던 골리앗을 죽여 이스라엘을 블레셋에게서 구원하고 해방시켰습니다.

엡 2:20 너희는 사도들과 선지자들의 터 위에 세우심을 입은 자라
그리스도 예수께서 친히 모퉁이 돌이 되셨느니라

그리스도 예수께서 친히 모퉁이 돌이 되셨습니다.

벧전 2:4 사람에게는 버린 바가 되었으나
하나님께는 택하심을 입은
보배로운 산 돌이신 예수에게 나아와

예수께서 보배로운 산 돌 이십니다.

고전 10:4 다 같은 신령한 음료를 마셨으니
이는 저희를 따르는 **신령한 반석으로부터 마셨으매**
그 반석은 곧 그리스도시라

신령한 반석은 곧 그리스도시지요?
돌은 예수 그리스도를 예표하고 있습니다. 그러므로 하나님을 모욕하던 골리앗을 죽인 뜨인 돌, 큰 신상을 쳐부순 뜨인 돌은 심판의 돌이신 예수 그리스도를 말씀합니다.

요 12:31 이제 이 세상의 심판이 이르렀으니
이 세상 임금이 쫓겨나리라
요 12:32 **내가 땅에서 들리면 모든 사람을 내게로 이끌겠노라** 하시니
요 12:33 이렇게 말씀하심은
자기가 어떠한 죽음으로 죽을 것을 보이심이러라

주님께서 자신의 십자가의 죽음을 말씀하시며 이제 이 세상의 심판이 이르렀으니 이 세상 임금이 쫓겨나리라 내가 땅에서 들리면 모든 사람을 내게로 이끌겠노라고 하셨습니다.
아버지의 보냄을 받은 다윗은 하나님을 모욕하던 골리앗을 뜨인 돌로 죽어 이스라엘을 블레셋의 손에서 구원하고 해방시켰습니다.

초림의 주님은 하나님께로 나서 하나님과 함께 계시다가 하나님의 보내심으로 세상에 오셔서 뜨인 돌 되어 십자가에 못 박혀 죽으심으로 마귀를 멸해 버리고 우리를 세상에서 구원하고 죄에서 해방시켰습니다.

이삭은 야곱을 보내 신부를 삼게 하였고 야곱은 요셉을 보내 생명 양식으로 생명을 살리게 했으며 이새는 다윗을 보내 이스라엘을 구원하고 해방시켰습니다.
하나님께로 나서 하나님의 장막에 계시던 예수 그리스도를 세상에 보내 우리를 그리스도의 신부삼아 주셨고 우리에게 영원한 생명 양식을 주시어 살리셨으며 우리를 세상에서 구원하셨고 죄에서 해방시켰습니다.

Point	이삭은 아버지 장막에 거하던 야곱을 보내 신부를 삼게 하였고 야곱은 요셉을 보내 생명 양식으로 굶주리던 자들의 생명을 살리게 했으며 이새는 다윗을 보내 이스라엘을 구원하고 해방시킨 것은 하나님께로 나서 하나님의 장막에 계시던 예수 그리스도를 세상에 보내 우리를 그리스도의 신부로 삼아주셨고 우리에게 영원한 생명 양식을 주셔서 살리셨으며 우리를 세상에서 구원하시고 죄에서 해방시키심을 증거하게 하신 것이다.

23

손해가 없게 하려고 세운 자

다니엘 6:2

단 6:2 또 그들 위에 총리 셋을 두었으니 다니엘이 그 중에
하나이라 이는 방백들로 총리에게 자기의 직무를 보
고하게 하여 왕에게 손해가 없게 하려 함이었더라

Key	다리오 왕이 손해가 없게 하려고 다니엘을 총리로 세운 것과 바로 왕이 요셉에게 나는 너 보다 높음이 보좌 뿐이라고 한 것과 내 백성이 다 네 명령에 복종하리라는 것은 예수 그리스도를 어떻게 증거하고 있는가?

고후 3:13 우리는 모세가 이스라엘 자손들로 장차 없어질 것의
결국을 주목치 못하게 하려고
수건을 그 얼굴에 쓴 것 같이 아니하노라
고후 3:14 그러나 저희 마음이 완고하여 오늘까지라도
구약을 읽을 때에 그 수건이 오히려 벗어지지 아니하고
있으니 **그 수건은 그리스도 안에서 없어질 것이라**

구약을 읽을 때에 가려져 있던 수건은 그리스도 안에서 없어집니다.

고후 3:15 오늘까지 모세의 글을 읽을 때에
수건이 오히려 그 마음을 덮었도다
고후 3:16 **그러나 언제든지 주께로 돌아가면 그 수건이 벗어지리라**

모세의 글을 읽을 때에 가려져 있던 수건은 언제든지 주께로 돌아가면 벗어집니다.

요 5:46 모세를 믿었더면 또 나를 믿었으리니
이는 그가 내게 대하여 기록하였음이라

모세가 예수 그리스도에 대해서 기록하였기 때문에 모세의 글을 읽을 때에 주께로 돌아가면 가려져 있던 수건이 벗어집니다.

눅 24:27 이에 **모세와 및 모든 선지자의 글로 시작하여
모든 성경에 쓴바 자기에 관한 것을 자세히 설명하시니라**

초림의 주님은 모세의 글과 모든 선지자들의 글을 통해 기록된 모든 성경에 쓴바 자기에 관한 것을 자세히 설명해 주셨습니다.

눅 24:44 또 이르시되 내가 너희와 함께 있을 때에 너희에게 말한바
곧 **모세의 율법과 선지자의 글과 시편에** 나를 가리켜 기록
된 모든 것이 이루어져야 하리라 한 말이 이것이라 하시고

모세의 율법과 선지자의 글과 시편도 예수 그리스도를 증거하고 있습니다.

요 5:39 너희가 성경에서 영생을 얻는줄 생각하고
성경을 상고하거니와
이 성경이 곧 내게 대하여 증거하는 것이로다

그러므로 오늘 본문도 예수 그리스도를 분명하게 증거하고 있겠지요?

남왕국 유다가 멸망당하여 다니엘은 바벨론에 포로로 끌려갔습니다. 얼마 후 바벨론이 메데 파사에게 멸망당하게 되었는데 바벨론을 멸망시킨 메데 파사의 다리오왕은 자신에게 손해가 없게 하려고 다니엘을 총리로 세웠습니다.
오늘은 "손해가 없게 하려고 세운 자"를 통해 하나님의 구원의 확증인 예수 그리스도를 만나게 될 것입니다.

1. 손해가 없게 하려고 세운 총리 다니엘

단 6:2 또 그들 위에 **총리 셋을 두었으니** 다니엘이 그 중에 하나이라
이는 방백들로 총리에게 자기의 직무를 보고하게 하여
왕에게 손해가 없게 하려 함이었더라

메데 파사의 다리오 왕은 자신에게 손해가 없게 하려고 다니엘을 총리로 세웠습니다.

총리- סָרַךְ 〈사레크〉 ❶우두머리 ❷감독

복음의 세계에서 왕이 자신에게 손해가 없게 하기 위하여 총리, 즉 우두머리, 감독을 세우는 세계가 있습니다.
그러면 누구를 우두머리로 세웠을까요?

> **엡 1:22** 또 만물을 그 발 아래 복종하게 하시고
> **그를 만물 위에 교회의 머리로 주셨느니라**

만왕의 왕이신 하나님께서 예수 그리스도를 만물 위에 교회의 머리, 즉 우두머리로 세우셨습니다.

> **엡 4:15** 오직 사랑 안에서 참된 것을 하여
> 범사에 그에게까지 자랄찌라 **그는 머리니 곧 그리스도라**
> **골 2:10** 너희도 그 안에서 충만하여졌으니
> **그는 모든 정사와 권세의 머리시라**

만왕의 왕이신 하나님께서 세상에 보내신 예수 그리스도는 모든 정사와 권세의 머리시니 머리 중에 머리, 곧 우두머리이십니다.

> **벧전 2:25** 너희가 전에는 양과 같이 길을 잃었더니
> **이제는 너희 영혼의 목자와 감독 되신 이에게**
> **돌아왔느니라**

메데 파사 왕국의 다리오 왕이 다니엘을 총리, 즉 우두머리, 감독으로 세웠고 만왕의 왕이신 하나님께서 세상에 보내신 예수 그리스도를 만물의 머리로, 또 영혼의 목자와 감독으로 세우셨습니다.

> **마 18:12** 너희 생각에는 어떻겠느뇨 만일 어떤 사람이 양 일백 마리
> 가 있는데 **그 중에 하나가 길을 잃었으면** 그 아흔 아홉 마
> 리를 산에 두고 가서 **길 잃은 양을 찾지 않겠느냐**

주님께서 잃은 양을 찾는 비유를 말씀하셨습니다.

마 18:13 진실로 너희에게 이르노니 만일 찾으면 길을 잃지 아니한
아흔 아홉 마리보다 이것을 더 기뻐하리라

만일 길 잃은 양을 찾으면 길을 잃지 아니한 아흔 아홉 마리보다 이것을 더 기뻐하리라고 하셨습니다.

마 18:14 이와 같이 이 소자 중에 하나라도 잃어지는 것은
하늘에 계신 너희 아버지의 뜻이 아니니라

이 소자 중에 하나라도 잃는 것은 하늘에 계신 너희 아버지의 뜻이 아니라고 하십니다. 한 영혼이라도 잃어버리는 것은 하나님의 뜻이 아닙니다. 한 영혼이라도 지옥에 가는 것은 하나님의 뜻이 아닙니다.

요 6:39 나를 보내신 이의 뜻을 행하려 함이니라
나를 보내신 이의 뜻은 내게 주신 자 중에
내가 하나도 잃어버리지 아니하고
마지막 날에 다시 살리는 이것이니라

예수님은 나를 보내신 이의 뜻을 행하기 위해 하늘에서 내려왔는데 나를 보내신 이의 뜻은 내게 주신 자 중에 내가 하나도 잃어버리지 아니하고 마지막 날에 다시 살리는 것이라고 말씀하셨습니다.

사랑하는 성도 여러분!
주님은 아버지께서 주신 자 중에 하나도 잃어버리지 않으십니다. 초림으로 오신 주님은 자신에게 영혼을 맡겨주신 하나님께 하나도 손해가 없게 하셨습니다.

요 10:27 내 양은 내 음성을 들으며 나는 저희를 알며
저희는 나를 따르느니라
요 10:28 내가 저희에게 영생을 주노니 영원히 멸망치 아니할 터이요
또 저희를 내 손에서 빼앗을 자가 없느니라

요 10:29 저희를 주신 내 아버지는 만유보다 크시매
아무도 아버지 손에서 빼앗을 수 없느니라

내가 저희에게 영생을 주노니 영원히 멸망치 아니할 터이요 또 저희를 내 손에서 빼앗을 자가 없느니라 저희를 주신 내 아버지는 만유보다 크시매 아무도 아버지 손에서 빼앗을 수 없다고 하셨습니다.

다리오 왕이 자기에게 하나도 손해가 없게 하기 위해서 다니엘을 총리, 즉 우두머리, 감독으로 세웠지요?
만왕의 왕이신 하나님께서 세상에 보내신 예수 그리스도는 머리 중에 머리, 우두머리시며 우리 영혼의 감독이시기 때문에 자신에게 영혼을 맡겨주신 하나님께 하나도 손해가 없게 하셨습니다.

2. 나는 너보다 높음이 보좌뿐이라

창 41:40 너는 내 집을 치리하라 내 백성이 다 네 명을 복종하리니
나는 너보다 높음이 보좌 뿐이니라
창 41:41 바로가 또 요셉에게 이르되
내가 너로 애굽 온 땅을 총리하게 하노라 하고

다리오 왕이 자신에게 손해가 없게 하려고 다니엘을 총리, 즉 우두머리, 감독으로 세웠습니다. 그러므로 우리는 '총리의 비밀' 을 알아야 합니다.
바로 왕이 요셉을 총리로 세우며 나는 너 보다 높음이 보좌뿐이라고 합니다.

보좌– כִּסֵּא 〈킷세〉 ❶영예의 자리 ❷보좌 ❸왕좌

보좌는 영예의 자리, 왕좌, 즉 왕의 자리를 말합니다.

그런데 바로 왕이 요셉을 총리로 세우며 나는 너 보다 높음이 보좌뿐이라고 합니다. 총리는 왕과 동등한 권세가 있으나 영예의 자리인 보좌에는 앉지 않는 자를 말합니다.

(※편집자 주: 총리의 세계는 성령의 능력교회에서 행해지는 '총리를 통해 증거된 예수 그리스도' 라는 주제의 부흥성회에 참석하시면 자세히 알 수 있습니다)

이래야 복음이 열어지고 모든 성경이 예수 그리스도를 증거한다고 한 성경이 열려지는 것입니다.

시 103:19 여호와께서 그 보좌를 하늘에 세우시고
그 정권으로 만유를 통치하시도다

스스로 자존하신 여호와께서 그 보좌를 하늘에 세우시고 그 왕권으로 만유를 통치하신다고 하셨습니다.

시 93:2 주의 보좌는 예로부터 견고히 섰으며
주는 영원부터 계셨나이다
렘 17:12 영화로우신 보좌여 원시부터 높이 계시며
우리의 성소이시며

영화로우신 하나님의 보좌는 원시부터 높이 계셨고 스스로 자존하신 여호와께서 보좌에 앉으셔서 그 왕권으로 만유를 통치하십니다.

요 1:1 태초에 말씀이 계시니라 이 말씀이 하나님과 함께 계셨으니
이 말씀은 곧 하나님이시니라

태초에 말씀이 계시니라 이 말씀이 하나님과 함께 계셨으니 이 말씀은 곧 하나님이라고 했습니다. 말씀이 하나님이고 하나님이 말씀이십니다.

요 1:14 말씀이 육신이 되어 우리 가운데 거하시매

우리가 그 영광을 보니 아버지의 독생자의 영광이요
은혜와 진리가 충만하더라

말씀이신 하나님이 성령으로 잉태하여 우리 가운데 오신 분이 예수 그리스도 이십니다. 그래서 예수 그리스도께서 초림으로 오셨을 때 임마누엘, 즉 하나님이 우리와 함께 계시다고 하신 것입니다. 말씀으로 계신 하나님이 육신이 되어 이 땅에 오신 분이 예수 그리스도 이십니다.

빌 2:5 너희 안에 이 마음을 품으라 곧 그리스도 예수의 마음이니
빌 2:6 **그는 근본 하나님의 본체시나**
하나님과 동등됨을 취할 것으로 여기지 아니하시고
빌 2:7 오히려 자기를 비어 종의 형체를 가져 사람들과 같이 되었고

초림으로 오신 예수 그리스도는 근본 하나님의 본체시나 하나님과 동등됨을 취할 것으로 여기지 아니하시고 오히려 자기를 비어 종의 형체를 가져 사람들과 같이 되었습니다.

총리는 왕과 동등한 권세가 있으나 영예의 자리인 보좌에는 앉지 않는 자를 말하는 것입니다.

예수 그리스도는 근본 하나님의 본체시나 하나님과 동등됨을 취할 것으로 여기지 아니하시고 하늘 보좌를 버리시고 육신을 입으시고 초림으로 오셔서 하나님께서 맡겨 주신 양들을 하나도 잃어버리지 않으십니다. 그러므로 다리오 왕이 자신에게 손해가 없게 하려고 다니엘을 총리로 세운 것은 예수 그리스도를 증거하는 것입니다.

3. 내 집을 다스리라

창 41:40 너는 내 집을 치리하라 내 백성이 다 네 명을 복종하리니
나는 너보다 높음이 보좌 뿐이니라

바로 왕은 요셉을 총리로 세우며 너는 내 집을 치리하라고 합니다.

너는 내 집을 치리하라 에서,

집– בַּיִת〈바이트〉 ❶집 ❷가정 ❸궁궐 ❹영토

바로 왕은 요셉에게 왕궁과 애굽의 전 영토를 다스릴 권한을 주었습니다. 왕과 동등한 권세가 있으나 보좌에 앉지 않은 총리 요셉은 왕궁을 치리하는 권한을 받았습니다.

히 10:21 또 **하나님의 집 다스리는 큰 제사장이 계시매**

집– οἶκος〈오이코스〉 ❶집 ❷가정 ❸궁궐

근본 하나님의 본체시나 하나님과 동등됨을 취할 것으로 여기지 아니하시고 하늘 보좌를 버리신 예수 그리스도께서 하나님의 집을 다스리는 자입니다. 왕과 동등한 권세가 있으나 보좌에 앉지 않은 총리 요셉은 바로 왕국을 다스리는 자입니다. 하늘 보좌를 버리신 예수 그리스도는 만물의 우두머리시며 감독으로 하나님의 집, 즉 하나님의 왕국을 다스리는 큰 제사장입니다.

4. 내 백성이 다 네 명을 복종하리라

창 41:40 너는 내 집을 치리하라 **내 백성이 다 네 명을 복종하리니**
나는 너보다 높음이 보좌 뿐이니라

바로 왕은 요셉을 총리, 우두머리 감독으로 세워 자신과 동등한 권

세가 있으나 보좌에 앉지 않은 요셉에게 복종하게 했습니다.

엡 1:22 또 만물을 그 발 아래 복종하게 하시고
그를 만물위에 교회의 머리로 주셨느니라
히 2:8 만물을 그 발 아래 복종케 하셨느니라

근본 하나님의 본체시나 하나님과 동등됨을 취할 것으로 여기지 아니하시고 하늘 보좌를 버리신 예수 그리스도께 만물을 그 발 아래 복종하게 하시고 그를 만물 위에 교회의 머리로 주셨습니다.
애굽의 모든 백성들이 왕과 동등한 권세가 있으나 보좌에 앉지 않은 요셉의 명령에 복종했습니다. 세상 모든 만물이 근본 하나님의 본체시나 하나님과 동등됨을 취할 것으로 여기지 아니하시고 하늘 보좌를 버리신 예수 그리스도께 복종해야 합니다.

사랑하는 성도 여러분!
다리오 왕은 자신에게 손해가 없게 하려고 다니엘을 총리로 세웠습니다. 초림으로 오신 주님은 아버지께서 맡겨 주신 양을 하나도 잃어버리지 않으심으로 양을 맡겨 주신 하나님께 손해가 없게 하시는 분이십니다.

'총리의 비밀' 을 보니 총리는 왕과 동등한 권세가 있으나 보좌에는 앉지 않는 자를 말합니다.
초림으로 오신 주님은 근본 하나님의 본체시나 하나님과 동등됨을 취할 것으로 여기지 아니하시고 하늘 보좌를 버리시고 사람의 모양으로 오셨으니 보좌에 앉지 않은 자이십니다. 바로 왕은 자신과 동등한 권세가 있으나 보좌에 앉지 않은 총리 요셉에게 왕궁을 치리하는 권한을 주었습니다.

근본 하나님의 본체시나 하나님과 동등됨을 취할 것으로 여기지 아니하시고 하늘 보좌를 버리신 예수 그리스도는 하나님의 집을 다스리는 큰 제사장이십니다.

하나님은 하늘 보좌를 버리신 예수 그리스도께 만물을 그 발 아래 복종하게 하시고 만물위에 교회의 머리로 주셨습니다. 왕과 동등한 권세가 있으나 보좌에 앉지 않은 총리 요셉은 바로 왕국을 다스리는 자입니다. 만물의 우두머리시며 감독이신 예수 그리스도는 하나님의 집, 곧 하나님의 왕국을 다스리는 큰 제사장이십니다.

다리오 왕은 자신과 동등한 권세가 있으나 보좌에 앉지 않은 다니엘을 총리로 세워 자신에게 손해가 없게 했습니다. 왕이신 하나님은 자신과 동등한 권세가 있으나 보좌에 앉지 않은 초림의 예수께 양을 맡겨 자신에게 손해가 없게 하셨습니다. 그래서 주님은 이 성경이 내게 대하여 증거한다고 말씀하신 것입니다.

Point	다리오 왕이 자기에게 하나도 손해가 없게 하기 위해서 다니엘을 총리, 즉 우두머리, 감독으로 세운 것은 하나님께서 근본 하나님의 본체시나 하나님과 동등됨을 취할 것으로 여기지 아니하시고 하늘 보좌를 버리시고 육신을 입고 초림으로 오신 예수 그리스도를 만물의 머리, 즉 우두머리로 세워 하나님께서 맡겨주신 양들을 하나도 잃어버리지 않으실 것과 만물의 머리이시며 감독이신 예수 그리스도는 하나님의 집을 다스리는 큰 제사장으로서 만물을 그 발 아래 복종하게 하실 것을 증거하신 것이다.

24

죽은 자가 살아남

열왕기상 17:21~22

왕상 17:21 그 아이 위에 몸을 세번 펴서 엎드리고 여호와
께 부르짖어 가로되 나의 하나님 여호와여 원컨대 이
아이의 혼으로 그 몸에 돌아오게 하옵소서 하니 22
여호와께서 엘리야의 소리를 들으시므로 그 아이의
혼이 몸으로 돌아 오고 살아난지라

Key	엘리야가 사르밧 과부의 죽은 아들을 살려내었고 엘리사는 수넴 여인의 죽은 아들을 살려냈으며 예수께서 죽은 나사로와 나인성 과부의 아들과 야이로의 딸을 살려내신 것은 무엇을 증거하고 있는가?

엘리야 선지자가 사르밧 과부의 죽은 아이 위에 몸을 세번 펴서 엎드리고 나의 하나님 여호와여 원컨대 이 아이의 혼으로 그 몸에 돌아오게 하옵소서 라고 부르짖어 기도하였습니다. 여호와께서 엘리야의 소리를 들으시므로 그 아이의 혼이 몸으로 돌아와 살아났습니다.

성경은 하나님께서 하나님을 계시하신 책입니다. 하나님께서 성경을 통해 자신을 알려 주시지 않았으면 인간은 절대 하나님을 알 수 없는 것입니다. 그러면 하나님께서 왜 성경을 통해 자신을 인간에게 알려 주셨을까요?

요 17:3 영생은 곧 유일하신 참 하나님과 그의 보내신 자
예수 그리스도를 아는 것이니이다

영생은 유일하신 참 하나님과 그의 보내신 자 예수 그리스도를 아는 것입니다. 우리는 성경을 통해 세상 만물의 창조자이신 유일하신 참 하나님을 알아야 합니다. 그리고 하나님이 보내신 자 예수 그리스도를 알아야 합니다. 이것이 영생이기 때문입니다.

오늘은 "죽은 자가 살아남" 을 통해 예수 그리스도를 확증 받게 될 줄로 믿습니다.

1. 사르밧 과부의 죽은 아들을 살려냄을 통해 증거된 여호와 하나님

기근으로 죽어가던 사르밧 과부는 엘리야의 말대로 행하여 기름이

마르지 아니하고 가루가 다하지 않는 기적을 체험하였습니다. 사르밧 과부가 하나님의 역사로 감사하며 살아가고 있는데 그녀의 아들이 병들어 증세가 심히 위중하다가 죽었습니다. 그러자 사르밧 과부가 엘리야에게 하나님의 사람이여 당신이 나로 더불어 무슨 상관이 있기로 내 죄를 생각나게 하고 또 내 아들을 죽게 하려고 내게 오셨나이까 라고 원망하였습니다. 여인의 원망에 엘리야가 사르밧 과부의 죽은 아들을 달라하여 자신이 거처하는 다락에 올라가서 침상에 뉘었습니다.

왕상 17:21 그 아이 위에 몸을 세 번 펴서 엎드리고
여호와께 부르짖어 가로되 나의 하나님 여호와여 원컨대
이 아이의 혼으로 그 몸에 돌아오게 하옵소서 하니
왕상 17:22 **여호와께서 엘리야의 소리를 들으시므로**
그 아이의 혼이 몸으로 돌아 오고 **살아난지라**

엘리야는 사르밧 과부의 죽은 아이 위에 몸을 세 번 펴서 엎드리고 나의 하나님 여호와여 원컨대 이 아이의 혼으로 그 몸에 돌아오게 하옵소서라고 부르짖어 기도하였습니다. 그러자 여호와께서 엘리야의 소리를 들으시므로 그 아이의 혼이 몸으로 돌아와 살아났습니다.

왕상 17:23 엘리야가 그 아이를 안고 다락에서 방으로 내려가서
그 어미에게 주며 이르되 **보라 네 아들이 살았느니라**

엘리야- אֵלִיָּה 〈엘리아스〉 ❶여호와는 엘 ❷여호와는 하나님이시다

여호와는 엘, 여호와는 하나님이시다 라는 이름의 뜻을 가진 엘리야가 기도하자 사르밧 과부의 죽은 아이의 혼이 돌아와 살아났습니다. 하나님은 이 말씀을 통해 무엇을 우리에게 증거하시기를 원하셨을까요?

신 32:39 이제는 나 곧 내가 그인줄 알라 나와 함께 하는 신이 없도다
내가 죽이기도 하며 살리기도 하며 상하게도 하며
낫게도 하나니 내 손에서 능히 건질 자 없도다
삼상 2:6 여호와는 죽이기도 하시고 살리기도 하시며
음부에 내리게도 하시고 올리기도 하시는도다

여호와 하나님은 죽이기도 하며 살리기도 하시는 생명의 주권자입니다. 하나님은 사르밧 과부의 죽은 아들을 살려내심으로 스스로 자존하신 여호와 하나님이 죽이기도 하시며 살리기도 하시는 생명의 주권자이심을 증거하셨습니다. 하나님이 죽이시면 살자가 없고 하나님이 살리시면 죽을 자가 없습니다. 하나님은 모든 생명의 창조자이시며 주권자이시기 때문입니다.

2. 수넴여인의 죽은 아들을 살려냄으로 증거된 여호와 하나님

왕하 4:16 엘리사가 가로되 돐이 되면 네가 아들을 안으리라
여인이 가로되 아니로소이다 내 주 하나님의 사람이여
당신의 계집종을 속이지 마옵소서 하니라
왕하 4:17 여인이 과연 잉태하여 돐이 돌아오매
엘리사의 말한대로 아들을 낳았더라

수넴 여인으로부터 극진한 대접을 받은 엘리사가 수넴 여인이 아이가 없는 것을 알고 돐이 되면 네가 아들을 안으리라고 하였습니다. 그러자 수넴 여인이 아니로소이다 내 주 하나님의 사람이여 당신의 계집종을 속이지 마옵소서 라고 하였습니다. 그러나 여인이 과연 잉태하여 돐이 돌아오매 엘리사가 말한 대로 아들을 낳았습니다.

왕하 4:18 그 아이가 저으기 자라매
하루는 곡식 베는 자에게 나가서 그 아비에게 이르렀더니
왕하 4:19 그 아비에게 이르되 내 머리야 내 머리야 하는지라
그 아비가 사환에게 명하여 그 어미에게로 데려가라 하매

왕하 4:20 곧 어미에게로 데려갔더니
낮까지 어미의 무릎에 앉았다가 **죽은지라**

엘리사의 말대로 태어난 아들이 갑자기 아파서 죽어 버렸습니다.

왕하 4:28 여인이 가로되 **내가 내 주께 아들을 구하더이까**
나를 속이지 말라고 내가 말하지 아니하더이까

아들이 죽자 수넴 여인이 엘리사에게 내가 언제 아들을 구하더이까 나를 속이지 말라고 내가 말하지 아니하더이까 왜 내게 아들을 낳는다고 하여 아들을 낳게 하더니 죽게 만드는 것입니까 라고 하며 원망하였습니다.

왕하 4:32 엘리사가 집에 들어가 보니 **아이가 죽었는데**
자기의 침상에 눕혔는지라
왕하 4:33 들어가서는 문을 닫으니 두 사람 뿐이라
엘리사가 여호와께 기도하고
왕하 4:34 **아이의 위에 올라 엎드려 자기 입을 그 입에**
자기 눈을 그 눈에 자기 손을 그 손에 대고
그 몸에 엎드리니 **아이의 살이 차차 따뜻하더라**
왕하 4:35 엘리사가 내려서 집 안에서 한번 이리 저리 다니고
다시 아이 위에 올라 엎드리니
아이가 일곱 번 재채기 하고 눈을 뜨는지라

여인의 말을 듣고 엘리사가 기도하자 죽은 수넴 여인의 아들이 일곱 번 재채기하고 눈을 떴습니다.

왕하 4:36 엘리사가 게하시를 불러서
저 수넴 여인을 불러오라 하니 곧 부르매 여인이 들어가니
엘리사가 가로되 **네 아들을 취하라**

엘리사– אֱלִישָׁע〈엘리샤〉 ❶하나님께서 일으키신다
❷하나님이 구원하신다

하나님께서 일으키신다, 하나님께서 구원하신다는 이름의 뜻을 가진 엘리사가 기도하자 수넴 여인의 죽었던 아들이 살아났습니다. 하나님은 이 말씀을 통해 우리에게 무엇을 증거하시기를 원하셨을까요?

욥 1:21 가로되 내가 모태에서 적신이 나왔사온즉
또한 적신이 그리로 돌아 가올찌라
주신 자도 여호와시오 취하신 자도 여호와시오니
여호와의 이름이 찬송을 받으실찌니이다 하고

아이를 낳지 못하던 수넴 여인이 아들을 낳아 큰 기쁨을 얻게 되었으나 아들이 죽자 잠시 슬픔에 잠기게 되었습니다. 그러나 죽은 아들이 살아나자 하나님께 영광을 돌렸고 정말 큰 기쁨을 얻었습니다. 하나님은 수넴 여인에게 아들을 주시고 죽은 수넴 여인의 아들을 살려 내심으로 주신 자도 여호와시요 취하신 자도 여호와시오니 여호와의 이름이 찬송을 받게 되심을 증거하신 것입니다.

3. 죽은 나사로를 살려냄으로 증거된 예수 그리스도

요 11:20 마르다는 예수 오신다는 말을 듣고
곧 나가 맞되 마리아는 집에 앉았더라
요 11:21 마르다가 예수께 여짜오되
주께서 여기 계셨더면 내 오라비가 죽지 아니 하였겠나이다

예수께서 나사로가 죽어 간다는 소식을 듣고 베다니에 도착하자 마르다가 주님을 맞으러 뛰어 나오며 말합니다. 주께서 여기 계셨더면 내 오빠가 죽지 아니 하였을텐데 빨리 오시지 왜 이렇게 늦게 오셨습니까? 우리 오빠가 죽은 지 벌써 나흘이나 되어 무덤에 장사를 지냈습니다.

요 11:23 예수께서 가라사대 **네 오라비가 다시 살리라**

예수께서 마르다에게 염려하지 마라 네 오빠가 다시 살 것이라고 말씀하셨습니다.

요 11:24 마르다가 가로되
마지막 날 부활에는 다시 살 줄을 내가 아나이다

주님께서 나사로가 다시 살 것이라고 말씀하시자 마르다가 마지막 부활 때에는 우리 오빠가 부활의 몸으로 다시 살 것을 알고 있다고 대납했습니다.

요 11:25 **예수께서 가라사대 나는 부활이요 생명이니**
나를 믿는 자는 죽어도 살겠고
요 11:26 **무릇 살아서 나를 믿는 자는 영원히 죽지 아니하리니**
이것을 네가 믿느냐

예수께서 나는 부활이요 생명이니 나를 믿는 자는 죽어도 살겠고 무릇 살아서 나를 믿는 자는 영원히 죽지 아니하리니 이것을 네가 믿느냐고 마르다에게 물었습니다.

요 11:39 예수께서 가라사대 **돌을 옮겨 놓으라** 하시니
그 죽은 자의 누이 **마르다가** 가로되
주여 죽은지가 나흘이 되었으매 벌써 냄새가 나나이다

주님께서 무덤 입구를 막은 돌을 옮겨 놓으라고 하시자 마르다가 주여 죽은지가 나흘이 되었으매 벌써 썩은 냄새가 납니다 라고 말합니다.

요 11:40 예수께서 가라사대 **내 말이 네가 믿으면**
하나님의 영광을 보리라 하지 아니하였느냐 하신대

주님께서 왜 그렇게 믿음이 없고 말이 많으냐 네가 믿으면 하나님의 영광을 볼 것이라고 내가 너희에게 말하지 않았느냐 라며 책망

하셨습니다.

요 11:41 돌을 옮겨 놓으니 예수께서 눈을 들어 우러러 보시고
가라사대 아버지여 내 말을 들으신 것을 감사하나이다
요 11:42 항상 내 말을 들으시는 줄을 내가 알았나이다
그러나 이 말씀 하옵는 것은 둘러선 무리를 위함이니
곧 아버지께서 나를 보내신것을 저희로 믿게 하려 함이니이다

예수께서 눈을 들어 우러러 보시며 "아버지여 내 말을 들으신 것을 감사하나이다 항상 내 말을 들으시는 줄을 내가 알았나이다 그러나 이 말씀을 하는 것은 둘러선 무리를 위함이니 곧 아버지께서 나를 보내신 것을 저희로 믿게 하려 함이니이다 아버지여 나사로를 살리사 저들로 아버지께서 나를 보내신 것을 믿게 하옵소서" 라고 기도하셨습니다.

요 11:43 이 말씀을 하시고 **큰 소리로 나사로야 나오라 부르시니**
요 11:44 죽은 자가 수족을 베로 동인채로 나오는데
그 얼굴은 수건에 싸였더라
예수께서 가라사대 풀어 놓아 다니게 하라 하시니라

주님께서 무덤을 향해 나사로야 일어나 나오라고 외치시자 죽은 지 나흘이나 되어 썩은 냄새가 나던 나사로가 살아나 수족을 베로 동인채로 무덤에서 나왔습니다.
주님은 나는 부활이요 생명이니 나를 믿는 자는 죽어도 살겠고 무릇 살아서 나를 믿는 자는 영원히 죽지 아니하리라고 말씀하셨습니다.
주님은 죽은 나사로를 살리사 나는 부활이요 생명이니 나를 믿는 자는 죽어도 살겠고 라는 말씀을 확증시켜 주셨습니다.
주님은 죽은 나사로를 살리사 하나님의 본체로서 하나님의 보내심을 받아 육신을 입고 세상에 온 자신을 통해서만 죽은 자가 다시 살게 되므로 자신만이 부활이요 생명이라는 것을 증거하셨습니다.

4. 죽은 자들을 살려냄으로 증거된 예수 그리스도

> **눅 7:11** 그 후에 예수께서 나인이란 성으로 가실쌔
> 제자와 허다한 무리가 동행하더니
> **눅 7:12** 성문에 가까이 오실 때에
> **사람들이 한 죽은 자를 메고 나오니 이는 그 어미의 독자요**
> **어미는 과부라** 그 성의 많은 사람도 그와 함께 나오거늘

과부의 아들이 죽자 나인성의 많은 사람들이 그를 장사 지내기 위해 가고 있었습니다.

> **눅 7:13** 주께서 과부를 보시고 불쌍히 여기사 울지 말라 하시고
> 눅 7:14 가까이 오사 그 관에 손을 대시니 멘 자들이 서는지라
> 예수께서 가라사대 청년아 내가 네게 말하노니
> **일어나라 하시매**
> 눅 7:15(상) **죽었던 자가 일어앉고 말도 하거늘**

예수께서 죽은 청년을 향해 일어나라 하시매 죽었던 자가 일어나 앉고 말도 하였습니다. 주님의 말씀 한마디에 죽은 자가 살아난 것입니다.

> **눅 8:49** 아직 말씀하실 때에 회당장의 집에서 사람이 와서 말하되
> **당신의 딸이 죽었나이다** 선생을 더 괴롭게 마소서 하거늘
> 눅 8:50 예수께서 들으시고 가라사대 두려워 말고 믿기만 하라
> 그리하면 딸이 구원을 얻으리라 하시고

주님께서 딸이 죽어 간다는 회당장 야이로의 부탁을 받고 야이로의 딸을 고치기 위해 가시던 중에 회당장 야이로의 집에서 사람이 와서 당신의 딸이 죽었다고 말합니다. 이 말에 주님께서 야이로에게 두려워 말고 믿기만 하라 그리하면 딸이 구원을 얻으리라 하시고 야이로의 집으로 가셨습니다.

눅 8:52 모든 사람이 아이를 위하여 울며 통곡하매
예수께서 이르시되 **울지 말라 죽은 것이 아니라 잔다** 하시니
눅 8:53 저희가 **그 죽은 것을 아는고로 비웃더라**

야이로의 집에 가신 주님께서 울며 통곡하는 자들에게 아이가 죽은 것이 아니고 잔다고 말씀하시니 그들이 비웃었습니다.

눅 8:54 예수께서 아이의 손을 잡고 불러 가라사대
아이야 일어나라 하시니
눅8:55 **그 영이 돌아와 아이가 곧 일어나거늘**
예수께서 먹을 것을 주라 명하신대
눅8:56(상) 그 부모가 놀라는지라

비웃음을 뒤로하고 예수께서 아이의 손을 잡고 아이야 일어나라 하시니 그 영이 돌아와 아이가 곧 일어났습니다.

죽은 회당장 야이로의 딸과 나인성 과부의 아들이 살아났지요?
구약 성경에서는 사르밧 과부의 아들이 죽었다가 살아났고 수넴 여인의 아들이 죽었다가 살아났지요?

그래서 주님께서 천국 복음을 외치시며 이렇게 말씀하셨습니다.

마 11:5 맹인이 보며 못 걷는 사람이 걸으며
나병환자가 깨끗함을 받으며 못 듣는 자가 들으며
죽은 자가 살아나며 가난한 자에게 복음이 전파된다 하라

하나님만 생명의 주관자이시기 때문에 하나님만 죽은 자를 다시 살릴 수 있습니다. 그러므로 하나님의 본체이셨으나 육신을 입으신 예수 그리스도만 죽은 자를 다시 살릴 수 있습니다. 그래서 주님이 생명의 주(主)이십니다.

요 5:26 아버지께서 자기 속에 생명이 있음 같이
아들에게도 생명을 주어 그 속에 있게 하셨고

아버지께서 자기 속에 생명이 있음같이 아들에게도 생명을 주어 그 속에 있게 하셨습니다.

요일 5:12 아들이 있는 자에게는 생명이 있고
하나님의 아들이 없는 자에게는 생명이 없느니라

아버지께서 자기 속에 생명이 있음같이 아들에게도 생명을 주어 그 속에 있게 하셨기 때문에 아들이 있는 자에게는 생명이 있고 하나님의 아들이 없는 자에게는 생명이 없습니다.
하나님만 생명의 주관자이시기 때문에 하나님만 죽은 자를 다시 살릴 수 있습니다. 하나님의 본체이셨으나 육신을 입으신 예수 그리스도만 죽은 자를 다시 살릴 수 있습니다.
이것이 죽은 자를 살려 내심으로 증거된 예수 그리스도입니다.

Point	사르밧 과부의 아들, 수넴 여인의 아들, 나사로, 회당장 야이로의 딸, 나인성 과부의 아들이 죽었다가 다시 살아난 것은 여호와는 죽이기도 하시며 살리기도 하시는 생명이 주관자이시므로 하나님만 죽은 자를 다시 살릴 수 있기 때문에 하나님의 본체로서 육신을 입으신 예수 그리스도만 죽은 자를 다시 살릴 수 있는 생명의 주(主)이고 자신만이 부활이요 생명이라는 것을 증거하신 것이다.

25

언약의 아들

창세기 21:1~3

창 21:1 여호와께서 그 말씀대로 사라를 권고하셨고 여호
와께서 그 말씀대로 사라에게 행하셨으므로 2 사라
가 잉태하고 하나님의 말씀하신 기한에 미쳐 늙은 아
브라함에게 아들을 낳으니 3 아브라함이 그 낳은 아
들 곧 사라가 자기에게 낳은 아들을 이름하여 이삭이
라 하였고

Key	언약의 아들이 죽었다가 다시 살아나는 것은 무엇을 말하는가?

요5:39절, 요5:46절에서 성경은 예수 그리스도를 증거하기 위해 기록된 책이라고 하셨고 눅24:27절에는 성경은 모세와 선지자들이 예수 그리스도에 대해 자세히 기록한 책이라고 하였으며 눅24:44절에 모세의 율법과 선지자의 글과 시편을 통해 예수 그리스도를 증거하고 있다고 했습니다.
천 번을 말하고 만 번을 말해도 하나님의 말씀인 성경은 예수 그리스도를 증거하는 책입니다. 그러므로 오늘 본문도 예수 그리스도를 증거하고 있겠지요?

오늘은 "언약의 아들"을 통해 하나님의 구원의 확증인 예수 그리스도를 만나게 될 것입니다.

1. 아들을 낳으리라는 언약을 받은 자들

창 18:10 그가 가라사대 **기한이 이를 때에 내가 정녕 네게로 돌아오리니 네 아내 사라에게 아들이 있으리라** 하시니 사라가 그 뒤 장막 문에서 들었더라
창 18:11 **아브라함과 사라가 나이 많아 늙었고 사라의 경수는 끊어졌는지라**

사라는 경수가 끊어진 상태인데 천사가 아브라함에게 기한이 이를 때에 사라에게 아들이 있으리라고 하는 말을 장막 문에서 듣게 됩니다.

창 18:12 사라가 속으로 웃고 이르되 **내가 노쇠하였고 내 주인도 늙었으니 내게 어찌 낙이 있으리요**

사라는 자신도 늙었고 남편도 노쇠하였기 때문에 내년 이맘때에 아들을 낳을 것이라는 천사의 말을 믿을 수가 없었습니다. 그러나 천사는 사라의 경수가 끊어지고 아브라함이 노쇠하였음에도 불구하고 사라가 아들을 낳을 것이라고 언약했습니다.
두 세 증거로 언약의 아들을 알아보기 위해 왕하4:14절을 봅니다.

왕하 4:14 엘리사가 가로되 그러면 저를 위하여 무엇을 하여야 할꼬
게하시가 대답하되 참으로 이 여인은 아들이 없고
그 남편은 늙었나이다

수넴 여인으로부터 극진한 대접을 받은 엘리사가 게하시를 불러 수넴 여인을 위해 무엇을 해 주면 좋겠느냐고 물으니 이 여인은 아들이 없고 그 남편은 늙었다고 대답을 합니다.

왕하 4:16 엘리사가 가로되 **돐이 되면 네가 아들을 안으리라**
여인이 가로되 아니로소이다 내 주 하나님의 사람이여
당신의 계집종을 속이지 마옵소서 하니라

그 남편은 늙고 아들이 없는 수넴 여인은 돐이 되면 아들을 낳으리라는 엘리사의 말을 믿을 수가 없었습니다. 그러나 수넴 여인의 남편이 늙었어도 엘리사는 여호와의 이름으로 아들을 낳을 것이라고 언약했습니다.

눅 1:30 천사가 일러 가로되 **마리아여 무서워 말라**
네가 하나님께 은혜를 얻었느니라
눅 1:31 **보라 네가 수태하여 아들을 낳으리니 그 이름을 예수라 하라**

가브리엘 천사가 하나님의 보내심을 받고 마리아여 무서워 말라 네가 하나님께 은혜를 얻었느니라 보라 네가 수태하여 아들을 낳으리니 그 이름을 예수라 하라고 말합니다.

눅 1:34 마리아가 천사에게 말하되
나는 사내를 알지 못하니 어찌 이 일이 있으리이까

마리아는 사내를 알지 못하는 자신이 아들을 낳는다는 천사의 말을 믿을 수가 없었습니다.

경수가 끊겨 아들을 낳지 못하는 사라는 아들을 낳으리라는 천사를 통한 하나님의 언약을 믿을 수가 없었습니다. 남편이 늙은 수넴 여인도 아들을 낳으리라는 엘리사를 통한 하나님의 언약을 믿을 수가 없었습니다. 사내를 알지 못하는 처녀인 마리아도 아들을 낳으리라는 천사가 전하는 하나님의 언약을 믿을 수가 없었습니다. 그러므로 이들이 아들을 낳으면 그 아들은 언약의 아들입니다.

2. 언약대로 아들을 낳았습니다

창 21:2 사라가 잉태하고 하나님의 말씀하신 **기한에 미쳐**
늙은 아브라함에게 아들을 낳으니
창 21:3 아브라함이 그 낳은 아들
곧 **사라가 자기에게 낳은 아들을 이름하여 이삭이라 하였고**

하나님께서 말씀하신 기한이 되어 언약대로 사라가 늙은 아브라함에게 이삭을 낳았습니다.

갈 4:23 계집 종에게서는 육체를 따라 났고
자유하는 여자에게서는 약속으로 말미암았느니라

이삭은 분명히 약속으로 말미암아 낳은 아들이니 언약의 아들입니다.

왕하 4:17 여인이 과연 잉태하여 **돐이 돌아오매**
엘리사의 말한대로 아들을 낳았더라

수넴 여인이 남편이 늙어서 아들을 낳을 수 없다고 하였는데 언약대로 아들을 낳았습니다. 그러므로 수넴 여인이 낳은 아들도 언약의 아들입니다.

마 1:24 요셉이 잠을 깨어 일어나서 주의 사자의 분부대로 행하여
그 아내를 데려 왔으나
마 1:25 **아들을 낳기까지 동침치 아니하더니 낳으매**
이름을 예수라 하니라

사내를 알지 못하는 처녀 마리아에게 아들을 낳을 것이라고 언약을 했는데 그 말씀대로 마리아가 아들을 낳아 그 이름을 예수라고 하였습니다. 그러므로 마라아가 낳은 예수는 언약을 통해 낳은 아들입니다.

사 7:14 그러므로 주께서 친히 징조로 너희에게 주실 것이라
보라 처녀가 잉태하여 아들을 낳을 것이요
그 이름을 임마누엘이라 하리라

처녀가 잉태하여 아들을 낳을 것이라고 언약하셨고 처녀가 잉태하여 낳을 아들의 이름을 임마누엘이라 하리라고 언약하였습니다.
그러므로 아이를 낳을 수 없는 처녀 마리아가 성령으로 잉태하여 세상 끝에 오신 예수는 언약의 아들입니다.

경수가 끊어진 사라가 언약을 통해 낳은 이삭은 언약의 아들인 예수 그리스도의 예표이고 모형입니다. 수넴 여인이 늙은 남편에게 낳은 아들은 두세 증인의 법을 통한 언약의 아들인 예수 그리스도의 예표입니다. 그래서 주님은 이 성경은 내게 대하여 증거하는 것이라고 하신 것입니다.

3. 어떻게 언약의 아들을 낳았는가?

창 18:13 여호와께서 아브라함에게 이르시되 사라가 왜 웃으며
이르기를 내가 늙었거늘 어떻게 아들을 낳으리요 하느냐

내년 이맘때에 아들을 낳으리라는 천사의 말에 사라가 남편은 늙었고 나는 경수가 끊어졌으니 어떻게 아들을 낳으리요 라고 속으로 비웃을 때 이런 사라의 모습을 보고 아브라함아 내년 이맘때에 아들을 낳을 것이라는 말에 왜 사라가 웃으며 내가 늙었거늘 어떻게 아들을 낳으리요 하느냐고 책망을 했습니다.

**창 18:14 여호와께 능치 못한 일이 있겠느냐 기한이 이를 때에
내가 네게로 돌아오리니 사라에게 아들이 있으리라**

천사가 아브라함에게 여호와께 능치 못한 일이 있겠느냐 기한이 이를 때에 내가 네게로 돌아오리니 사라에게 아들이 있으리라고 말하였습니다.

창 21:5 아브라함이 **그 아들 이삭을 낳을 때에 백세라**

아이를 낳을 수 없는 사라가 능치 못할 일이 없는 여호와의 능력으로 언약의 아들을 낳았습니다. 천사가 마리아에게 수태하여 아들을 낳을 것이라고 하자 마리아는 나는 사내를 알지 못하는데 그게 무슨 소리냐고 펄쩍 뛰었습니다.

눅 1:37 대저 하나님의 모든 말씀은 능치 못하심이 없느니라

사랑하는 성도 여러분!
분명히 처녀 마리아가 요셉과 동침치 않은 상태에서 언약의 아들 예수를 낳았지요? 사내를 알지 못함으로 아이를 낳을 수 없는 마리아가 능치 못할 일이 없는 여호와의 능력으로 언약의 아들 예수를 낳았습니다.

사라에게 여호와께 능치 못한 일이 있겠느냐 라고 하셨고 마리아에게 대저 하나님의 모든 말씀은 능치 못하심이 없느니라고 하셨습니다. 그래서 주님은 창세기를 썼던 모세가 내게 대해서 기록했다고 하신 것입니다.

4. 죽었다가 다시 사는 언약의 아들

히 11:17 아브라함은 시험을 받을 때에 믿음으로 이삭을 드렸으니
저는 약속을 받은 자로되 그 독생자를 드렸느니라
히 11:18 저에게 이미 말씀하시기를 네 자손이라 칭할 자는
이삭으로 말미암으리라 하셨으니
히 11:19 저가 하나님이 능히 죽은 자 가운데서 다시 살리실 줄로
생각한지라 **비유컨대 죽은 자 가운데서 도로 받은 것이니라**

하나님께서 이삭을 번제로 드리라고 하였을 때 아브라함이 이삭을 결박하여 단 위에 올려놓고 칼을 들어 내리치려고 하였습니다. 그 때 하나님의 사자가 그 아이에게 네 손을 대지 말라 아무 일도 그에게 하지 말라 네가 네 아들 네 독자라도 내게 아끼지 아니하였으니 내가 이제야 네가 하나님을 경외하는 줄을 아노라고 하였습니다.

그 사건을 히11:17~19절에서는 아브라함은 시험을 받을 때에 믿음으로 이삭을 드렸으니 저는 약속을 받은 자로되 그 독생자를 드렸느니라 저에게 이미 말씀하시기를 네 자손이라 칭할 자는 이삭으로 말미암으리라 하셨으니 저가 하나님이 능히 죽은 자 가운데서 다시 살리실 줄로 생각한지라 비유컨대 죽은 자 가운데서 도로 받은 것이라고 말씀하고 있습니다.
그러므로 언약의 아들 이삭은 죽은 자 가운데서 도로 받습니다.

왕하 4:20 곧 어미에게로 데려갔더니
낮까지 어미의 무릎에 앉았다가 죽은지라

아들을 낳지 못하던 수넴 여인이 아들을 낳을 것이라는 언약을 받고 아들을 낳았는데 그 아들이 죽었습니다.

왕하 4:35 엘리사가 내려서 집 안에서 한번 이리 저리 다니고
다시 아이 위에 올라 엎드리니
아이가 일곱 번 재채기 하고 눈을 뜨는지라
왕하 4:36 엘리사가 게하시를 불러서 저 수넴 여인을 불러오라 하니
곧 부르매 여인이 들어가니
엘리사가 가로되 네 아들을 취하라
왕하 4:37 여인이 들어가서 엘리사의 발 앞에서 땅에 엎드려 절하고
아들을 안고 나가니라

언약을 받고 낳은 수넴 여인의 아들은 죽었다가 다시 살아났습니다. 그러므로 언약의 아들은 죽었다가 다시 산다는 것입니다.

막 15:39 예수를 향하여 섰던 백부장이 **그렇게 운명하심을 보고**
가로되 이 사람은 진실로 하나님의 아들이었도다 하더라

이사야 선지자의 언약대로 천사가 마리아에게 한 언약대로 오신 예수께서 십자가에 못 박혀 죽었습니다.
언약의 아들은 죽었다가 다시 살지요?

마 28:5 천사가 여자들에게 일러 가로되 너희는 무서워 말라
십자가에 못 박히신 예수를 너희가 찾는 줄을 내가 아노라
마 28:6 **그가 여기 계시지 않고 그의 말씀하시던대로 살아나셨느니라**
와서 그의 누우셨던 곳을 보라

언약을 통해 얻은 이삭이 모형적으로 죽었다가 살아났습니다.
언약을 통해 얻은 수넴 여인의 아들이 죽었다가 다시 살아났습니다.
그래서 이사야 선지자의 언약과 마리아에게 한 언약대로 오신 예수 그리스도가 죽었다가 다시 살아났습니다.

고전15:16 만일 죽은 자가 다시 사는 것이 없으면
그리스도도 다시 사신 것이 없었을 터이요

이삭이 모형적으로 죽었다가 살아나고 수넴 여인의 아들이 진짜 죽었다가 다시 살아난 것처럼 죽은 자가 다시 사는 것이 없으면 그리스도도 다시 사신 것이 없었을 것이라고 말씀하고 있습니다.

고전15:22 아담 안에서 모든 사람이 죽은 것 같이
그리스도 안에서 모든 사람이 삶을 얻으리라

아담 안에서 죽은 모든 사람은 언약의 아들 예수 그리스도 안에서 삶을 얻습니다.

엡 2:1 너희의 허물과 죄로 죽었던 너희를 살리셨도다

우리는 허물과 죄로 죽었다가 다시 살아났습니다.

갈 4:28 형제들아 너희는 이삭과 같이 약속의 자녀라

그러므로 우리도 이삭과 같이 약속의 자녀이기에 죽었다가 다시 산 것입니다.

Point	사라가 노년에 낳은 이삭과 수넴 여인이 늙은 남편에게 낳은 아들과 사내를 알지 못하는 처녀 마리아가 낳은 예수는 모두 언약의 아들이다. 이삭이 모형적으로 죽었다가 살아난 것과 수넴 여인의 아들이 실제로 죽었다가 살아난 것은 언약의 아들은 죽었다가 살아나는 것을 증거한 것이며 언약의 아들인 예수 그리스도께서 십자가에 죽으셨다가 다시 살아나실 것을 증거하신 것이다. 또한 우리도 예수 그리스도를 믿음으로 허물과 죄로 죽었다가 다시 살아났기 때문에 이삭과 같이 언약의 아들임을 증거한 것이다

26
돌들이 소리 지르리라

누가복음 19:40

눅 19:40 대답하여 가라사대 내가 너희에게 말하노니 만일
이 사람들이 잠잠하면 돌들이 소리 지르리라 하시니
라

Key	주님은 유대인들이 돌들과 같이 천하게 여겼던 자들을 통해 어떻게 자신을 증거하게 하셨으며 이 사람들이 잠잠하면 돌들이 소리 지르리라는 말씀은 무엇을 말하는가?

오늘 본문의 배경은 주님께서 나귀를 타고 예루살렘에 입성하실 때 제자의 온 무리가 기뻐하여 큰 소리로 하나님을 찬양하며 "찬송하리로다 주의 이름으로 오시는 왕이여 하늘에는 평화요 가장 높은 곳에는 영광" 이라고 외쳤습니다. 그러자 무리 중에 어떤 바리새인들이 주님께 말하기를 선생이여 당신의 제자들을 책망하소서라고 하였습니다.

눅 19:40 대답하여 가라사대 내가 너희에게 말하노니 **만일 이 사람들이 잠잠하면 돌들이 소리 지르리라** 하시니라

예수 그리스도를 증거해야 할 바리새인들이 주님을 증거하지 않고 도리어 주님을 증거하는 자들을 책망하라고 할 때 주님께서 만일 이 사람들이 잠잠하면 돌들이 소리 지르리라고 하셨습니다.

요 5:39 너희가 성경에서 영생을 얻는 줄 생각하고 성경을 상고하거니와 **이 성경이 곧 내게 대하여 증거하는 것이로다**

성경에 기록된 모든 사건은 예수 그리스도를 증거하는 것입니다. 모세와 선지자들과 시편도 예수 그리스도를 증거한다고 하였고 주님도 친히 자신을 증거하였으며 주님을 보내신 하나님도 주님을 증거하고 주님께서 승천하셔서 보낸 성령도 주님을 증거하였습니다. 더 나아가 유대인들이 돌들과 같이 천하게 여겼던 이방인들도 주님을 증거하였습니다.

그런데 하나님을 전한다고 했던 바리새인들과 당시의 종교 지도자들은 주님을 배척하였습니다. 그래서 주님은 바리새인들을 향해 이 사람들이 잠잠하면 돌들이 소리 지르리라고 하셨습니다.
오늘은 "돌들이 소리 지르리라" 는 제목의 말씀을 통해 오직 우리의 구원자이신 예수 그리스도를 만나게 될 줄로 믿습니다.

1. 나사렛 예수여

> **막 1:23** 마침 저희 회당에 **더러운 귀신 들린 사람이 있어** 소리질러 가로되
> 막 1:24 **나사렛 예수여** 우리가 당신과 무슨 상관이 있나이까 우리를 멸하러 왔나이까 나는 당신이 누구인줄 아노니 **하나님의 거룩한 자니이다**

주님께서 회당에서 복음을 증거 하시자 그 회당에 있던 더러운 귀신 들린 사람이 나사렛 예수여 우리가 당신과 무슨 상관이 있나이까 우리를 멸하러 왔나이까 나는 당신이 누구인줄 아노니 하나님의 거룩한 자입니다 라고 소리 질렀습니다.

이 말씀은 두 증인의 법으로 눅4:33~34절에서도 동일하게 말씀하고 있습니다.
귀신들린 사람이 나사렛 예수여 라고 소리 질렀으니 돌이 소리 지른 것입니다. 그러면 귀신들린 사람이 왜 '나사렛 예수여' 라고 소리 질렀을까요?

예수께서 태어났을 때 헤롯이 예수를 죽이려고 하자 요셉이 꿈을 통해 천사의 지시를 받고 예수와 마리아를 데리고 애굽으로 도피하여 살고 있었습니다. 세월이 지나 헤롯이 죽자 천사가 애굽에서 요

셉에게 현몽하여 아기의 목숨을 찾던 자들이 죽었으니 일어나 아기와 그 모친을 데리고 이스라엘 땅으로 가라고 하였습니다. 천사의 지시를 받고 요셉이 일어나 아기와 그 모친을 데리고 이스라엘 땅으로 돌아왔습니다. 그런데 아켈라오가 그 부친 헤롯을 이어 유대의 임금이 된 소식을 듣고 요셉이 베들레헴으로 가기를 무서워하자 꿈에 지시하심을 받아 갈릴리 지방 나사렛으로 가서 살게 되었습니다.

(※편집자 주: 이 부분은 김재선 목사가 인도하는 '꿈해석 세미나'를 참석하시면 꿈의 모든 세계를 명쾌하게 이해할 수 있습니다)

마 2:23 나사렛이란 동네에 와서 사니 이는 **선지자로** 하신 말씀에
나사렛 사람이라 칭하리라 하심을 이루려 함이러라

주님께서 나사렛에 가서 사신 것은 우연이 아니고 선지자로 하신 말씀을 이루려하신 하나님의 계획이었습니다. 예수 그리스도께서 나사렛에 사셨기 때문에 나사렛 예수라고 한 것입니다.

요 1:45 빌립이 나다나엘을 찾아 이르되 모세가 율법에 기록하였고
여러 선지자가 기록한 그 이를 우리가 만났으니
요셉의 아들 나사렛 예수니라
요 1:46 나다나엘이 가로되 나사렛에서 무슨 선한 것이 날 수 있느냐
빌립이 가로되 와 보라 하니라

예수 그리스도를 영접한 빌립이 나다나엘을 찾아가 모세가 율법에 기록하였고 여러 선지자가 기록한 그이를 만났으니 나사렛 예수라고 말할 때 나다나엘은 나사렛에서 무슨 선한 것이 날 수 있느냐고 비웃자 빌립이 그를 향해 와 보라고 외쳤습니다.

바리새인들과 종교 지도자들이 나사렛 예수라고 증거한 것이 아니고 귀신들린 사람이 주님을 향해 나사렛 예수 라고 증거하였으며 벳세

다 사람 빌립이 주님을 향해 나사렛 예수 라고 증거하였습니다. 그래서 주님은 이 사람들이 잠잠하면 돌들이 소리 지르리라고 말씀하셨던 것입니다.

요 19:19 빌라도가 패를 써서 십자가 위에 붙이니
나사렛 예수 유대인의 왕이라 기록되었더라
요 19:20 예수의 못 박히신 곳이 성에서 가까운고로 많은 유대인이
이 패를 읽는데 **히브리와 로마와 헬라 말로** 기록되었더라

하나님을 가르친다는 종교 지도자들이 하나님의 본체이신 주님을 죽이라고 할 때 빌라도는 히브리와 로마와 헬라 말로 나사렛 예수 유대인의 왕이라고 증거하였습니다. 나사렛 예수 유대인의 왕이라는 말은 당시의 유대인들과 종교 지도자들이 외친 것이 아니고 이방인 빌라도가 유대인들의 강요에 어쩔 수 없이 예수 그리스도를 십자가에 못 박으며 3개 국어로 기록한 것입니다.

하나님은 귀신들린 자와 종교 지도자가 아닌 벳세다 출신의 빌립과 이방인 빌라도를 통해 예수 그리스도가 나사렛 예수라는 것을 만천하에 선포하였습니다. 그래서 주님은 바리새인들을 향해 이 사람들이 잠잠하면 돌들이 소리 지르리라고 하셨습니다.

2. 다윗의 자손 예수여

눅 18:38 맹인이 외쳐 가로되 **다윗의 자손 예수여**
나를 불쌍히 여기소서 하거늘
눅 18:39 앞서 가는 자들이 저를 꾸짖어 잠잠하라 하되
저가 더욱 심히 소리질러 **다윗의 자손이여**
나를 불쌍히 여기소서 하는지라

주님께서 여리고에 가셨을 때에 한 맹인이 길가에 앉아 구걸하다가 주님께서 지나가신다는 말을 듣고 다윗의 자손 예수여 나를 불쌍히 여기소서 라고 소리를 질렀습니다. 그러자 앞서 가는 자들이 잠잠하라고 꾸짖자 더욱 심히 소리 질러 다윗의 자손이여 나를 불쌍히 여기소서라고 하였습니다.
이 말씀은 두 세 증인의 법으로 마20:30~31절과 막10:47~48절에서 동일하게 말씀하고 있습니다.

하나님을 잘 알고 있다는 바리새인들이 다윗의 자손이라고 증거한 것이 아니라 앞을 보지 못하는 맹인이 다윗의 자손이라고 외쳤으니 돌들이 소리 지른 것이지요?

마 15:22 가나안 여자 하나가 그 지경에서 나와서 소리질러 가로되
주 다윗의 자손이여 나를 불쌍히 여기소서
내 딸이 흉악히 귀신들렸나이다 하되

유대인들이 사람 취급을 하지 않았던 가나안 여인은 주님을 향해 '주 다윗의 자손이여' 라고 소리 질렀습니다.

마 15:23 예수는 한 말씀도 대답지 아니하시니 제자들이 와서 청하여
말하되 그 여자가 우리 뒤에서 소리를 지르오니 보내소서
마 15:24 예수께서 대답하여 가라사대 나는 이스라엘 집의 잃어 버린
양 외에는 다른데로 보내심을 받지 아니하였노라 하신대
마 15:25 여자가 와서 예수께 절하며 가로되 주여 저를 도우소서
마 15:26 대답하여 가라사대 자녀의 떡을 취하여
개들에게 던짐이 마땅치 아니하니라

여인이 소리질러도 주님께서 한 말씀도 대답지 아니하시자 제자들은 저 여자가 우리 뒤에서 소리를 지르니 보내소서 라고 합니다. 제

자들의 말에 주님께서 나는 이스라엘 집의 잃어버린 양 외에는 다른 데로 보내심을 받지 아니하였노라고 대답하셨습니다.
그 사이에 그 여자가 주님 앞에 와서 절하며 주여 저를 도우소서 라고 말할 때 주님께서 자녀의 떡을 취하여 개들에게 던짐이 마땅치 않다고 하셨습니다.

> 마 15:27 여자가 가로되 주여 옳소이다마는 **개들도 제 주인의 상에서 떨어지는 부스러기를 먹나이다 하니**
> 마 15:28 이에 예수께서 대답하여 가라사대 여자야 네 믿음이 크도다 네 소원대로 되리라 하시니 그 시로부터 그의 딸이 나으니라

사랑하는 성도 여러분!
주님께서 유대인들이 개 취급을 하여 상종도 하지 않는 여인으로 하여금 자신을 향해 '다윗의 자손이여' 라고 외치게 하였습니다.
그러면 왜 주님은 유대인들과 종교 지도자들이 하나님께 저주 받았다며 사람 취급을 하지 않는 맹인과 개들과 같이 여겼던 가나안 여인으로 하여금 자신을 향해 '다윗의 자손이여' 라고 외치게 하였을까요?

> 마 1:18 **예수 그리스도의 나심은 이러하니라** 그 모친 마리아가 요셉과 정혼하고 동거하기 전에 성령으로 잉태된 것이 나타났더니
> 마 1:19 그 남편 요셉은 의로운 사람이라 저를 드러내지 아니하고 가만히 끊고자하여
> 마 1:20 이 일을 생각할 때에 주의 사자가 현몽하여 가로되 **다윗의 자손 요셉아** 네 아내 마리아 데려오기를 무서워 말라 **저에게 잉태된 자는 성령으로 된 것이라**
> 마 1:21 아들을 낳으리니 **이름을 예수라** 하라 이는 그가 자기 백성을 저희 죄에서 구원할 자이심이라 하니라

주님은 자신이 성령으로 잉태하여 다윗의 자손으로 오시어 사기 백

성을 저희 죄에서 구원할 자인데 유대인들과 종교지도자들이 자신을 알아보지 못하였기 때문에 유대인들과 종교지도자들이 돌과 같이 하찮게 여기는 맹인과 가나안 여인을 통해 자신이 성령으로 잉태하여 다윗의 자손으로 온 이스라엘의 구원자라는 것을 선포하셨던 것입니다.

3. 하나님의 아들 예수여

> **막 5:7**큰소리로 부르짖어 가로되 **지극히 높으신 하나님의 아들 예수여**
> 나와 당신과 무슨 상관이 있나이까
> 원컨대 하나님 앞에 맹세하고 나를 괴롭게 마옵소서 하니
> 막 5:8 이는 예수께서 이미 저에게 이르시기를
> **더러운 귀신아 그 사람에게서 나오라 하셨음이라**

주님께서 거라사인 지방에 가셨을 때 군대 귀신들린 자가 큰 소리로 부르짖어 지극히 높으신 하나님의 아들 예수여 나와 당신과 무슨 상관이 있나이까 원컨대 하나님 앞에 맹세하고 나를 괴롭게 마옵소서 라고 소리 질렀습니다.
이 말씀은 두 증인의 법으로 눅8:26~39절에서도 동일하게 말씀하고 있습니다.

유대인들이 경멸하는 귀신들린 자가 '지극히 높으신 하나님의 아들 예수여' 라고 외쳤습니다. 그러면 왜 예수께서 지극히 높으신 하나님의 아들일까요?

> **출 3:14** 하나님이 모세에게 이르시되 **나는 스스로 있는 자니라**
> 또 이르시되 너는 이스라엘 자손에게 이같이 이르기를
> **스스로 있는 자가 나를 너희에게 보내셨다 하라**

스스로 있는 자– הָיָה〈하야〉 ❶~이 일어나다 ❷~이 되다 ❸~이다

하나님은 스스로 일어나 하나님이 되었기 때문에 그 분이 하나님이십니다.

계 1:8 주 하나님이 가라사대 나는 알파와 오메가라
이제도 있고 **전에도 있었고** 장차 올 자요 **전능한 자라 하시더라**

계 4:8 (중) 주 하나님 곧 전능하신 이여 전에도 계셨고 이제도 계시고
장차 오실 자라 하고

스스로 계신 하나님은 전능하신 능력이 있었기 때문에 스스로 계실 수 있었습니다. 그래서 하나님을 스스로 있는 자라고 하는 것입니다.

사 44:6 이스라엘의 왕인 여호와 이스라엘의 구속자인
만군의 여호와가 말하노라
나는 처음이요 나는 마지막이라 나 외에 다른 신이 없느니라

계 1:8 주 하나님이 가라사대 **나는 알파와 오메가라**
이제도 있고 **전에도 있었고** 장차 올 자요 **전능한 자라** 하시더라

전능하신 능력으로 스스로 자존하신 분은 하나님이 처음이고 마지막입니다.

사 43:10 나 여호와가 말하노라 너희는 나의 증인 나의 종으로 택함을
입었나니 이는 너희로 나를 알고 믿으며 내가 그인줄 깨닫게
하려 함이라 **나의 전에 지음을 받은 신이 없었느니라 나의**
후에도 없으리라

하나님이 자존하시기 전에도, 자존하신 후에도 스스로 자존한 신은 없었습니다.

사 45:21 너희는 고하며 진술하고 또 피차 상의하여 보라 이 일을
이전부터 보인 자가 누구냐 예로부터 고한 자가 누구냐
나 여호와가 아니냐 **나 외에 다른 신이 없나니**
나는 공의를 행하며 **구원을 베푸는 하나님이라**
나 외에 다른 이가 없느니라

사 46:9 너희는 옛적 일을 기억하라 나는 하나님이라 나 외에 다른
이가 없느니라 나는 하나님이라 나 같은 이가 없느니라

하나님처럼 스스로 자존한 신은 오직 하나님 뿐이십니다.
그래서 하나님은 나 외에 다른 신이 없다고 단호히 말씀하신 것입니다.

요 1:1 태초에 말씀이 계시니라 이 말씀이 하나님과 함께 계셨으니
이 말씀은 곧 하나님이시니라

태초에 말씀이 계셨고, 하나님과 함께 계셨던 그 말씀이 곧 하나님이십니다.

요 1:14 말씀이 육신이 되어 우리 가운데 거하시매 우리가 그 영광을
보니 **아버지의 독생자의 영광이요** 은혜와 진리가 충만하더라

그러므로 빌2:6절에서 예수 그리스도를 그는 근본 하나님의 본체라고 하신 것입니다. 말씀이신 하나님이 성령으로 잉태하여 육신을 입으셨기 때문에 하나님의 아들, 곧 독생자라고 하는 것입니다.

요 5:18 유대인들이 이를 인하여 더욱 예수를 죽이고자 하니
이는 안식일만 범할 뿐 아니라 **하나님을 자기의 친 아버지라**
하여 자기를 하나님과 동등으로 삼으심이러라

사랑하는 성도 여러분!

초림으로 오신 예수 그리스도는 분명히 하나님의 본체시니 하나님과 동등하신 분이 맞지요?

예수 그리스도가 하나님의 아들이라고 열심히 증거하여야 할 유대인들이 예수 그리스도가 자신을 하나님의 아들이라고 증거하자 죽이려고 하였습니다.

그래서 주님은 유대인들이 돌과 같이 천하게 여기는 군대 귀신 들린 자를 통해 자신이 하나님의 본체로서 성령으로 잉태하여 육체로 오신 하나님의 아들이라고 증거하게 한 것입니다.

Point	하나님은 예수 그리스도를 전해야 할 종교 지도자들과 유대인들이 잠잠하니 당시 유대인들이 돌과 같이 천하게 여기는 귀신 들린 자와 벳세다 출신의 빌립과 이방인 빌리도를 통해 예수 그리스도가 나사렛 예수라는 것을 만천하에 증거하셨다. 그리고 앞을 보지 못하는 맹인과 유대인들과 종교 지도자들이 하나님께 저주받았다고 사람 취급도 하지 않는 가나안 여인을 통해 예수께서 다윗의 자손으로 오신 이스라엘의 구원자라는 것을 증거하셨다. 또한 유대인들이 돌과 같이 천하게 여기는 군대 귀신들린 자를 통해서 예수께서 하나님의 본체로서 성령으로 잉태하여 육신을 입고 오신 하나님의 아들이라고 증거하게 하신 것이다.

27
그리스도를 증거한 빌라도

누가복음 23:15

눅 23:15 헤롯이 또한 그렇게 하여 저를 우리에게 도로
보내었도다 보라 저의 행한 것은 죽일 일이 없느니
라 16 그러므로 때려서 놓겠노라

Key	사단의 모형인 빌라도는 어떻게 예수 그리스도를 증거했는가?

빌라도는 자신이 예수를 죽이지 않으려고 예수께서 갈릴리 사람이라는 사실을 알고 당시 갈릴리를 통치하고 있는 헤롯에게 보냈습니다. 그러나 헤롯도 자신이 예수를 죽이지 않으려고 다시 빌라도에게 돌려 보냅니다. 예수께서 다시 자신의 손에 넘어 오자 빌라도는 유대인들을 향해, 보라 저의 행한 것은 죽일 일이 없으니 때려서 놓겠노라고 하였습니다.

요 5:39 너희가 성경에서 영생을 얻는줄 생각하고 성경을 상고하거니와 **이 성경이 곧 내게 대하여 증거하는 것이로다**

성경은 오직 예수 그리스도만을 증거 합니다. 그러므로 오늘 본문도 오직 예수 그리스도 만을 증거하겠지요?
오늘은 "예수 그리스도를 증거한 빌라도" 라는 제목의 말씀을 들을 때에 인간의 유일한 구원자이신 예수 그리스도를 만나는 복된 시간이 될 줄로 믿습니다.

1. 예수 그리스도는 죄가 없다고 증거한 빌라도

눅 23:15 헤롯이 또한 그렇게 하여 저를 우리에게 도로 보내었도다 **보라 저의 행한 것은 죽일 일이 없느니라**
눅 23:16 그러므로 때려서 놓겠노라

빌라도가 예수를 죽이라고 고발한 유대인들을 향해 보라 저의 행한 것은 죽일 일이 없으니 때려서 놓겠노라고 하였습니다. 그러자 유대인들이 이 사람을 없애고 바라바를 우리에게 놓아 주소서 라고 소리를 질렀습니다.

눅 23:20 빌라도는 예수를 놓고자 하여 다시 저희에게 말하되
눅 23:21 저희는 소리질러 가로되 저를 십자가에 못 박게 하소서
십자가에 못 박게 하소서 하는지라

빌라도가 예수를 석방하고자 유대인들에게 말하기를 내가 예수를 심문해 보았는데 그에게서 아무런 죄도 찾지 못했는데 왜 예수를 죽이라고 하느냐고 말합니다. 그러자 유대인들이 예수를 십자가에 못 박으라고 소리를 질렀습니다.

눅 23:22 빌라도가 세 번째 말하되 **이 사람이 무슨 악한 일을 하였느냐**
나는 그 죽일 죄를 찾지 못하였나니 때려서 놓으리라 한대
눅 23:23 저희가 큰 소리로 **십자가에 못 박기를 구하니**
저희의 소리가 이긴지라

빌라도가 세 번째 말하기를 이 사람이 무슨 악한 일을 하였느냐 나는 예수에게서 아무 죄도 찾지 못했으니 때려서 놓겠다고 합니다. 유대 총독으로 있는 빌라도가 재판석에 앉아 예수를 심문해 보니 그는 죄가 없음을 알고 예수는 죄가 없다고 유대인들에게 증거하였습니다. 그러므로 예수 그리스도는 죄가 없습니다.

행 13:28 죽일 죄를 하나도 찾지 못하였으나
빌라도에게 죽여 달라 하였으니
행 13:29(상) 성경에 저를 가리켜 기록한 말씀을 다 응하게 한 것이라

유대인들은 빌라도를 통하여 예수를 죽일 죄를 하나도 찾지 못하였지만 빌라도에게 예수를 죽여 달라고 하였습니다. 이것은 예수 그리스도를 가리켜 성경에 기록한 말씀을 다 응하게 한 것입니다. 아무리 심문해 보아도 예수 그리스도는 죄가 전혀 없었습니다.

고후 5:21 하나님이 죄를 알지도 못하신 자로 우리를 대신하여
죄를 삼으신 것은 우리로 하여금 저의 안에서
하나님의 의가 되게 하려 하심이니라

하나님이 죄를 알지도 못하신 예수 그리스도를 우리를 대신하여 죄를 삼으신 것은 우리로 하여금 주님 안에서 하나님의 의가 되게 하려 하심이었습니다. 그러므로 주님은 죄를 알지도 못하신 분입니다.

히 4:15 우리에게 있는 대제사장은
우리 연약함을 체휼하지 아니하는 자가 아니요 모든 일에
우리와 한결 같이 시험을 받은 자로되 **죄는 없으시니라**

대제사장이 되셔서 십자가에 못 박혀 죽으심으로 우리의 죄를 도말해 버리신 주님은 모든 일에 우리와 똑같이 시험을 받으셨으나 죄는 없으신 분입니다. 그러므로 주님은 십자가에 못 박혀 죽으셨지만 죄는 없으신 분입니다.

히 7:26 이러한 대제사장은 우리에게 합당하니
거룩하고 악이 없고 더러움이 없고
죄인에게서 떠나 계시고 하늘보다 높이 되신 자라

주님은 거룩하고 악이 없고 더러움이 없고 죄인에게서 떠나 계시고 하늘보다 높이 되신 분입니다. 그러므로 주님은 죄가 없으신 분입니다.

요일 3:5 그가 우리 죄를 없이 하려고 나타내신바 된 것을
너희가 아나니 그에게는 죄가 없느니라

초림의 주님께서 세상 죄를 지고 가는 하나님의 어린 양으로 오신 것은 우리 죄를 없이 하려고 나타내신바 된 것이기에 그에게는 죄가 없습니다.

주님을 재판했던 빌라도는 수많은 유대인들 앞에서 예수를 세 번이나 심문해 보았는데 그는 죄가 없다고 증거하였습니다. 예수 그리스도는 죄가 없다는 것을 당시의 제사장들이 증거한 것이 아니지요?

설령 빌라도가 예수 그리스도를 죽이려 죄가 있다고 말한다 할지라도 그는 죄가 없다고 하여야 할 대제사장들이 예수 그리스도를 죄가 없다고 증거한 것이 아닙니다. 그래서 유대 총독으로 있는 빌라도의 입을 통해 주님은 자신이 죄가 없다는 것을 증거하셨습니다.

2. 예수 그리스도는 유대인의 왕이라고 증거한 빌라도

막 15:9 빌라도가 대답하여 가로되 너희는
내가 유대인의 왕을 너희에게 놓아 주기를 원하느냐 하니
막 15:10 이는 저가 대제사장들이 시기로 예수를 넘겨준 줄 앎이러라

빌라도는 대제사장들이 시기로 예수를 넘겨준 줄 알고 유대인들을 향해 내가 유대인의 왕을 너희에게 놓아 주기를 원하느냐고 묻을 때 대제사장들이 무리를 충동하여 바라바를 놓아 달라고 합니다.

막 15:12 빌라도가 또 대답하여 가로되
그러면 너희가 유대인의 왕이라 하는 이는
내가 어떻게 하랴

빌라도가 다시 말하기를 그러면 너희가 유대인의 왕이라 하는 이는 내가 어떻게 하랴 하고 묻습니다. 빌라도는 유대인들을 향해 내가 유대인의 왕을 너희에게 놓아 주기를 원하느냐고 말하면서 예수 그리스도가 유대인의 왕이라고 증거하였습니다. 유대인들이 예수 그리스도가 자신들의 왕이라고 증거한 것이 아니고 유대의 총독으로 있는 빌라도가 예수 그리스도를 유대인의 왕이라고 증거하였습니다.

요 19:15 저희가 소리지르되 없이 하소서 없이 하소서
저를 십자가에 못 박게 하소서
빌라도가 가로되 내가 너희 왕을 십자가에 못 박으랴
대제사장들이 대답하되

가이사 외에는 우리에게 왕이 없나이다 하니
요 19:16 이에 예수를 십자가에 못 박히게 저희에게 넘겨주니라

빌라도가 예수 그리스도를 유대인의 왕이라고 증거하자 유대인들이 가이사 외에는 우리에게 왕이 없으니 예수를 십자가에 못 박아 죽여 없애버리라고 소리를 지르자 어쩔 수 없이 빌라도는 예수를 십자가에 못 박도록 저희에게 넘겨주었습니다.

요 19:19 빌라도가 패를 써서 십자가 위에 붙이니
나사렛 예수 유대인의 왕이라 기록되었더라
요 19:20 예수의 못 박히신 곳이 성에서 가까운 고로
많은 유대인이 이 패를 읽는데 히브리와 로마와 헬라 말로
기록되었더라

로마 군병이 못 박아 죽인 예수의 십자가에 빌라도가 히브리와 로마와 헬라 말로 '나사렛 예수 유대인의 왕' 이라고 패를 써 붙여 놓았습니다. 빌라도는 히브리와 로마와 헬라말로 예수 그리스도가 유대인의 왕이라고 증거하였지요?
빌라도가 히브리와 로마와 헬라말로 예수 그리스도가 유대인의 왕이라고 증거하자 유대인들과 대 제사장들이 어떻게 하는지 한번 보세요.

요 19:21 유대인의 **대제사장들이 빌라도에게 이르되**
유대인의 왕이라 말고 자칭 유대인의 왕이라 쓰라 하니
요 19:22 **빌라도가 대답하되 나의 쓸 것을 썼다 하니라**

유대의 총독이었던 빌라도는 예수 그리스도께서 만왕의 왕인 것을 확실히 알고 예수 그리스도께서 못 박혀 죽으신 십자가 위에 히브리와 로마와 헬라 말로 유대인의 왕 예수라고 패를 써 붙이니 대제사장들이 유대인의 왕이라 말고 자칭 유대인의 왕이라고 쓰라고 할 때 빌라도는 단호하게 나의 쓸 것을 썼다고 말했던 것입니다.

예수께서 유대인의 왕이라는 것을 유대인들과 대제사장들이 증거한 것이 아니고 이방인 총독 빌라도가 증거한 것입니다.

그래서 주님은 눅19:40절에서 만일 이 사람들이 잠잠하면 돌들이 소리 지르리라고 하신 것입니다.

3. 예수 그리스도는 지옥 형벌 주는 자라고 증거한 빌라도

요 19:6 대제사장들과 하속들이 예수를 보고 소리질러 가로되
십자가에 못 박게 하소서 십자가에 못 박게 하소서 하는지라
빌라도가 가로되 너희가 친히 데려다가 십자가에 못 박으라
나는 그에게서 죄를 찾지 못하노라

빌라도는 예수를 십자가에 못 박아 죽이라는 대제사장들과 하속들의 말에 나는 그에게서 죄를 찾지 못하였으니 너희가 데려다가 십자가에 못 박으라고 하였습니다.

요 19:7 유대인들이 대답하되 우리에게 법이 있으니
그 법대로 하면 **저가 당연히 죽을 것은**
저가 자기를 하나님 아들이라 함이니이다
요 19:8 빌라도가 이 말을 듣고 **더욱 두려워하여**

빌라도의 말에 유대인들이 대답하기를 우리의 법대로 하면 저가 당연히 죽을 것인데 그가 자기를 하나님의 아들이라고 말했기 때문이라고 합니다. 빌라도는 이 말을 듣고 예수를 더욱 두려워하였습니다.

요 19:12 이러하므로 빌라도가 예수를 놓으려고 힘썼으나
유대인들이 소리 질러 가로되 이 사람을 놓으면
가이사의 충신이 아니니이다 무릇 자기를 왕이라 하는 자는
가이사를 반역하는 것이니이다

예수 그리스도가 하나님의 아들이라는 것을 알게 된 빌라도는 예수를 더욱 두려워하여 석방하려고 애를 썼습니다. 그러면 왜 예수 그리스도를 두려워해야 할까요?

> **눅 12:4** 내가 내 친구 너희에게 말하노니
> **몸을 죽이고 그 후에는 능히 더 못하는 자들을 두려워하지 말라**
> 눅 12:5 **마땅히 두려워할 자를 내가 너희에게 보이리니**
> 곧 죽인 후에 또한 **지옥에 던져 넣는 권세 있는 그를 두려워**
> **하라** 내가 참으로 너희에게 이르노니 **그를 두려워하라**

예수 그리스도는 몸을 죽인 후에 지옥에 던져 넣는 권세있는 분이시기 때문에 두려워하라는 것입니다.

> **마 10:28(중) 오직 몸과 영혼을 능히 지옥에 멸하시는 자를 두려워하라**

예수 그리스도는 몸과 영혼을 능히 지옥에 멸하시는 분이시므로 두려워하라는 것입니다.

빌라도는 예수 그리스도가 하나님의 아들이라는 말을 듣고 예수 그리스도는 몸과 영혼을 능히 지옥에 멸하시는 분이라는 것을 알았습니다. 그러므로 빌라도가 예수 그리스도를 더욱 두려워하여 죽이지 않은 것은 예수 그리스도가 몸과 영혼을 능히 지옥에 멸하시는 자라는 것을 증거한 것입니다. 예수 그리스도는 지옥 형벌을 줄 수 있는 권세를 가지신 유일하신 분이신데 왜 그럴까요?

> **요 5:27** 또 **인자됨을 인하여 심판하는 권세를 주셨느니라**

하나님께서 예수 그리스도께만 세상의 모든 심판을 맡겼습니다.
그래서 예수 그리스도는 심판하는 권세가 있고 지옥 형벌을 주는 권세도 있습니다. 빌라도는 예수 그리스도께서 몸을 죽인 후에 지

옥 형벌을 주시는 심판자이심을 알았기에 두려워했습니다. 그래서 빌라도는 유대인들이 그렇게 죽이라고 아우성을 쳐도 예수 그리스도를 어떻게 해서라도 석방하려고 애를 썼던 것입니다.

하나님을 가장 잘 알고 있다는 유대인들과 대제사장들은 예수 그리스도를 전혀 두려워하지 않았습니다. 그런데 빌라도는 예수 그리스도가 몸을 죽인 후에 지옥 형벌을 주시는 자인 것을 알고 두려워하여 끝까지 죽이려 하지 않았습니다.

마 27:24 빌라도가 아무 효험도 없이 도리어 민란이 나려는 것을 보고
물을 가져다가 무리 앞에서 손을 씻으며 가로되
이 사람의 피에 대하여 나는 무죄하니 너희가 당하라

유대인들과 대제사장들이 끝까지 예수를 죽이라고 하자 빌라도가 물을 가져다가 무리 앞에서 손을 씻으며 이 사람의 피에 대하여 나는 무죄하니 너희가 당하라고 하며 예수 그리스도가 지옥에 던져 넣는 권세를 가진 두려워할 자라고 증거한 것입니다

하나님을 가장 잘 알고 있다고 자부하는 유대인들과 대제사장들이 예수 그리스도가 지옥 형벌을 주는 두려워할 자라고 증거한 것이 아니었고 이방인 빌라도가 예수 그리스도를 지옥 형벌을 주는 두려워할 자라고 증거하였습니다.

Point	하나님은 유대 총독으로 있는 빌라도의 입을 통해 예수께서 죄가 없다는 것을 증거하셨고 예수께서 유대인의 왕이라는 것을 증거하셨으며 예수 그리스도는 몸과 영혼을 능히 지옥에 던져 넣는 권세가 있는 두려워할 자라는 것을 증거하신 것이다

28
신랑을 맞으러 나간 열 처녀

마태복음 25:1~2

마 25:1 그 때에 천국은 마치 등을 들고 신랑을 맞으러
나간 열 처녀와 같다 하리니 2 그 중에 다섯은 미
련하고 다섯은 슬기 있는지라

Key	신랑을 맞으러 나간 열 처녀 비유를 통해 주님께서 어떻게 자신을 증거하고 있는가?

주님께서 천국 마치 신랑을 맞으러 나간 열 처녀와 같다고 비유로 말씀하시면서 그 중에 다섯 처녀는 미련하고 다섯 처녀는 슬기있는 자라고 하셨습니다. 이 비유에서 신랑은 당연히 예수 그리스도를 말씀하고 미련한 다섯 처녀와 슬기 있는 다섯 처녀는 이 땅에 사는 사람들을 말합니다.

요 5:39(하) 이 성경이 곧 내게 대하여 증거하는 것이로다

성경은 예수 그리스도를 증거합니다.

요 8:17 너희 율법에도 두 사람의 증거가 참되다 기록하였으니
요 8:18 **내가 나를 위하여 증거하는 자가 되고**
나를 보내신 아버지도 **나를 위하여 증거하시느니라**

예수 그리스도께서 자신을 친히 증거하고 예수 그리스도를 보낸 아버지도 예수 그리스도를 증거합니다.

요 15:26 내가 아버지께로서 너희에게 보낼 보혜사
곧 아버지께로서 나오시는 진리의 성령이 오실 때에
그가 나를 증거하실 것이요

진리의 성령도 예수 그리스도를 증거합니다.
성경은 창1:1절부터 오직 예수 그리스도만을 증거하고 있으므로 본문의 신랑을 맞으러 나간 열 처녀 비유를 통해서도 오직 예수 그리스도만을 증거하고 있겠지요?
오늘은 "신랑을 맞으러 나간 열 처녀" 라는 제목의 말씀을 들을 때 예수 그리스도께서 자신을 친히 증거하신 복음에 감격하게 될 것입니다.

1. 미련한 처녀와 슬기로운 처녀는 누구인가?

> **마 25:1** 그 때에 **천국은 마치** 등을 들고
> 신랑을 맞으러 나간 열 처녀와 같다 하리니
> 마 25:2 그 중에 다섯은 미련하고 다섯은 슬기 있는지라
> 마 25:3 **미련한 자들은 등을 가지되 기름을 가지지 아니하고**
> 마 25:4 **슬기있는 자들은 그릇에 기름을 담아 등과 함께 가져갔더니**

미련한 다섯 처녀들은 등을 가지되 기름을 가지지 아니하고 신랑을 맞으러 갔고 슬기있는 처녀들은 그릇에 기름을 담아 등과 함께 가지고 신랑을 맞으러 갔습니다.

> **마 25:5** 신랑이 더디 오므로 다 졸며 잘 새
> 마 25:6 밤중에 소리가 나되 **보라 신랑이로다 맞으러 나오라** 하매

신랑이 더디 오자 신랑을 맞으러 나갔던 열 처녀가 다 졸며 잠을 자고 있을 때 보라 신랑이로다 맞으러 나오라는 소리가 들렸습니다. 졸며 자고 있던 처녀들이 신랑이 온다는 말을 듣고 부지런히 등을 준비하였습니다.

> **마 25:7** 이에 **그 처녀들이 다 일어나 등을 준비할새**
> 마 25:8 **미련한 자들이 슬기 있는 자들에게 이르되**
> 우리 등불이 꺼져가니 너희 기름을 좀 나눠 달라 하거늘
> 마 25:9 **슬기 있는 자들이 대답하여 가로되**
> 우리와 너희의 쓰기에 다 부족할까 하노니
> 차라리 파는 자들에게 가서 너희 쓸 것을 사라 하니

미련한 다섯 처녀들이 슬기 있는 처녀들에게 우리 등불이 꺼져가니 너희 기름을 나눠 달라고 부탁하자 슬기있는 처녀들이 우리와 너희의 쓰기에 다 부족할까 하노니 차라리 파는 자들에게 가서 너희 쓸 것을 사라고 대답합니다.

혼인을 위해 베푼 잔치에 기름을 준비하지 않고 신랑을 맞으러 나간 처녀가 있었고 기름을 준비하고 신랑을 맞으러 나간 처녀가 있다고 하였는데 기름을 준비한 슬기로운 처녀는 누구를 말씀하는 것일까요?

눅 4:18 주의 성령이 내게 임하셨으니
이는 가난한 자에게 복음을 전하게 하시려고
내게 기름을 부으시고 나를 보내사 포로 된 자에게 자유를
눈먼 자에게 다시 보게 함을 전파하며 눌린 자를 자유케 하고
눅 4:19 주의 은혜의 해를 전파하게 하려 하심이라 하였더라

초림으로 오신 예수 그리스도께 주의 성령이 임하신 것은 예수께 기름을 부으신 것을 말씀합니다.

행 4:27 과연 헤롯과 본디오 빌라도는 이방인과 이스라엘 백성과
합동하여 **하나님의 기름 부으신 거룩한 종 예수를 거스려**
행 10:38 하나님이 나사렛 예수에게 성령과 능력을 기름붓듯 하셨으매
저가 두루 다니시며 착한 일을 행하시고 마귀에게 눌린
모든 자를 고치셨으니 이는 하나님이 함께 하셨음이라

기름은 성령을 말하고 성령은 기름을 말하는 것입니다. 그러므로 성령 받은 자가 기름을 준비하고 장차 재림하실 신랑 되신 예수 그리스도를 기다리는 슬기로운 다섯 처녀입니다.

요 3:5 예수께서 대답하시되 진실로 진실로 네게 이르노니
사람이 물과 성령으로 나지 아니하면
하나님 나라에 들어갈 수 없느니라
요 3:6 육으로 난 것은 육이요 성령으로 난 것은 영이니
요 3:7 **내가 네게 거듭나야 하겠다 하는 말을 기이히 여기지 말라**
요 3:8 바람이 임의로 불매 네가 그 소리를 들어도 어디서 오며 어디
로 가는지 알지 못하나니 **성령으로 난 사람은 다 이러하니라**

성령으로 난 것이 거듭난 것입니다. 그러므로 기름을 준비하지 않은 미련한 다섯 처녀들은 성령을 받지 않은 자들을 말합니다.

이 세상에는 모든 사람이 다 똑 같은 것 같아도 성령을 받아 기름을 준비하고 장차 재림하실 신랑되신 예수 그리스도를 기다리는 슬기로운 자들이 있고 성령을 받지 않아 기름을 준비하지 않은 미련한 처녀들과 같은 자들이 있습니다. 그러면 우리는 누구일까요?
우리는 슬기로운 다섯 처녀와 같이 성령 받은 자들입니다.

2. 혼인 잔치의 닫힌 문

> **마 25:10** 저희가 사러 간 동안에 신랑이 오므로 예비하였던 자들은 함께 혼인 잔치에 들어가고 **문은 닫힌지라**

미련한 처녀들이 기름을 사러 간 사이에 신랑이 도착하여 슬기로운 처녀들은 신랑과 함께 혼인 잔치에 들어간 후에 혼인 잔치의 문이 닫히고 혼인 잔치가 거행됩니다. 즉, 지상에서 구원의 역사가 끝나고 천상에서의 혼인 잔치가 시작되는 것입니다.

> **살전 4:16(상) 주께서 호령과 천사장의 소리와 하나님의 나팔로** 친히 하늘로 좇아 강림하시리니

예수 그리스도께서 호령과 천사장의 소리와 하나님의 나팔소리와 함께 구름을 타고 재림합니다.

> **마 24:30** 그 때에 인자의 징조가 하늘에서 보이겠고 **그 때에 땅의 모든 족속들이 통곡하며** 그들이 **인자가 구름을 타고 능력과 큰 영광으로 오는 것을 보리라**

예수 그리스도께서 구름을 타고 능력과 큰 영광으로 호령과 천사장의 소리와 하나님의 나팔소리와 함께 하늘로 좇아 강림하게 될 때 땅의 모든 족속들이 통곡할 것입니다. 왜 통곡하게 될까요?
지상에서의 구원의 문이 닫혔기 때문에 이제 다시는 지상에서 구원

받을 길이 없기 때문입니다.

고전 15:51 보라 내가 너희에게 비밀을 말하노니 우리가 다 잠잘 것
이 아니요 마지막 나팔에 순식간에 홀연히 다 변화하리니
고전 15:52 **나팔 소리가 나매 죽은 자들이 썩지 아니할 것으로
다시 살고** 우리도 변화하리라

살전 4:16 주께서 호령과 천사장의 소리와 하나님의 나팔로
친히 하늘로 좇아 강림하시리니
그리스도 안에서 죽은 자들이 먼저 일어나고
살전 4:17 **그 후에 우리 살아남은 자도 저희와 함께 구름 속으로 끌어
올려 공중에서 주를 영접하게 하시리니** 그리하여 우리가
항상 주와 함께 있으리라

예수 그리스도께서 재림하시면 그동안 세상에서 진행되었던 구원의 문은 닫히고 예수 그리스도를 믿고 죽어 무덤에 장사되었던 자들이 부활합니다. 그리고 그때까지 살아남은 자들은 공중으로 끌어올려 공중에서 주를 영접하게 됩니다.
미련한 처녀들이 기름을 사러간 사이에 혼인을 위해 베푼 잔치의 문이 닫혀졌지요? 지상에서의 영혼 구원의 문이 닫히면 전무후무한 공중 혼인 잔치가 대대적으로 진행됩니다.
이것이 '공중 혼인 잔치' 이며 우리 모두는 이 혼인 잔치에 주님의 거룩한 신부가 됩니다.

3. 혼인 잔치의 문은 한번 닫히면 다시 열어지지 않습니다

마 25:10 저희가 사러 간 동안에 신랑이 오므로 예비하였던 자들은
함께 혼인 잔치에 들어가고 **문은 닫힌지라**
마 25:11 그 후에 남은 처녀들이 와서 가로되
주여 주여 우리에게 열어 주소서

기름을 사러갔던 미련한 처녀들이 와서 굳게 닫힌 문을 두드리며 주여 주여 우리에게 열어주소서 하고 소리를 질렀으나 한번 닫힌 혼인 잔치의 문은 다시는 열려지지 않았습니다. 혼인 잔치의 문이 열렸을 때 들어가야지 한번 닫혀 버리면 다시는 영원히 열리지 않습니다.

계 3:7 빌라델비아 교회의 사자에게 편지하기를 거룩하고 진실하사
다윗의 열쇠를 가지신 이 곧 열면 닫을 사람이 없고
닫으면 열 사람이 없는 그이가 가라사대
계 3:8(상) 볼찌어다 내가 네 앞에 열린 문을 두었으되
능히 닫을 사람이 없으리라

다윗의 열쇠를 가지신 주님이 열면 능히 닫을 사람이 없고 닫으면 열 사람이 없듯이 혼인 잔치의 주인공인 신랑이 혼인 잔치의 문을 닫으면 열 사람이 없습니다. 그러므로 신랑이 오기 전에 기름 등불을 준비하였다가 신랑과 함께 혼인 잔치에 들어가야지 한번 기회를 잃어버리면 다시는 기회가 오지 않습니다.
예수 그리스도의 재림은 단 한번입니다. 그래서 인자가 구름을 타고 능력과 큰 영광으로 올 때에 구원받지 못한 땅의 모든 족속들이 통곡하는 것입니다.

만왕의 왕이신 하나님께서 예수 그리스도를 통해 열어 놓으신 구원의 문은 예수께서 재림하시어 공중 혼인 잔치가 시작되면 굳게 닫힙니다. 지금 지상에 열어진 구원의 문은 예수 그리스도께서 재림하시기 전까지만 활짝 열려져 있습니다.

사랑하는 성도 여러분!
지금 우리는 예수 그리스도를 믿어 생명의 길, 천국의 길, 영생의 길을 가고 있습니다.

4. 닫힌 혼인 잔치의 문을 두드리는 자가 듣는 대답

마 25:10 저희가 사러 간 동안에 신랑이 오므로 예비하였던 자들은
함께 혼인 잔치에 들어가고 **문은 닫힌지라**
마 25:11 그 후에 남은 처녀들이 와서 가로되
주여 주여 우리에게 열어 주소서
마 25:12 대답하여 가로되 진실로 너희에게 이르노니
내가 너희를 알지 못하노라 하였느니라

혼인 잔치의 문이 닫힌 후에 문을 두드리는 자는 신랑으로부터 내가 너희를 알지 못한다는 말을 듣게 됩니다.

눅 13:25 집 주인이 일어나 문을 한번 닫은 후에 **너희가 밖에 서서 문을 두드리며 주여 열어 주소서 하면** 저가 대답하여 가로되
나는 너희가 어디로서 온 자인지 알지 못하노라 하리니

혼인 잔치의 문이 닫힌 후에 문을 두드리는 자는 신랑으로부터 나는 너희가 어디로서 온 자인지 알지 못하노라는 말을 듣게 됩니다. 성령으로 거듭나지 않은 사람은 주님이 재림하실 때 아무리 주님을 불러도 그들에게 들리는 대답은 딱 한마디입니다.
"나는 너희가 어디로서 온 자인지 알지 못하노라!"

사랑하는 성도 여러분!
내가 주님을 아는 것도 축복이지만 주님께서 나를 아신다는 것은 더 큰 축복입니다.

고전 8:3 또 누구든지 하나님을 사랑하면
이 사람은 하나님의 아시는 바 되었느니라

예수 그리스도를 통해 만왕의 왕이신 하나님을 사랑하는 자만이 하나님의 아시는 바가 됩니다.

딤후 2:19 그러나 하나님의 견고한 터는 섰으니
인침이 있어 일렀으되 주께서 자기 백성을 아신다 하며
또 주의 이름을 부르는 자마다
불의에서 떠날찌어다 하였느니라

성령으로 인침 받은 자기 백성을 주께서 아신다고 말씀합니다.

마 10:32 누구든지 사람 앞에서 나를 시인하면
나도 하늘에 계신 내 아버지 앞에서 저를 시인할 것이요
마 10:33 **누구든지 사람 앞에서 나를 부인하면**
나도 하늘에 계신 내 아버지 앞에서 저를 부인하리라

모든 사람 앞에서 예수 그리스도를 주라고 시인한 사람만 주께서 하늘에 계신 아버지 앞에서 시인한다고 하셨습니다.

롬 10:10 사람이 마음으로 믿어 의에 이르고
입으로 시인하여 구원에 이르느니라

사람이 마음으로 믿어 의에 이르고 입으로 시인하여 구원에 이르게 된다고 하였습니다.

빌 2:11 모든 입으로 예수 그리스도를 주라 시인하여
하나님 아버지께 영광을 돌리게 하셨느니라

모든 입으로 예수 그리스도를 주라 시인하여 하나님 아버지께 영광을 돌리게 하셨느니라고 합니다.

요일 4:15 누구든지 예수를 하나님의 아들이라 시인하면
하나님이 저 안에 거하시고 저도 하나님 안에 거하느니라

누구든지 예수를 하나님의 아들이라고 시인하면 하나님이 저 안에 거하시고 저도 하나님 안에 거하게 됩니다. 그러므로 혼인 잔치의

문이 닫힌 후에 문을 두드릴 때 신랑으로부터 내가 너희를 모른다는 대답을 듣게 된 미련한 자들은 예수 그리스도의 재림 전에 사람들 앞에서 예수 그리스도를 주라고 시인하지 않은 자들을 말합니다.

막 8:38 **누구든지 이 음란하고 죄 많은 세대에서 나와 내 말을 부끄러워하면** 인자도 아버지의 영광으로 거룩한 천사들과 함께 올 때에 그 사람을 부끄러워하리라

이 음란하고 패역한 세대에서 예수 그리스도를 믿는 것을 부끄러워하는 자들은 예수 그리스도께서 하나님의 영광으로 거룩한 천사들과 함께 혼인 잔치를 위하여 올 때 그 앞에서 부끄러움을 당하여 영원히 버림을 받습니다.
혼인을 위해 베푼 잔치에 신랑이 기름 등불을 준비한 처녀들과 함께 들어가고 기름을 준비하지 않은 처녀들에게는 나는 너희를 도무지 모른다고 하십니다.

그러므로 주님은 오늘 본문을 통해 세상에서 예수 그리스도를 믿는 우리를 알고 있으니 졸지 말고, 잠자지 말고 항상 깨어 주님 맞을 준비를 하라고 증거 하십니다.

마 25:13 그런즉 **깨어 있으라** 너희는 그 날과 그 시를 알지 못하느니라

Point	예수 그리스도께서 재림하실 때에 지상에서의 영혼 구원의 문은 닫히고 다시는 열리지 않으며 대대적인 공중혼인 잔치가 진행되는데 그때 성령받은 자가 기름을 준비하고 장차 재림하실 신랑되신 예수 그리스도를 기다리는 슬기로운 다섯 처녀이며, 성령으로 거듭나지 않는 사람은 미련한 다섯 처녀로서 주님이 재림하실 때 아무리 주님을 불러도 내가 너희를 알지 못한다는 말씀을 듣게 된다.

29

친구

요한복음 15:13~15

요 15:13 사람이 친구를 위하여 자기 목숨을 버리면 이에서
더 큰 사랑이 없나니 14 너희가 나의 명하는대로 행하
면 곧 나의 친구라 15 이제부터는 너희를 종이라 하지
아니하리니 종은 주인의 하는 것을 알지 못함이라 너희
를 친구라 하였노니 내가 내 아버지께 들은 것을 다 너
희에게 알게 하였음이니라

Key	사람이 친구를 위하여 자기 목숨을 버리면 이에 더 큰 사랑이 없다는 말씀이 어떻게 성취되었는가?

주님께서 이제부터 너희를 친구라 하였노니 라고 말씀하셨는데 오늘은 "친구" 라는 제목을 통해 우리의 유일하신 구원자이신 예수 그리스도를 확증 받게 될 것입니다.

1. 하나님의 친구라 칭함 받은 자

약 2:23 이에 경에 이른바 **아브라함이 하나님을 믿으니**
이것을 의로 여기셨다는 말씀이 응하였고
그는 하나님의 벗이라 칭함을 받았나니

아브라함이 하나님을 믿으니 이것을 의로 여기셨다는 말씀이 응하였고 그는 하나님의 벗이라 칭함을 받았습니다. 그러므로 하나님을 믿음으로 의롭다함을 받은 자가 친구입니다.

롬 3:24 그리스도 예수 안에 있는 구속으로 말미암아
하나님의 은혜로 값없이 의롭다 하심을 얻은 자 되었느니라

우리는 그리스도 예수 안에 있는 구속으로 말미암아 하나님의 은혜로 값없이 의롭다 하심을 얻은 자 되었습니다.

롬 3:25 이 예수를 하나님이 그의 피로 인하여 믿음으로 말미암는
화목 제물로 세우셨으니 이는 하나님께서 길이 참으시는
중에 전에 지은 **죄를 간과하심으로 자기의 의로우심을**
나타내려 하심이니
롬 3:26 **곧 이 때에 자기의 의로우심을 나타내사 자기도 의로우시며**
또한 예수 믿는 자를 의롭다 하려 하심이니라

하나님께서 자기의 의를 예수 그리스도를 통해 이루신 것은 자기의 의로우심을 나타내사 자기도 의로우시며 또한 예수 믿는 자를 의롭게 하려 하심이었습니다.

사랑하는 성도 여러분!
아브라함이 하나님을 믿음으로 의롭다함을 받아 벗이라 칭함을 받았고 우리는 예수 그리스도를 믿음으로 의롭다함을 받았습니다.

요 15:15 이제부터는 너희를 종이라 하지 아니하리니
종은 주인의 하는 것을 알지 못함이라
너희를 친구라 하였노니

우리가 예수 그리스도를 믿음으로 의롭다함을 받았기 때문에 이제부터는 너희를 종이라 하지 않고 친구라 하였습니다. 예수 그리스도께서 십자가를 통해서 이루신 의를 믿기만 하면 의롭게 됩니다. 그래서 예수 그리스도께서 우리를 향해 이제부터는 너희를 종이라 하지 않고 너희를 친구라고 하신 것입니다.

2. 주님의 친구 된 자는 어떻게 사는가?

요 15:14 너희가 나의 명하는대로 행하면 곧 나의 친구라

예수 그리스도를 믿음으로 주님의 친구된 자는 주님이 명하는 대로 행하여야 합니다. 그러면 친구인 우리에게 지키라고 명한 계명은 무엇일까요?

**요일 5:3 하나님을 사랑하는 것은 이것이니
우리가 그의 계명들을 지키는 것이라**
그의 계명들은 무거운 것이 아니로다

하나님을 사랑하는 것은 우리가 그의 계명들을 지키는 것이며 그의 계명들은 결코 무거운 것이 아니라고 하였습니다.

요일 5:21 자녀들아 너희 자신을 지켜 우상에서 멀리하라

우리 자신을 지켜 우상을 멀리하라는 것이 하나님의 계명입니다. 이 계명들을 지키는 것은 힘든 것도 무거운 것도 아닙니다. 그러므로 아브라함은 우상이 가득했던 갈대아 우르를 떠나라고 말씀하실 때 갈 바를 알지 못했지만 믿음으로 떠났던 것입니다.

출 20:3 너는 나 외에는 다른 신들을 네게 있게 말찌니라
출 20:4 너를 위하여 새긴 우상을 만들지 말고
또 위로 하늘에 있는 것이나 아래로 땅에 있는 것이나
땅 아래 물속에 있는 것의 아무 형상이든지 만들지 말며
출 20:5 그것들에게 절하지 말며 그것들을 섬기지 말라
나 여호와 너의 하나님은 질투하는 하나님인즉
나를 미워하는 자의 죄를 갚되 아비로부터 아들에게로
삼 사대까지 이르게 하거니와
출 20:6 **나를 사랑하고 내 계명을 지키는 자에게는**
천 대까지 은혜를 베푸느니라

예수 그리스도를 믿음으로 의롭다함을 받아 주님의 친구가 된 사람은 주님의 계명을 지킴으로 우상을 멀리합니다. 주님의 친구된 사람은 이 계명들을 지키는 것이 힘든 것도 아니고 무거운 것도 아닙니다.

3. 주의 벗 아브라함의 자손에게 영영히 주신 땅

대하 20:7 우리 하나님이시여
전에 이 땅 거민을 주의 백성 이스라엘 앞에서 쫓아내시고
그 땅으로 주의 벗 아브라함의 자손에게 영영히 주지 아니
하셨나이까

전쟁을 만난 여호사밧이 우리 하나님이시여 전에 이 땅 거민을 주의 백성 이스라엘 앞에서 쫓아내시고 그 땅을 주의 벗 아브라함의 자손에게 영영히 주지 아니하셨나이까 라고 기도하였습니다.
하나님께서 가나안 땅을 주의 벗된 아브라함의 자손에게 영영히 주셨지요?

영영히– עוֹלָם 〈올람〉 ❶영원 ❷긴 기간

갈 3:9 그러므로 **믿음으로** 말미암은 자는
믿음이 있는 아브라함과 함께 복을 받느니라

믿음으로 말미암은 자는 믿음이 있는 아브라함과 함께 영영히 복을 받습니다. 그러면 하나님의 벗된 아브라함의 자손에게 영원히 주신 땅은 무엇일까요?

벧전 1:4 썩지 않고 더럽지 않고 쇠하지 아니하는
기업을 잇게 하시나니
곧 너희를 위하여 하늘에 간직하신 것이라

이 기업은 썩지 않고 더럽지 않고 쇠하지 아니하는 영원한 기업으로 우리를 위하여 하늘에 간직하신 것입니다.

벧전 1:7 너희 믿음의 시련이 불로 연단하여도 없어질
금보다 더 귀하여 예수 그리스도의 나타나실 때에
칭찬과 영광과 존귀를 얻게 하려 함이라

썩지 않고 더럽지 않고 쇠하지 아니하는 하늘에 간직하신 영원한 기업은 예수 그리스도께서 나타나실 때에 칭찬과 영광과 존귀를 얻게 하는 것입니다.

아브라함이 이삭을 번제로 드림으로 하나님을 경외한다는 칭찬과

함께 주의 벗이라 칭함을 받았고 그 후손이 가나안 땅을 기업으로 영원히 받았습니다. 이것은 믿음으로 말미암은 자가 하나님을 경외한다는 칭찬과 함께 믿음이 있는 아브라함과 함께 받은 영광과 존귀가 가득한 영원한 천국을 말합니다.

4. 세상에서 가장 큰 친구의 사랑

> 요 15:13 **사람이 친구를 위하여 자기 목숨을 버리면**
> 이에서 **더 큰 사랑이 없나니**

사람이 친구를 위하여 자기 목숨을 버리면 이보다 더 큰 사랑이 없다고 하였습니다.

> **빌 2:5** 너희 안에 이 마음을 품으라 곧 그리스도 예수의 마음이니
> 빌 2:6 **그는 근본 하나님의 본체시나**
> 하나님과 동등됨을 취할 것으로 여기지 아니하시고
> 빌 2:7 오히려 자기를 비어 종의 형체를 가져 **사람들과 같이 되었고**
> 빌 2:8 **사람의 모양으로 나타나셨으매** 자기를 낮추시고
> 죽기까지 복종하셨으니 곧 십자가에 죽으심이라

하나님의 본체이신 그리스도께서 사람들과 같이 되었고 사람의 모양으로 나타나셨고 자기를 낮추시고 죽기까지 복종하셨으니 곧 십자가에 죽으신 것입니다.

> **딤전 2:5** 하나님은 한 분이시요 또 하나님과 사람 사이에 중보도
> 한 분이시니 **곧 사람이신 그리스도 예수라**
> 딤전 2:6 **그가 모든 사람을 위하여 자기를 속전으로 주셨으니**
> 기약이 이르면 증거할 것이라

그리스도는 하나님의 본체이셨으나 하나님과 동등됨을 취할 것으로 여기지 아니하시고 사람의 모양으로 오시어 자기를 낮추시고 죽

기까지 복종하여 십자가에 죽으심으로 요15:13절의 말씀을 성취하셨습니다.

요 15:13 사람이 친구를 위하여 자기 목숨을 버리면
이에서 더 큰 사랑이 없나니

그러므로 주님께서 십자가에 못 박혀 죽으신 사랑보다 더 큰 사랑은 이 세상에 없습니다. 그래서 성경은 온 세상을 향해 이렇게 증거합니다.

롬 5:7 의인을 위하여 죽는 자가 쉽지 않고
선인을 위하여 용감히 죽는 자가 혹 있거니와
롬 5:8 우리가 아직 죄인 되었을 때에
그리스도께서 우리를 위하여 죽으심으로
하나님께서 우리에게 대한 자기의 사랑을 확증하셨느니라

의인을 위하여 죽는 자가 쉽지 않고 선인을 위하여 용감히 죽는 자가 혹 있기는 하지만 그리스도께서는 우리가 아직 죄인 되었을 때에 우리를 위하여 죽으심으로 하나님께서 우리에게 대한 자기의 사랑을 확증하셨습니다. 그러므로 주님께서 십자가에 못 박혀 죽으신 사랑보다 더 큰 사랑은 이 세상에 없습니다. 성경은 귀 있는 자는 들으라고 이렇게 말씀합니다.

요일 4:10 사랑은 여기 있으니 우리가 하나님을 사랑한 것이 아니요
오직 하나님이 우리를 사랑하사
우리 죄를 위하여 화목제로 그 아들을 보내셨음이니라

사랑하는 성도 여러분!
우리의 죄를 위하여 화목제물로 보내심을 받은 주님은 우리가 아직 죄인 되었을 때에 우리를 위하여 죽으심으로 하나님께서 우리에게 대한 자기의 사랑을 확증하셨습니다.

요 15:13 사람이 친구를 위하여 자기 목숨을 버리면
이에서 **더 큰 사랑이 없나니**

사람이 친구를 위하여 자기 목숨을 버리면 이에서 더 큰 사랑이 없나니 이것이 친구를 통해 증거된 예수 그리스도입니다.

Point	예수 그리스도를 믿음으로 의롭다 함을 받은 자를 향해 친구라고 하셨는데, 우리의 죄를 위하여 화목제물로 보냄을 받으신 주님께서 십자가에 못 박혀 죽으심으로 사람이 친구를 위하여 자기 목숨을 버리면 이에 더 큰 사랑이 없다는 말씀을 성취하신 것이다. 주님은 친구를 위해 목숨을 버린 큰 사랑으로 하나님께서 우리에게 대한 자기의 사랑을 확증하셨다.

30

왜 아버지는 아들을 세상에 보내셨는가?

요한복음 8:42

요 8:42 예수께서 가라사대 하나님이 너희 아버지였으면
너희가 나를 사랑하였으리니 이는 내가 하나님께로
나서 왔음이라 나는 스스로 온 것이 아니요 아버지
께서 나를 보내신 것이니라

Key	요셉이 야곱의 보냄을 받아 총리가 되어 보좌 외에는 왕과 동등한 권세를 가진 것과 다윗이 이새의 보냄을 받아 이스라엘의 왕이 된 것은 무엇을 말하는가?

주님은 친히 말씀하시기를 하나님이 너희 아버지였으면 너희가 나를 사랑하였으리니 이는 내가 하나님께로 나서 왔음이라 나는 스스로 온 것이 아니요 아버지께서 나를 보내신 것이라고 하셨습니다. 주님은 자신을 강조하지 않고 자신을 보내신 아버지를 강조하셨습니다. 하나님 아버지께서 왜 하나님의 아들인 예수 그리스도를 세상에 보내셨을까요?

오늘은 "왜 아버지는 아들을 세상에 보내셨는가?" 라는 제목으로 하나님의 구원의 비밀인 예수 그리스도를 만나는 복된 시간이 될 줄로 믿습니다.

1. 아버지의 보냄을 받고 왕이 되는 자들

창 37:12 그 형들이 세겜에 가서 아비의 양떼를 칠 때에
창 37:13 이스라엘이 요셉에게 이르되
네 형들이 세겜에서 양을 치지 아니하느냐
너를 그들에게로 보내리라
요셉이 아비에게 대답하되 **내가 그리하겠나이다**

요셉의 형들이 세겜에서 양을 치고 있을 때 야곱이 요셉에게 네 형들이 세겜에서 양을 치지 아니하느냐 너를 그들에게로 보내리라고 할 때 요셉이 야곱에게 내가 그리하겠나이다 라고 대답합니다.

창 37:14 이스라엘이 그에게 이르되 가서 네 형들과 양떼가 다 잘 있는 여부를 보고 돌아와 내게 고하라 하고 **그를 헤브론 골짜기에서 보내매 이에 세겜으로 가니라**

야곱이 요셉을 헤브론 골짜기에서 세겜에 있는 형제들에게 보내매 요셉은 형제들에게 갔다가 노예로 팔리게 되었고 보디발의 아내의 동침 요구를 거절하여 왕의 죄수들이 갇히는 옥에 갇히게 되었습니다. 그 감옥에서 왕의 술 맡았던 관원장의 꿈을 해석해 주었고 그것이 계기가 되어 바로 왕의 꿈을 해석하여 애굽의 총리가 되었습니다.

창 41:40 너는 내 집을 치리하라
내 백성이 다 네 명을 복종하리니
나는 너보다 높음이 보좌 뿐이니라

바로 왕은 요셉을 총리로 세우며 너는 내 집을 치리하라 내 백성이 다 네 명을 복종하리니 나는 너보다 높음이 보좌 뿐이라고 하였으니 애굽의 총리가 된 요셉은 왕의 보좌 외에는 모든 것이 바로 왕과 동등하지요?
총리는 왕이 앉는 보좌 외에는 왕과 똑같은 동등한 권세를 가지고 있다는 것입니다. 이 '총리의 비밀'을 제19강 '손해를 없게 하려고 세운 자'에서 말씀드린 바 있습니다.

그러면 아버지의 보냄을 받은 요셉이 무엇이 되었습니까?
왕이 되었지요. 그래서 아버지가 보낸 자는 왕이 된다는 것입니다.
이렇게 성경이 보여야 복음이 보이고 모든 성경이 예수 그리스도로 풀어지는 것입니다.

삼상 17:17 이새가 그 아들 다윗에게 이르되
네 형들을 위하여 이 볶은 곡식 한 에바와
이 떡 열 덩이를 가지고
진으로 속히 가서 네 형들에게 주고
삼상 17:18 이 치스 열 덩이를 가져다가 그들의 천부장에게 주고
네 형들의 안부를 살피고 증표를 가져오라

다윗의 아버지 이새가 다윗을 전쟁터에 나가있는 형들에게 보냈는데 그곳에서 다윗은 거인 골리앗과 싸워 그를 물맷돌 한방에 죽여버립니다. 아버지 이새의 보냄을 받은 다윗이 어떻게 되는지 봅시다.

삼하 2:4(상) 유다 사람들이 와서 거기서
다윗에게 기름을 부어 유다 족속의 왕을 삼았더라
삼하 2:7 이제 너희는 손을 강하게 하고 담대히 할찌어다
너희 주 사울이 죽었고
또 유다 족속이 내게 기름을 부어 저희의 왕을 삼았음이니라
삼하 5:1 이스라엘 모든 지파가 헤브론에 이르러
다윗에게 나아와 말하여 가로되 보소서
우리는 왕의 골육이니이다

분명히 아버지 이새의 보냄을 받은 다윗이 이스라엘의 왕이 되었지요?

출 3:9 이제 이스라엘 자손의 부르짖음이 내게 달하고
애굽 사람이 그들을 괴롭게 하는 학대도 내가 보았으니
출 3:10 이제 **내가 너를 바로에게 보내어**
너로 내 백성 이스라엘 자손을 애굽에서 인도하여 내게 하리라

하나님이 모세에게 내가 너를 바로에게 보내어 너로 내 백성 이스라엘 자손을 애굽에서 인도하여 내게 하리라고 하셨습니다.
하나님의 보냄을 받은 모세는 지팡이 하나를 들고 바로 왕을 찾아가 애굽의 결박 가운데 있던 이스라엘 백성들을 해방시켜냈습니다.

민 16:13 네가 우리를 젖과 꿀이 흐르는 땅에서 이끌어 내어
광야에서 죽이려 함이 어찌 작은 일이기에
오히려 스스로 우리 위에 왕이 되려 하느냐

고라 일당이 모세를 반역하며 네가 우리를 젖과 꿀이 흐르는 땅에서 이끌어 내어 광야에서 죽이려 함이 어찌 작은 일이기에 오히려 스스로 우리 위에 왕이 되려느냐고 하였습니다.

아버지 야곱의 보냄을 받은 요셉이 왕이 앉는 보좌 외에는 왕과 동등한 권세를 가졌고 아버지 이새의 보냄을 받은 다윗이 이스라엘의 왕이 되어 통일 왕국을 이루었으며 하나님 아버지의 보냄을 받은 모세가 이스라엘의 왕이 되어 이스라엘을 애굽에서 해방시켜냈습니다. 그러므로 두 세 증인의 법을 통해서 보니 분명히 아버지가 보내는 아들은 왕이 된다는 것이지요?

2. 아버지의 보냄을 받고 와서 왕이심을 증거하는 예수 그리스도

> 마 3:17 **하늘로서 소리가 있어** 말씀하시되
> **이는 내 사랑하는 아들이요.** 내 기뻐하는 자라 하시니라

주님은 하나님의 사랑하는 아들이요 기뻐하는 자입니다.
아버지는 사랑하는 아들을 왕이 되게 하기 위해 보내십니다.

> 요 8:42 예수께서 가라사대 하나님이 너희 아버지였으면
> 너희가 나를 사랑하였으리니
> 이는 **내가 하나님께로 나서 왔음이라 나는 스스로 온 것이**
> **아니요 아버지께서 나를 보내신 것이니라**

분명히 초림으로 오신 주님은 스스로 온 것이 아니요 아버지께서 보내신 것입니다. 주님은 하나님의 본체였으니 하나님과 동등됨을 취할 것으로 여기지 아니하시고 종의 형체를 가져 사람들과 같이 되어 육신을 입고 세상에 오셨습니다.
아버지의 보냄으로 오신 초림의 주님은 보좌만 빼고 하나님과 똑같은 권세와 능력이 있지요? 그러므로 아버지의 보냄을 받았던 요셉이 왕의 보좌만 빼고 바로왕과 똑같은 권세를 가지고 있었던 것과 동일합니다.

마 2:1 헤롯왕 때에 예수께서 유대 베들레헴에서 나시매
동방으로부터 박사들이 예루살렘에 이르러 말하되
마 2:2 **유대인의 왕으로 나신 이가 어디 계시뇨**
우리가 동방에서 그의 별을 보고 그에게 경배하러 왔노라 하니

복음의 원리로 볼 때 아버지의 보냄을 받은 아들이 무엇이 되었나요? 왕이 됩니다. 그래서 아버지의 보냄을 받은 주님이 초림으로 오셨을 때 동방박사들이 유대인의 왕으로 나신 이가 어디 계시냐고 물었던 것입니다.

요 12:12 그 이튿날에는 명절에 온 큰 무리가
예수께서 예루살렘으로 오신다 함을 듣고
요 12:13 종려나무 가지를 가지고 맞으러 나가 외치되
호산나 찬송하리로다
주의 이름으로 오시는 이 곧 이스라엘의 왕이시여 하더라

아버지의 보내심으로 오신 예수께서 나귀를 타고 예루살렘에 입성하실 때 주의 이름으로 오시는 이 곧 이스라엘의 왕이시여 라고 큰 무리가 외쳤습니다. 하늘에 계신 하나님 아버지는 그의 아들 예수 그리스도가 왕이라는 것을 온 세상에 증거하기 위해 세상에 보내신 것입니다.

요 19:19 빌라도가 패를 써서 십자가 위에 붙이니
나사렛 예수 유대인의 왕이라 기록되었더라

유대 총독인 빌라도는 예수를 심문하면서 예수께서 분명히 유대인의 왕이라는 것을 알았습니다. 빌라도는 예수를 못 박은 십자가에 나사렛 예수 유대인의 왕이라고 패를 써서 붙여 놓았습니다. 이것을 보고 대제사장들이 빌라도에게 이렇게 말합니다.

요 19:21 유대인의 대제사장들이 빌라도에게 이르되

유대인의 왕이라 말고 자칭 유대인의 왕이라 쓰라 하니
요 19:22 빌라도가 대답하되 **나의 쓸 것을 썼다** 하니라

하나님 아버지의 보냄을 받은 예수 그리스도는 두세 증인의 법을 통해서 볼 때 분명히 유대인의 왕으로 오셨습니다. 그러므로 아버지의 보내심을 받은 자는 왕이라는 것을 요셉과 다윗, 그리고 모세를 통해 증거했던 것입니다. 그래서 주님은 모세와 및 선지자들이 내게 대하여 증거했다고 말씀하셨습니다.

마 16:28 진실로 너희에게 이르노니 여기 섰는 사람 중에 죽기 전에
인자가 **그 왕권을 가지고 오는 것을 볼 자들도 있느니라**

하늘로 승천하신 주님이 다시 오실 때 하늘과 땅의 모든 권세인 왕권을 가지고 오십니다.

하나님 아버지의 보내심으로 초림으로 오신 주님은 유대인의 왕으로 오셨으며 유대인의 왕으로 오신 주님께서 십자가를 지시기 위해 나귀를 타고 예루살렘에 입성하실 때 큰 무리가 주의 이름으로 오시는 이 곧 이스라엘의 왕이시라고 외칩니다. 또한 예수를 심문했던 빌라도는 예수께서 못 박히는 십자가에 나사렛 예수 유대인의 왕이라고 패를 써 붙였습니다. 그러므로 장차 재림주로 오시는 주님은 하늘과 땅의 모든 권세를 가지시고 만왕의 왕으로 오실 것입니다.

그리고 모든 마귀를 영원한 유황 불못에 던져 멸해 버리고 영원한 새 하늘과 새 땅을 창조하시어 크고 흰 보좌에 앉아 영원하신 만왕의 왕으로 통치하실 것입니다.

3. 우리를 세상에 보내시는 예수 그리스도

요 20:21 예수께서 또 가라사대 너희에게 평강이 있을찌어다
아버지께서 나를 보내신 것 같이 나도 너희를 보내노라

부활하신 예수께서 너희에게 평강이 있을찌어다 아버지께서 나를 보내신 것 같이 나도 너희를 보내노라고 말씀하셨기에 우리도 주님으로부터 세상에 보냄을 받은 자입니다. 그래서 우리도 왕 노릇하게 되는 것입니다.

딤후 2:11 미쁘다 이 말이여 우리가 주와 함께 죽었으면
또한 함께 살 것이요
딤후 2:12 **참으면 또한 함께 왕 노릇할 것이요**
우리가 주를 부인하면 주도 우리를 부인하실 것이라

주님께로부터 보냄을 받은 우리가 예수를 믿으면서 당하는 모든 환난과 핍박과 고난을 주를 위하여 참으면 주께서 재림하시는 날 주와 함께 왕 노릇하게 됩니다. 주님께서 우리를 세상에 보내셨으니 우리도 왕 노릇하는 것입니다.

벧전 2:9 오직 너희는 택하신 족속이요 **왕 같은 제사장들이요**
거룩한 나라요 그의 소유된 백성이니
이는 너희를 어두운데서 불러 내어
그의 기이한 빛에 들어가게 하신 자의
아름다운 덕을 선전하게 하려 하심이라

우리는 택하신 족속이요 왕 같은 제사장들이요 거룩한 나라요 그의 소유된 백성입니다.

계 5:10 저희로 우리 하나님 앞에서 **나라와 제사장을 삼으셨으니**
저희가 땅에서 왕노릇하리로다 하더라

우리를 하나님 앞에서 거룩한 나라와 제사장을 삼으셨으니 땅에서 왕 노릇하게 됩니다.

계 20:6 이 첫째 부활에 참예하는 자들은 복이 있고 거룩하도다
둘째 사망이 그들을 다스리는 권세가 없고 도리어
그들이 하나님과 그리스도의 제사장이 되어
천년 동안 그리스도로 더불어 왕노릇 하리라

우리를 하나님 앞에서 거룩한 나라와 제사장을 삼으셨으니 장차 천년 왕국이 이루어졌을 때 우리는 그리스도로 더불어 천년동안 왕노릇합니다.

계 22:5 다시 밤이 없겠고 등불과 햇빛이 쓸데 없으니
이는 주 하나님이 저희에게 비취심이라
저희가 세세토록 왕노릇하리로다

주님께서 사단을 영원한 유황 불못에 던져 버리고 새 하늘과 새 땅이 이루어져 영원히 만왕의 왕으로 통치하실 때 우리도 하나님 앞에서 거룩한 나라와 제사장을 삼으셨으니 우리도 예수 그리스도와 함께 세세무궁토록 왕노릇 하게 됩니다.

Point	아버지 야곱의 보냄을 받은 요셉이 왕이 앉은 보좌 외에는 왕과 동등한 권세를 가졌고 아버지 이새의 보냄을 받은 다윗이 이스라엘의 왕이 되어 통일 왕국을 이루었으며 하나님 아버지의 보냄을 받은 모세가 이스라엘의 왕이 되어 이스라엘을 애굽에서 해방시켜낸 것은 아버지의 보냄으로 오신 초림의 예수 그리스도께서 보좌만 빼고 하나님과 똑같은 권세와 능력이 있는 분으로 이스라엘의 왕으로 오셨으며 모든 마귀를 영원한 유황 불못에 던져 멸하시고 영원한 새 하늘과 새 땅에서 크고 흰 보좌에 앉아 통치하실 영원하신 만왕의 왕이심을 증거하신 것이다.

31
주여

마태복음 8:1~3

마 8:1 예수께서 산에서 내려 오시니 수많은 무리가 따르
니라 2 한 나병환자가 나아와 절하며 이르되 주여
원하시면 저를 깨끗하게 하실 수 있나이다 하거늘 3
예수께서 손을 내밀어 그에게 대시며 이르시되 내가
원하노니 깨끗함을 받으라 하시니 즉시 그의 나병이
깨끗하여진지라

Key	예수께서 초림으로 오셨을 때 사람들로부터 천대받아 격리되었던 나병 환자와 이방인 백부장과 귀신들려 간질하는 아들을 둔 아버지와 주님의 제자 중에 가장 학문이 없는 베드로와 가장 의심이 많았던 도마가 증거했던 주는 어떤 분인가?

예수께서 산에서 내려 오시니 수많은 무리가 따르는데 그때 한 나병 환자가 예수께 절하며 주여 원하시면 저를 깨끗하게 하실 수 있나이다 라고 합니다. 나병 환자의 외침에 예수께서 손을 내밀어 그에게 대시며 내가 원하노니 깨끗함을 받으라 하시자 즉시 그의 나병이 깨끗하여졌습니다.

본문 말씀을 잘 보시면 누가 예수 그리스도를 주라고 불렀나요?
당시 사람들로부터 천대를 받아 격리된 나병 환자가 예수 그리스도를 향해 '주여' 라고 외쳤습니다. 당시에 믿음이 좋다고 여기던 유대인들이 예수 외친 것이 아니고 나병 환자가 '주여' 라고 외쳤던 것입니다.

그러면 왜 나병 환자는 예수 그리스도를 '주여' 라고 부르면서 원하시면 저를 깨끗하게 하실 수 있나이다 라고 하였으며, 왜 주님은 나병 환자의 그 한마디에 내가 원하노니 깨끗함을 받으라 하시고 즉시 그의 나병을 고쳐 주셨을까요?

오늘은 '주여' 라는 제목으로 예수 그리스도를 주(主)라고 외친 사람들을 통해 예수 그리스도가 진정 우리의 주(主)이심을 확증 받기를 축원합니다.

1. 예수 그리스도를 주라고 증거한 사람들

오늘 본문에서 한 나병 환자가 수많은 군중들 앞에서 주여 원하시면 저를 깨끗하게 하실 수 있나이다 라고 하였습니다. 건강한 유대인들이 예수 그리스도를 '주' 라고 부른 것이 아니고 사람들로부터 천대를 받아 격리된 나병 환자가 수많은 군중들 앞에서 예수 그리스도를 '주' 라고 증거하였던 것입니다.

마 8:5 예수께서 가버나움에 들어가시니 한 백부장이 나아와 간구하여
마 8:6 이르되 **주여** 내 하인이 중풍병으로 집에 누워 몹시 괴로워 하나이다
마 8:7 이르시되 내가 가서 고쳐 주리라

한 백부장이 예수께 나아와 간구하기를 주여 내 하인이 중풍병으로 집에 누워 몹시 괴로워하나이다 라고 할 때 백부장의 '주여' 라는 말에 예수 그리스도께서 내가 가서 고쳐 주리라고 하셨습니다.
예수를 '주여' 라고 부른 백부장은 유대인이 아니고 종교 지도자도 아니며 로마 군인이었습니다. 이스라엘을 식민 통치하고 있는 로마의 군인이 예수 그리스도를 주라고 증거한 것입니다.

마 17:15 주여 내 아들을 불쌍히 여기소서 저가 간질로 심히 고생하여 자주 불에도 넘어지며 물에도 넘어지는지라

귀신들려 간질하는 아들을 둔 아버지가 예수 그리스도를 향해 '주여' 라고 불렀습니다.

눅 5:8 시몬 베드로가 이를 보고 예수의 무릎 아래 엎드려 가로되 **주여** 나를 떠나소서 나는 죄인이로소이다 하니

주님의 제자들 중에 학문 없는 베드로가 예수를 향해 '주여' 라고 불렀습니다. 세리장이었던 제자, 의사였던 제자가 주여 라고 부른 것이

아니고 학문 없는 베드로가 예수를 향해 '주여' 라고 불렀습니다.

요 20:28 도마가 대답하여 가로되 **나의 주시며 나의 하나님이시니이다**

주님의 제자 중에 가장 의심이 많았던 도마가 죽음을 이기고 부활하신 예수 그리스도를 보고 '나의 주시며 나의 하나님' 이라고 외쳤습니다.

예수께서 초림으로 오셨을 때 예수 그리스도를 주라고 증거한 사람들은 사람들로부터 천대 받는 나병 환자, 하나님을 전혀 모를 것 같은 이방인 백부장, 귀신들려 간질하는 아들을 둔 아버지, 제자 중에 가장 학문 없는 베드로, 제자 중에 가장 의심이 많았던 도마가 하나님의 본체로서 육신을 입고 초림으로 오신 예수를 주라고 증거하였습니다. 이들이 주님을 향해 '주여' 라고 부를 때마다 주님은 즉시 큰 역사를 일으켰으며 정말 기뻐하셨습니다.

2. 주는 누구이며 어디에 있는 분인가?

대하 6:21 종과 주의 백성 이스라엘이 이곳을 향하여 기도할 때에 **주는 그 간구함을 들으시되 주의 계신 곳 하늘에서 들으시고** 들으시사 사하여 주옵소서

대하 6:30 주는 계신 곳 하늘에서 들으시며 사유하시되 각사람의 마음을 아시오니 그 모든 행위대로 갚으시옵소서 주만 홀로 인생의 마음을 아심이니이다

솔로몬이 성전 건축을 마치고 하나님께 봉헌해 드리며 주의 계신 곳 하늘에서 들으시고 들으시사 사하여 주옵소서 라고 기도하였습니다. 그러므로 주(主)는 하늘에 계신다는 말이지요?

주(主)- אֲדֹנָי〈아도나이〉 ❶주 ❷주인 ❸나의 주

〈아도나이〉이신 주(主)는 하늘에 계시는 분이십니다.
그러면 하늘에 계신 주(主)가 누구일까요?

욥 22:12 하나님이 높은 하늘에 계시지 아니 하냐
보라 별의 높음이 얼마나 높은가

하늘에 계신 주(主)는 하나님이시며 하나님이 하늘에 계신 주(主)이십니다.

시 115:3 오직 **우리 하나님은 하늘에 계셔서**
원하시는 모든 것을 행하셨나이다

하늘에 계신 하나님은 원하시는 모든 것을 행하시는 분이시고 하늘에 계시며 원하시는 모든 것을 행하시는 분이 주(主)입니다. 그래서 오늘 본문의 나병 환자가 예수 그리스도를 주라고 부르며 주여 원하시면 저를 깨끗케 하실 수 있나이다 라고 한 것입니다.

3. 하늘에 계신 주(主)이신 하나님이 세상의 주(主)로 오셨다

출 3:14 하나님이 모세에게 이르시되 **나는 스스로 있는 자니라**
또 이르시되 너는 이스라엘 자손에게 이같이 이르기를
스스로 있는 자가 나를 너희에게 보내셨다 하라

나는 스스로 있는 자니라고 하신 하나님은 스스로 자존하여 하늘에 계셨습니다.

요 4:24 하나님은 영이시니
예배하는 자가 신령과 진정으로 예배할찌니라

하나님은 영이십니다.

요일 1:5 우리가 저에게서 듣고 너희에게 전하는 소식이 이것이니
곧 하나님은 빛이시라 그에게는 어두움이 조금도 없으시니라

하나님은 빛이십니다.

요 1:1 태초에 말씀이 계시니라 이 말씀이 하나님과 함께 계셨으니 **이 말씀은 곧 하나님이시니라**

태초에 말씀이 계셨고 하나님과 함께 계셨던 그 말씀이 곧 하나님이십니다. 그 하나님이 성령(영)으로 잉태되어 말씀이 육신이 되어 빛으로 오셨습니다.

요 1:14 말씀이 육신이 되어 우리 가운데 거하시매 우리가 그 영광을 보니 **아버지의 독생자의 영광이요** 은혜와 진리가 충만하더라

말씀이신 하나님이 성령으로 잉태되어 육신을 입고 빛으로 오신 분이 예수 그리스도이십니다.

빌 2:6 그는 근본 하나님의 본체시나 하나님과 동등됨을 취할 것으로 여기지 아니하시고
빌 2:8(상) **사람의 모양으로 나타나셨으매**

하늘에 주로 계셨던 하나님이 육신을 입고 세상에 오신 분이 예수 그리스도입니다. 성경은 귀 있는 자는 들으라고 온 세상을 향해 이렇게 외치고 있습니다.

요일 4:14 아버지가 아들을 세상의 구주로 보내신 것을 우리가 보았고 또 증거하노니

아버지가 아들을 세상의 구주로 보내신 것을 우리가 보았고 또 증거하노라고 하였습니다.

사람들로부터 천대 받는 나병 환자, 하나님을 전혀 모를 것 같은 이방인 백부장, 귀신들려 간질하는 아들을 둔 아버지, 제자 중에 가장

학문이 없는 베드로, 제자 중에 가장 의심이 많았던 도마가 하나님의 본체로서 육신을 입고 초림으로 오신 예수를 주(主)라고 증거하였습니다.

4. 하늘로 올리워 가신 주

요 13:1 유월절 전에 **예수께서 자기가 세상을 떠나**
아버지께로 돌아가실 때가 이른 줄 아시고
세상에 있는 자기 사람들을 사랑하시되 끝까지 사랑하시니라

초림으로 오신 예수 그리스도께서 자기가 세상을 떠나 아버지께로 돌아가실 때가 이른 줄 아시고 세상에 있는 자기 사람들을 사랑하시되 끝까지 사랑하셨습니다.

요 16:28 **내가 아버지께로 나와서 세상에 왔고**
다시 세상을 떠나 아버지께로 가노라 하시니

예수 그리스도께서 아버지께로 나와서 세상에 왔고 다시 세상을 떠나 아버지께로 간다고 하셨습니다.

요 16:29 제자들이 말하되 **지금은 밝히 말씀하시고**
아무 비사도 하지 아니하시니
요 16:30 우리가 지금에야 주께서 모든 것을 아시고
또 사람의 물음을 기다리시지 않는 줄 아나이다
이로써 **하나님께로서 나오심을 우리가 믿삽나이다**
요 16:31 예수께서 대답하시되 **이제는 너희가 믿느냐**

제자들이 말하기를 선생님께서 우리에게 아무 비사도 하지 아니하시고 밝히 말씀하시니 우리가 이제야 지금까지 우리에게 하신 말씀이 무엇인지를 알겠습니다 이로써 선생님이 하나님께로서 나오심을 우리가 믿습니다 라고 하였습니다.

그러자 예수께서 이제야 너희가 나를 믿느냐고 대답하셨습니다.

행 1:3 해 받으신 후에 또한 저희에게 확실한 많은 증거로
친히 사심을 나타내사 **사십 일 동안 저희에게 보이시며**
하나님 나라의 일을 말씀하시니라

예수께서 십자가에 못 박혀 죽으시고 부활하시어 40일 동안 지상에 계시며 하나님 나라의 일을 말씀하셨습니다.

행 1:9 이 말씀을 마치시고 **저희 보는데서 올리워 가시니**
구름이 저를 가리워 보이지 않게 하더라

하늘에서 주로 계셨던 하나님이 육신을 입으시고 세상의 주로 오시어 십자가를 통해 우리를 죄와 사망에서 건져 내시고 내가 아버지께로 나와서 세상에 왔고 다시 세상을 떠나 아버지께로 가노라고 말씀하신대로 하늘로 올리워 가셨습니다.

요 14:2(중) 내가 너희를 위하여 처소를 예비하러 가노니
요 14:3 **가서 너희를 위하여 처소를 예비하면**
내가 다시 와서 너희를 내게로 영접하여
나 있는 곳에 너희도 있게 하리라

주님은 하늘로 가셔서 우리가 거할 처소를 예비하고 계시며 우리가 거할 처소가 예비되면 우리를 데리러 다시 이 세상에 오실 것입니다.

5. 만왕의 왕으로 이 땅에 다시 오실 주

행 1:10 **올라가실 때에** 제자들이 자세히 하늘을 쳐다 보고 있는데
흰옷 입은 두 사람이 저희 곁에 서서
행 1:11 가로되 갈릴리 사람들아 어찌하여 서서 하늘을 쳐다 보느냐
너희 가운데서 하늘로 올리우신 이 예수는
하늘로 가심을 본 그대로 오시리라 하였느니라

예수께서 올라가실 때에 제자들이 자세히 하늘을 쳐다 보고 있었는데 그때 흰 옷 입은 두 사람이 저희 곁에 서서 갈릴리 사람들아 어찌하여 서서 하늘을 쳐다 보느냐 너희 가운데서 하늘로 올리우신 이 예수는 하늘로 가심을 본 그대로 오시리라고 하였습니다.

하나님이 하늘에서 독생하신 주(主)로 계셨으며 하나님의 본체이신 예수께서 육신을 입으시고 사람의 모양으로 땅에 오셔서 주(主)가 되셨습니다. 그리고 십자가에 못 박혀 죽으심으로 우리의 죄를 다 도말해 버리시고 신령한 몸으로 부활하시어 하늘로 승천하신 예수 그리스도는 가신 그대로 다시 온다는 것입니다.

마 24:30 그 때에 인자의 징조가 하늘에서 보이겠고
그 때에 땅의 모든 족속들이 통곡하며 그들이
인자가 구름을 타고 능력과 큰 영광으로 오는 것을 보리라

주님께서 오실 때에 징조가 하늘에서 보이겠고 땅의 모든 족속들이 통곡하며 그들이 인자가 구름을 타고 능력과 큰 영광으로 오는 것을 보리라고 하셨습니다.

계 1:7 볼찌어다 구름을 타고 오시리라
각인의 눈이 그를 보겠고 그를 찌른 자들도 볼터이요
땅에 있는 모든 족속이 그를 인하여 애곡하리니 그러하리라

하늘로 올리워 가신 예수 그리스도는 만왕의 왕으로, 만주의 주(主)로 세상에 다시 오십니다. 이 날이 우리에게는 믿음의 승리의 날이며 영광의 날이요 인류 최대의 기쁨의 날이 될 것입니다.

계 22:20 이것들을 증거하신 이가 가라사대 **내가 진실로 속히 오리라**
하시거늘 아멘 주 예수여 오시옵소서

사랑하는 성도 여러분!
하늘로 올리워 가신 예수 그리스도는 만왕의 왕으로 만주의 주(主)로 세상에 다시 오십니다. 이 날은 우리에게 믿음의 승리의 날이요 영광의 날이며 인류 최대의 기쁨의 날입니다.
아멘, 주 예수여 오시옵소서!

Point	사람들에게 천대받던 나병 환자, 하나님을 잘 모를 것 같은 이방인 배부장, 귀신들려 간질하는 아들을 둔 아버지, 제자중에 가장 학문이 없는 베드로, 가장 의심많은 도마가 예수를 주(主)라고 증거하였다. 하늘에서 독생하신 주로 계셨던 하나님의 본체이신 예수께서 육신을 입으시고 사람의 모양으로 세상에 오셔서 주가 되셨다. 그리고 십자가에 못 박혀 죽으심으로 우리의 죄를 다 도말해 버리시고 신령한 몸으로 부활하셔서 하늘로 올리워 가신 예수께서 만왕의 왕으로 만주의 주로 세상에 다시 오실 것이다.

32

동방 박사들

마태복음 2:1~2, 11

마 2:1 헤롯왕 때에 예수께서 유대 베들레헴에서 나시매
동방으로부터 박사들이 예루살렘에 이르러 말하되 2
유대인의 왕으로 나신 이가 어디 계시뇨 우리가 동방
에서 그의 별을 보고 그에게 경배하러 왔노라

마 2:11 집에 들어가 아기와 그 모친 마리아의 함께 있는
것을 보고 엎드려 아기께 경배하고 보배합을 열어 황
금과 유향과 몰약을 예물로 드리니라

Key	초림으로 오신 예수께 절하러 온 동방 박사들은 어떻게 예수 그리스도를 증거하고 있는가?

헤롯 왕 때에 예수께서 유다 베들레헴에 나시자 동방 박사들이 유대인의 왕으로 나신 예수께 경배하러 찾아 왔습니다.

경배– προσκυνέω〈프로스퀴네오〉 ❶예배하다 ❷경의를 표하다 ❸경배하다 ❹절하다

초림으로 오신 예수께서 유대인의 왕이시기 때문에 동방 박사들이 절하러 온 것입니다. 그러므로 동방 박사들이 증거한 주님은 예수 그리스도만 절을 받으시기에 합당한 왕이라는 것입니다.

오늘은 "동방 박사들이 증거한 예수 그리스도"를 통해 만왕의 왕이신 주님을 확실히 만나게 될 줄로 믿습니다.

1.하나님의 절대적 명령

출 20:3 너는 나 외에는 다른 신들을 네게 있게 말찌니라
출 20:4 **너를 위하여 새긴 우상을 만들지 말고**
또 위로 하늘에 있는 것이나
아래로 땅에 있는 것이나
땅 아래 물속에 있는 것의 아무 형상이든지 만들지 말며
출 20:5(상) **그것들에게 절하지 말며** 그것들을 섬기지 말라

하나님께서는 애굽에서 해방을 받아 광야를 진행하는 이스라엘 백성들에게 영원히 변개할 수 없는 절대적 명령인 십계명을 주시면서 하나님을 사랑하고 하나님의 계명을 지키는 자에는 천 대까지 은혜를

베풀어 주신다고 하셨습니다.

출애굽기 20장의 십계명을 두 증인의 법으로 말씀하시는 신명기 4장에서는 이렇게 말씀합니다.

신 4:16 두렵건대 **스스로 부패하여 자기를 위하여**
아무 형상대로든지 우상을 새겨 만들되
남자의 형상이라든지 여자의 형상이라든지
신 4:17 **땅 위에 있는 아무 짐승의 형상이라든지**
하늘에 나는 아무 새의 형상이라든지
신 4:18 **땅 위에 기는 아무 곤충의 형상이라든지**
땅 아래 물 속에 있는 아무 어족의 형상이라든지 만들까 하노라
신 4:19 또 두렵건대 네가 하늘을 향하여 눈을 들어
일월 성신 하늘 위의 군중 곧
너희 하나님 여호와께서 천하 만민을 위하여
분정하신 것을 보고 미혹하여 그것에 경배하며 섬길까 하노라

절- **שָׁחָה**〈샤하〉 ❶절하다 ❷엎드리다 ❸경배하다

출애굽기에서는 절하지 말라고 하셨고 신명기에서는 경배하지 말라고 하신 것입니다. 절하는 것이 경배하는 것이며 경배하는 것이 절하는 것입니다.

그러므로 하나님의 형상을 따라 창조된 인간은 우상에게 절해서도 안되고 우상을 섬겨도 안되며 우상을 경배해도 안되는 것입니다. 우상은 하나님이 아니기 때문에 어떠한 경우에도 절대로 엎드려 절하거나 경배해서는 안됩니다.

레 26:1 너희는 자기를 위하여 **우상을 만들지 말찌니**
목상이나 주상을 세우지 말며
너희 땅에 조각한 석상을 세우고 그에게 경배하지 말라
나는 너희 하나님 여호와임이니라

하나님은 목상(나무) 주상(쇠) 석상(돌)으로 우상을 만들어 세우고 그것에게 절하지 말라고 하셨습니다.

렘 10:5 그것이 갈린 기둥 같아서 말도 못하며
걸어 다니지도 못하므로 사람에게 메임을 입느니라
그것이 화를 주거나 복을 주지 못하나니
너희는 두려워 말라 하셨느니라

나무, 쇠, 돌로 만든 우상은 말도 못하며 길어 다니지도 못하므로 그것이 사람에게 화를 주거나 복을 주지 못합니다.

시 10:16 여호와께서는 영원무궁토록 왕이시니
열방이 주의 땅에서 멸망하였나이다

여호와께서는 영원무궁토록 왕이십니다.

렘 10:10 (상)오직 여호와는 참 하나님이시요 사시는 하나님이시요
영원한 왕이시라

여호와는 참 하나님이시요 사시는 하나님이시며 영원한 왕이십니다.

시 24:7 문들아 너희 머리를 들찌어다 영원한 문들아 들릴찌어다
영광의 왕이 들어 가시리로다
시24:8 영광의 왕이 뉘시뇨
강**하고 능한 여호와시요 전쟁에 능한 여호와시로다**
시24:9 문들아 너희 머리를 들찌어다 영원한 문들아 들릴찌어다
영광의 왕이 들어 가시리로다
시24:10 영광의 왕이 뉘시뇨
만군의 여호와께서 곧 영광의 왕이시로다(셀라)

사랑하는 성도 여러분!
하나님만 왕이십니다. 하나님만 영원하신 왕이십니다. 여호와께서 영광의 왕이시므로 하나님만 절(경배)받으시기에 합당하신 분입니

다. 그러므로 하나님 외에 어떤 우상에게도 절해서는 안되기에 하나님은 애굽에서 구원한 이스라엘 백성에게 우상에게 절(경배)하지 말라는 절대적 명령인 십계명을 주셨습니다.

2. 절하게 하여 멸망시키는 왕의 예표인 느부갓네살

> **단 3:1** 느부갓네살 왕이 금으로 신상을 만들었으니
> **고는 육십 규빗이요 광은 여섯 규빗이라**
> 그것을 바벨론 도의 두라 평지에 세웠더라

유다를 멸망시키고 유다인을 포로로 잡아 갔던 느부갓네살 왕은 금으로 높이 30m, 지름 3m의 우상을 만들고 두라 평지에 세운 신상의 낙성식을 위해 나라의 유력 인사들을 다 모이게 하였습니다.

> **단 3:4** 반포하는 자가 크게 외쳐 가로되
> 백성들과 나라들과 각 방언하는 자들아
> **왕이 너희 무리에게 명하시나니**
> 단 3:5 너희는 나팔과 피리와 수금과 삼현금과 양금과 생황과 및
> 모든 악기 소리를 들을 때에
> **엎드리어 느부갓네살 왕의 세운 금 신상에게 절하라**

신상의 낙성식을 위해 모인 나라의 유력 인사들에게 반포하는 자가 모든 악기 연주소리를 들을 때에 느부갓네살 왕의 세운 금 신상에게 일제히 엎드려 절하라고 말합니다.

> **단 3:6 누구든지 엎드리어 절하지 아니하는 자는**
> 즉시 극렬히 타는 풀무에 던져 넣으리라 하매
> 단 3:7 모든 백성과 나라들과 각 방언하는 자들이 나팔과 피리와
> 수금과 삼현금과 양금과 및 모든 악기 소리를 듣자
> 곧 **느부갓네살 왕의 세운 금 신상에게 엎드리어 절하니라**

만약 우상에게 절하지 아니하면 극렬히 타는 풀무 불에 집어넣어

죽이겠다고 하자 모든 사람들은 느부갓네살이 세운 금 신상에 엎드려 절하였습니다. 그러나 믿음의 사람인 사드락과 메삭과 아벳느고는 하나님의 계명을 따라 거짓 우상에게 절하지 아니하다가 평소보다 7배나 뜨거운 풀무불 속에 던져졌습니다.

단 3:26 느부갓네살이 극렬히 타는 풀무 아구 가까이 가서 불러
가로되 지극히 높으신 하나님의 종 사드락 메삭 아벳느고야
나와서 이리로 오라 하매
사드락과 메삭과 아벳느고가 불 가운데서 나온지라

하나님은 우상에게 끝까지 절하지 않은 사드락과 메삭과 아벳느고를 풀무불 속에서 건져내셨습니다.

절(경배)의 영의 세계가 있기 때문에 사단의 하수인들은 절하지 않으면 죽이려고 하고 하나님은 사단에게 절하지 않는 자는 살려내는 것입니다. 유다를 멸망시켰던 왕인 느부갓네살은 사람을 멸망시키기 위해서 우상을 만들어 그것에게 절하도록 강요를 했고 바벨론의 수많은 방백들은 일제히 엎드려 절을 하였습니다.

계 14:9 또 다른 천사 곧 세째가 그 뒤를 따라 큰 음성으로 가로되
만일 누구든지 **짐승과 그의 우상에게 경배하고**
이마에나 손에 표를 받으면
계 14:10 그도 하나님의 진노의 포도주를 마시리니
그 진노의 잔에 섞인 것이 없이 부은 포도주라
거룩한 천사들 앞과 어린 양 앞에서
불과 유황으로 고난을 받으리니
계 14:11 그 고난의 연기가 세세토록 올라 가리로다
짐승과 그의 우상에게 경배하고
그 이름의 표를 받는 자는
누구든지 밤낮 쉼을 얻지 못하리라 하더라
계 19:20 짐승이 잡히고
그 앞에서 이적을 행하던 거짓 선지자도 함께 잡혔으니

이는 짐승의 표를 받고
그의 우상에게 경배하던 자들을 이적으로 미혹하던 자라
이 둘이 산채로 유황불 붙는 못에 던지우고
계 19:21 그 나머지는 말 탄 자의 입으로 나오는 검에 죽으매
모든 새가 그 고기로 배불리우더라

하나님이 아닌 우상에게 엎드려 절하는 자는 유황 불못 형벌을 받습니다. 사드락과 메삭과 아벳느고가 멸망시키는 왕의 예표인 느부갓네살이 세운 금 신상에게 절하지 않다가 던짐 받은 평소보다 7배나 뜨거운 풀무불은 영원히 꺼지지 않는 지옥 형벌인 유황 불못의 예표입니다. 우상에게 절하지 않는 자는 영원히 꺼지지 않는 지옥 형벌인 유황 불못에서 건짐을 받습니다.

3. 예수 그리스도께 절한 사람들

마 8:2 한 나병환자가 나아와 절하고 가로되
주여 원하시면 저를 깨끗케 하실 수 있나이다 하거늘
마 8:3 예수께서 손을 내밀어 저에게 대시며 가라사대 내가 원하노니
깨끗함을 받으라 하신대 즉시 그의 나병이 깨끗하여진지라

한 나병 환자가 예수께 나아와 절하며 주여 원하시면 저를 깨끗케 하실 수 있나이다 라고 하자 그 자리에서 즉시 고쳐 주셨습니다. 나병 환자가 고침 받은 것은 나병 환자의 기도의 능력이 아니고 주님께서 나병 환자를 고쳐 주시기를 원하셨기 때문입니다.
그러면 왜 주님께서 나병 환자를 고쳐 주시기를 원하셨을까요?

마 9:18 예수께서 이 말씀을 하실 때에 한 직원이 와서 **절하고 가로되**
내 딸이 방장 죽었사오나 오셔서 그 몸에 손을 얹으소서
그러면 살겠나이다 하니

주님께서 한 직원의 말을 듣고 그의 집에 도착하시니 그의 딸이 죽어 있었습니다.

마 9:25 무리를 내어 보낸 후에 예수께서 들어가사
소녀의 손을 잡으시매 **일어나는지라**

그 때 한 직원이 주님께 엎드려 절하며 딸을 살려 달라고 하자 즉시 살려 주셨습니다.

마 15:25 여자가 와서 예수께 절하며 가로되 주여 저를 도우소서

가나안 여인이 주님을 향해 주 다윗의 자손이여 나를 불쌍히 여기소서 내 딸이 흉악히 귀신 들렸나이다 라고 소리 질렀습니다. 그때 주님께서 가나안 여인을 향해 나는 이스라엘 집의 잃어 버린 양 외에는 다른 데로 보내심을 받지 아니하였노라 하시자 가나안 여인은 주님을 향해 주여 옳소이다마는 개들도 제 주인의 상에서 떨어지는 부스러기를 먹나이다 라고 하였습니다.

마 15:28 이에 예수께서 대답하여 가라사대 여자야 네 믿음이 크도다
네 소원대로 되리라 하시니
그 시로부터 그의 딸이 나으니라

가나안 여인이 엎드려 절하며 개들도 제 주인의 상에서 떨어지는 부스러기를 먹나이다 라고 하자 즉시 그의 딸을 고쳐주셨습니다.

막 5:6 그가 멀리서 예수를 보고 달려와 절하며
막 5:7 큰 소리로 부르짖어 가로되 지극히 높으신
하나님의 아들 예수여 나와 당신과 무슨 상관이 있나이까
원컨대 하나님 앞에 맹세하고 나를 괴롭게 마옵소서 하니

주님께서 거라사인 지방에 가셨을 때 무덤 사이에 거처하던 군대 귀신들린 자가 예수를 보고 달려와 절하자 주님께서 그를 고쳐 주셨습니다.
왕이신 주님을 알아보고 주님께 엎드려 절했던 사람들은 모두 고침을 받고 해결을 받았습니다.

4.왕이신 예수께 절하라는 세상 임금인 사단

눅 4:5 마귀가 또 예수를 이끌고 올라가서
순식간에 천하만국을 보이며
눅 4:6 가로되 **이 모든 권세와 그 영광을 내가 네게 주리라**
이것은 내게 넘겨준 것이므로 나의 원하는 자에게 주노라
눅 4:7 그러므로 **네가 만일 내게 절하면 다 네 것이 되리라**

예수께서 공생애를 시작하시기 전 마귀가 네가 만일 내게 절하면 다 네 것이 되리라고 하며 자신에게 엎드려 절하면 천하만국을 주겠다고 합니다.

요 12:31 이제 이 세상의 심판이 이르렀으니
이 세상 임금이 쫓겨나리라
요 12:32 **내가 땅에서 들리면 모든 사람을 내게로 이끌겠노라 하시니**
요 12:33 이렇게 말씀하심은
자기가 어떠한 죽음으로 죽을 것을 보이심이러라

세상 임금인 사단은 하늘에서 자신이 하나님인척 하다가 땅으로 쫓겨나 세상 임금 노릇을 하고 있었습니다. 그 사단이 하나님의 본체이신 예수 그리스도께 자신을 왕으로 인정하고 엎드려 절하면 천하만국을 주겠다고 하였습니다. 예수께서 자신이 세상 임금으로 있는 세상에 왔으니 자신을 세상 임금으로 인정하고 절하라는 것이었습니다.

세상 임금 노릇하며 예수 그리스도께 엎드려 절하라고 했던 사단은 주님의 십자가를 통해 영원한 지옥 형벌에 던짐을 당했고 우리는 영원한 지옥 형벌에서 구원을 받았습니다.

5.예수 그리스도는 분명히 왕이시다

마 2:1 헤롯왕 때에 **예수께서 유대 베들레헴에서 나시매**
동방으로부터 박사들이 예루살렘에 이르러 말하되
마 2:2 유대인의 왕으로 나신 이가 어디 계시뇨
우리가 동방에서 그의 별을 보고 그에게 경배하러 왔노라

동방 박사들은 유대인의 왕이신 예수께 절하기 위해서 찾아온 것입니다.

마2:11 집에 들어가 아기와 그 모친 마리아의 함께 있는 것을 보고
엎드려 아기께 경배하고
보배합을 열어 황금과 유향과 몰약을 예물로 드리니라

누가 시켜서 동방 박사들이 예수께 절한 것이 아니고 예수께서 왕이신 하나님의 본체로서 왕으로 오셨기 때문에 절한 것입니다.
예수께서 왕으로 오신 것을 아무도 알지 못할 때에 동방 박사들은 예수께서 왕이신 하나님의 본체로서 왕으로 오셨음을 알고 왕이신 예수께 절하므로 예수께서 만왕의 왕이심을 온 세상에 증거했던 것입니다.

요 12:13 종려나무 가지를 가지고 맞으러 나가 외치되
호산나 찬송하리로다 주의 이름으로 오시는이
곧 **이스라엘의 왕이시여** 하더라
요 12:14 예수는 한 어린 나귀를 만나서 타시니
요 12:15 이는 기록된바 시온 딸아 두려워 말라 보라
너의 왕이 나귀새끼를 타고 오신다 함과 같더라

시온 딸아 두려워 말라 보라 너의 왕이 나귀새끼를 타고 오신다는 스가랴의 예언대로 예수 그리스도께서 십자가를 지시기 위해 예루살렘에 입성하실 때 사람들이 주의 이름으로 오시는 이 곧 이스라엘의 왕이시여 라고 외쳤습니다.

예수 그리스도는 왕이십니다!
예수 그리스도만 왕이십니다!

마 16:28 진실로 너희에게 이르노니
여기 섰는 사람 중에 죽기 전에
인자가 그 왕권을 가지고 오는 것을 볼 자들도 있느니라

장차 재림하시는 주님은 왕이시기 때문에 왕권을 가지고 오십니다.

빌 2:10 하늘에 있는 자들과 땅에 있는 자들과 땅 아래 있는 자들로
모든 무릎을 예수의 이름에 꿇게 하시고
빌 2:11 모든 입으로 예수 그리스도를 주라 시인하여
하나님 아버지께 영광을 돌리게 하셨느니라

초림으로 오신 주님은 왕이신 하나님의 본체이시니 분명히 왕이십니다. 만왕의 왕이신 하나님은 하나님의 본체이신 예수 그리스도께 하늘에 있는 자들과 땅에 있는 자들과 땅 아래 있는 자들로 무릎을 꿇게 하셨습니다. 예수께서 만왕의 왕이시니 하나님은 모든 자들의 무릎을 예수께 꿇게 하신 것입니다.

Point	동방 박사들은 예수께서 왕으로 오신 것을 아무도 알지 못할 때에 하나님의 본체로서 왕으로 오셨음을 알고 예수께 절하므로 만왕의 왕이심을 온 세상에 증거하였고 세상 임금노릇하며 예수께 절하면 천하만국을 주겠다고 했던 사단은 주님의 십자가를 통해 영원한 지옥형벌에 던짐을 당했으며 예수께서 만왕의 왕이시니 하나님은 모든 자들의 무릎을 하나님의 본체이신 예수 그리스도께 꿇게 하실 것을 증거한 것이다.

CBS • CTS-TV 방송설교집

요한복음 5장 39절

인　　쇄/ 2013년 10월 15일
발　　행/ 2013년 10월 25일

발 행 인/ 김 재 선
편집책임/ 진 홍 선
편집위원/ 김 정 현
발 행 처/ 도서출판 듀나미스
주　　소/ 서울시 광진구 천호대로 579
(중곡동,DS빌딩)
전　　화/ 02) 444-9002
010-4440-9002
010-4441-9002
홈페이지/ www.papapak.com
이 메 일/ powerman0191@hanmail.net
등　　록/ 제2010-43호

총판:선교횃불 ☎ (02)2203-2739 Fax.2203-2738

ISBN 978-89-964890-2-3 03230

값 12,000 원